Learning Vue

실전 코드로 배우는 Vue.js

O'REILLY®  한빛미디어
Hanbit Media, Inc.

프런트엔드 개발 분야의 트렌드는 자바스크립트 프레임워크와 라이브러리 중심으로 움직인다고 해도 과언이 아닐 것 같습니다. 이 책은 주요 자바스크립트 프레임워크 중 하나인 Vue.js의 기본 개념부터 핵심 내용까지 다룹니다. 또한 프런트엔드 실무에 필요한 단위 테스트, CI/CD, 서버 사이드 렌더링 등의 주제도 포함하고 있어, Vue.js를 처음 접하는 개발자에게 큰 도움이 될 것입니다.

오정준, 현대오토에버 SW개발센터

Vue.js는 컴포넌트 개발 입문 시 권장될 정도로 간단합니다. 이 책은 기본적인 가상 Dom부터 Vue 라이프사이클, 컴포넌트의 관계 등을 차근차근 설명해주어 이해하기 쉬운 책입니다. CDN으로 컴포넌트 개발하고 싶은 분에게도 추천드립니다.

윤수혁, 코나아이 웹 개발자

이 책은 Vue.js에 입문하는 분과 Vue.js 3 버전으로 개발하시는 분께 추천하는 서적입니다. Vue.js 2 버전은 2023년 12월 31일부터 공식적인 지원이 종료됐습니다(https://v2.vue-js.org/eol). 이에 따라 Vue.js 3 버전이 공식 버전이 되었는데, 이 책은 Vue.js 3의 새로운 특징들을 다양한 예제와 함께 쉽고 명확하게 설명합니다. 대표적으로 컴포지션 API, 라이프사이클 훅 등이 있으며 라우터, 상태 관리, 테스트 등 관련 라이브러리를 통해 전체적인 웹 개발에 도움이 되는 내용이 잘 담겨 있는 인상 깊은 서적입니다.

임경민, 안랩

Learning Vue

실전 코드로 배우는 Vue.js

| 표지 설명 |

표지 동물은 유럽꾀꼬리(학명: *Oriolus oriolus*)다. 이 동물은 서유럽부터 동쪽으로 스칸디나비아를 지나 중국에 걸쳐 서식한다. 수컷 유럽꾀꼬리는 주로 밝은 황금색을 띠며 꼬리와 날개는 검고 깃털의 끝부분은 노랗다. 눈은 짙은 적갈색이며 부리는 어두운 분홍색이다. 암컷은 수컷에 비해 녹색이 더 짙으며, 아랫배는 어두운 줄무늬가 있는 황백색, 날개는 녹갈색이다. 유럽꾀꼬리는 화려한 깃털을 가졌음에도 불구하고, 잎이 무성한 나무 꼭대기에 둥지를 틀어 포식자들의 눈에 잘 띄지 않는다.

유럽꾀꼬리의 서식 범위는 매우 광범위하며 낙엽수림(참나무, 포플러, 물푸레나무 등), 강변 숲, 과수원, 정원, 침엽수림 등의 다양한 서식지에서 발견된다. 겨울에는 반건조와 습윤한 기후 사이에 놓인 숲이나 삼림–사바나 모자이크 지역에서 생활한다. 유럽꾀꼬리는 땅이나 나무 틈에 있는 곤충을 부리로 쪼아 먹는다. 주로 곤충과 과일을 먹지만 가끔은 작은 척추동물, 씨앗, 꿀, 꽃가루를 먹는 모습도 목격되었다.

유럽꾀꼬리는 아직 많이 존재하지만 국제자연보전연맹International Union for Conservation of Nature (IUCN)은 유럽꾀꼬리를 최소관심종으로 분류했다. 오라일리 표지 동물은 대부분 멸종 위기에 처해 있다. 이 동물들은 모두 소중한 존재이다. 표지 그림은 『British Birds』에 실린 흑백 판화를 기반으로 캐런 몽고메리Karen Montgomery가 그린 작품이다.

실전 코드로 배우는 Vue.js

Vue 3 기초부터 Vue 라우터와 Pinia를 사용한 프로젝트 구축까지

초판 1쇄 발행 2024년 10월 10일

지은이 마야 셰빈 / **옮긴이** 정병열 / **펴낸이** 전태호
펴낸곳 한빛미디어(주) / **주소** 서울시 서대문구 연희로2길 62 한빛미디어(주) IT출판2부
전화 02-325-5544 / **팩스** 02-336-7124
등록 1999년 6월 24일 제25100-2017-000058호 / **ISBN** 979-11-6921-299-1 93000

총괄 송경석 / **책임편집** 박민아 / **기획** 이채윤 / **편집** 김지은
디자인 표지 이아란 내지 최연희 / **전산편집** 이경숙
영업 김형진, 장경환, 조유미 / **마케팅** 박상용, 한종진, 이행은, 김선아, 고광일, 성화정, 김한솔 / **제작** 박성우, 김정우

이 책에 대한 의견이나 오탈자 및 잘못된 내용은 출판사 홈페이지나 아래 이메일로 알려주십시오.
파본은 구매처에서 교환하실 수 있습니다. 책값은 뒤표지에 표시되어 있습니다.

한빛미디어 홈페이지 www.hanbit.co.kr / **이메일** ask@hanbit.co.kr

지금 하지 않으면 할 수 없는 일이 있습니다.
책으로 펴내고 싶은 아이디어나 원고를 메일(writer@hanbit.co.kr)로 보내주세요.
한빛미디어(주)는 여러분의 소중한 경험과 지식을 기다리고 있습니다.

지은이 · 옮긴이 소개

지은이 **마야 셰빈** Maya Shavin

마이크로소프트 수석 소프트웨어 엔지니어. MBA, 컴퓨터 공학 학사, 경제학 학사 등의 다양한 학업적 배경을 갖추고 있다. 또한 웹 및 프런트엔드 개발 분야의 전문가이며 타입스크립트, 리액트, Vue 등에 두루 능통하다. 그녀는 오픈 소스 전자 상거래 프레임워크인 StorefrontUI의 코어 메인테이너이기도 하다. 개발자로서 접근성 높은 고성능 컴포넌트를 전달하는 데 주력하며, 바닐라 자바스크립트 지식의 중요성을 무엇보다 강조한다. 코딩 분야 외에도 국제적으로 명망이 높은 강연자이자 출판 저자로서 자신의 역량을 유감없이 발휘하고 있다. 웹 개발, UX/UI, 접근성, 견고한 코딩 표준을 열정적으로 지지하며 블로그(`https://mayashavin.com`), X(Twitter)(@mayashavin), 컨퍼런스를 통해 지식을 공유한다. 한편으로 웹 개발, 특히 Vue를 주제로 한 핸즈온 워크샵을 주최하기도 한다.

옮긴이 **정병열**

어린 시절 접한 BASIC 언어를 계기로 프로그래머의 길에 들어섰다. 연세대학교 공과대학을 졸업하고 직업 개발자로 다양한 프로젝트를 수행하며 스타트업과 대기업을 오갔다. 현재는 시니어 개발자로 경력을 이어가는 한편 양질의 개발 서적 출간에 일조하고자 노력하는 중이다. 옮긴 책으로는 『진화적 아키텍처』(2023), 『자바 개발자를 위한 데브옵스 툴』(2023), 『자바 마이크로서비스를 활용한 SRE』(2022) (이상 한빛미디어) 등이 있다.

Vue.js 3가 등장한 지도 벌써 4년이 지났다. 이 분야의 기술 경쟁이 최고조에 이른 지금, Vue.js의 인기와 위상은 오히려 공고해지는 추세다. 이러한 경향은 근래 State of JS, W3 Techs, 구글 트렌드 등의 리서치와 지표에서 뚜렷하게 드러난다. 국내외 유명 IT 기업들의 도입 사례도 많다. Nuxt.js, Quasar, VuePress, Gridsome처럼 백엔드와 프런트엔드를 아우르는 기술들이 속속 등장하며 Vue.js 생태계를 확장하고, 내부적으로는 Vue vapor mode가 점진적으로 도입되며 코어의 성능이 한층 향상될 예정이다.

어느 분야든 초심자는 늘 선택의 기로에 놓인다. 한정된 시간과 노력, 배움과 성과의 가치를 저울질해야 한다. Vue.js는 초심자가 안심하고 선택해도 좋은 프레임워크다. 낮은 학습 곡선, 빠른 개발 속도, 가벼운 결과물, 폭넓은 범용성, 충실한 기술 문서 등은 모두 Vue.js가 비교 우위를 공인받은 장점들이다. 초심자에게 있어 Vue.js만큼 안정된 수익이 보장된 투자 상품은 거의 없다. 게다가 Vue.js는 지금도 여느 신기술 못지 않게 발전을 거듭하고 있다.

이 책은 누구나 그대로 따라갈 수 있도록 구성되어 있지만, 도중에 조금이라도 머뭇거리고 싶지 않다면 미리 자바스크립트와 타입스크립트의 기본기를 갖춰 두면 좋다. 중반부만 독파하면 문외한이라도 간단한 웹앱 정도는 직접 만들 수 있다. 후반의 내용은 프런트엔드 기술 전반에 맥락이 닿아 있다. 충실하게 이해하고 실습해 두면 추후 Vue.js 이외에 다른 프레임워크를 다룰 때도 많은 참고가 될 것이다.

이번 번역을 기회로 다시금 프런트엔드 기술에 흥미를 환기할 수 있었다. 부족한 역자를 믿고 원서를 내어 준 한빛미디어와 김지은 편집자님께 감사드린다. 가끔 일과 시간이 바닥나는 날에는 부득불 새벽까지 원고를 붙들기도 했다. 글문이 막힐 때마다 잠깐씩 책상을 물리고 곤히 잠든 가족들을 바라보는 것은 적잖은 낙이었다. 건강한 아내와 딸에게 그저 감사할 따름이다.

자바스크립트 프레임워크는 현대 웹 프런트엔드 개발에서 중추를 담당한다. 기업은 웹 프로젝트를 개발하며 최종 프로덕트 품질, 개발 비용, 코딩 표준, 개발 편의성 등의 다양한 측면을 고려해 프레임워크를 선택한다. 따라서 Vue 등의 자바스크립트 프레임워크를 다룰 줄 아는 지식은 현대의 모든 웹 개발자(프런트엔드 또는 풀스택 개발자)에게 꼭 필요한 핵심 역량이다.

이 책은 자바스크립트와 타입스크립트로 Vue 라이브러리를 구사하며 웹 애플리케이션을 시작부터 끝까지 손수 개발하고자 하는 프로그래머를 대상으로 한다. Vue와 생태계를 활용하면 확장성 높은 인터랙티브 웹 애플리케이션을 가장 손쉽고 편안하게 구축할 수 있다. 이 책은 그 모든 과정을 독자에게 전달하는 데 오롯이 집중한다. 기본 개념에서 시작해 상태 관리와 Vue 라우터Vue Router 및 피니아Pinia, 테스트, 애니메이션, 배포, 서버 사이드 렌더링server-side rendering 등의 주제를 아우르는 동안, 독자의 지식은 복잡한 Vue 프로젝트를 즉시 개발할 수 있는 수준에 이르게 될 것이다.

Vue나 Virtual DOM 개념에 익숙지 않아도 좋다. 이 책은 Vue 또는 기타 프레임워크에 대한 그 어떤 사전 지식도 전제로 하지 않으며, Vue의 모든 기초를 백지상태에서 소개하고 안내한다. 또한 2장에서 설명할 Virtual DOM의 개념과 Vue의 반응형 시스템은 책의 나머지 내용을 이해하는 토대가 될 것이다.

타입스크립트를 반드시 숙지할 필요는 없지만 기본적인 이해가 있다면 많은 도움이 된다. 또한 HTML, CSS, 자바스크립트에 대한 사전 지식이 있다면 더더욱 좋다. 이 세 분야는 그 어떤 웹(또는 자바스크립트) 프레임워크를 다룬다 해도 항상 탄탄한 기본기가 필요하다.

CONTENTS

베타리더의 말 ·· 4

지은이 · 옮긴이 소개 ··· 5

옮긴이의 말 ··· 6

서문 ·· 7

CHAPTER 01 Vue.js의 세계로

1.1 Vue.js란? ··· 17

1.2 현대 웹 개발과 Vue의 이점 ······································· 18

1.3 Node.js 설치 ··· 19

　　　 1.3.1 NPM ··· 21

　　　 1.3.2 Yarn ··· 22

1.4 Vue 개발자 도구 ·· 24

1.5 빌더 관리 도구 Vite.js ·· 26

1.6 Vue 애플리케이션 생성 ·· 26

1.7 파일 리포지터리 구조 ·· 29

정리 ·· 31

CHAPTER 02 Vue의 기본 작동 방식

2.1 가상 DOM 들여다보기 ··· 33

　　　 2.1.1 레이아웃 업데이트 난제 ····································· 35

　　　 2.1.2 가상 DOM이란? ·· 36

　　　 2.1.3 Vue에서 가상 DOM이 작동하는 방식 ·············· 38

2.2 Vue 앱 인스턴스 및 옵션 API ⋯⋯⋯⋯⋯⋯⋯⋯⋯⋯⋯⋯⋯⋯⋯⋯⋯⋯⋯ **39**

2.3 옵션 API 탐색 ⋯⋯⋯⋯⋯⋯⋯⋯⋯⋯⋯⋯⋯⋯⋯⋯⋯⋯⋯⋯⋯⋯⋯⋯⋯⋯ **41**

2.4 템플릿 구문 ⋯⋯⋯⋯⋯⋯⋯⋯⋯⋯⋯⋯⋯⋯⋯⋯⋯⋯⋯⋯⋯⋯⋯⋯⋯⋯⋯ **44**

2.5 데이터 프로퍼티를 통한 로컬 상태 생성 ⋯⋯⋯⋯⋯⋯⋯⋯⋯⋯⋯⋯⋯ **46**

2.6 Vue의 반응성이 작동하는 방식 ⋯⋯⋯⋯⋯⋯⋯⋯⋯⋯⋯⋯⋯⋯⋯⋯⋯ **49**

2.7 v-model을 이용한 양방향 바인딩 ⋯⋯⋯⋯⋯⋯⋯⋯⋯⋯⋯⋯⋯⋯⋯⋯ **52**

2.8 v-model.lazy 수정자 ⋯⋯⋯⋯⋯⋯⋯⋯⋯⋯⋯⋯⋯⋯⋯⋯⋯⋯⋯⋯⋯⋯ **57**

2.9 v-bind를 통한 반응형 데이터 바인딩 및 Props 데이터 전달 ⋯⋯⋯ **58**

2.10 클래스 및 스타일 속성 바인딩 ⋯⋯⋯⋯⋯⋯⋯⋯⋯⋯⋯⋯⋯⋯⋯⋯⋯ **61**

2.11 v-for를 이용한 데이터 컬렉션 순회 ⋯⋯⋯⋯⋯⋯⋯⋯⋯⋯⋯⋯⋯⋯ **65**

　　　2.11.1 객체 속성 순회 ⋯⋯⋯⋯⋯⋯⋯⋯⋯⋯⋯⋯⋯⋯⋯⋯⋯⋯⋯⋯ **69**

　　　2.11.2 key 속성과 원소 바인딩 고유성 ⋯⋯⋯⋯⋯⋯⋯⋯⋯⋯⋯⋯ **71**

2.12 v-on을 이용한 이벤트 리스너 추가 ⋯⋯⋯⋯⋯⋯⋯⋯⋯⋯⋯⋯⋯⋯ **73**

　　　2.12.1 v-on 이벤트 수정자를 이용한 이벤트 처리 ⋯⋯⋯⋯⋯⋯⋯ **75**

　　　2.12.2 키 코드 수정자를 이용한 키보드 이벤트 감지 ⋯⋯⋯⋯⋯⋯ **78**

2.13 v-if, v-else, v-else-if를 이용한 조건부 렌더링 ⋯⋯⋯⋯⋯⋯⋯ **81**

2.14 v-show를 이용한 조건부 표시 ⋯⋯⋯⋯⋯⋯⋯⋯⋯⋯⋯⋯⋯⋯⋯⋯ **84**

2.15 v-html을 이용한 동적 HTML 코드 표시 ⋯⋯⋯⋯⋯⋯⋯⋯⋯⋯⋯ **86**

2.16 v-text를 이용한 텍스트 콘텐츠 표시 ⋯⋯⋯⋯⋯⋯⋯⋯⋯⋯⋯⋯⋯ **87**

2.17 v-once 및 v-memo를 이용한 렌더링 최적화 ⋯⋯⋯⋯⋯⋯⋯⋯⋯ **88**

2.18 전역 컴포넌트 등록 ⋯⋯⋯⋯⋯⋯⋯⋯⋯⋯⋯⋯⋯⋯⋯⋯⋯⋯⋯⋯⋯ **92**

정리 ⋯⋯⋯⋯⋯⋯⋯⋯⋯⋯⋯⋯⋯⋯⋯⋯⋯⋯⋯⋯⋯⋯⋯⋯⋯⋯⋯⋯⋯⋯⋯⋯ **94**

CONTENTS

CHAPTER 03 **컴포넌트 구성**

3.1 Vue 싱글 파일 컴포넌트 구조 ··· **95**

3.2 defineComponent()와 타입스크립트 지원 ····················· **99**

3.3 컴포넌트 라이프사이클 훅 ··· **101**

    3.3.1 setup ··· **103**

    3.3.2 beforeCreate ·· **107**

    3.3.3 created ··· **107**

    3.3.4 beforeMount ··· **107**

    3.3.5 mounted ·· **107**

    3.3.6 beforeUpdate ··· **108**

    3.3.7 updated ··· **108**

    3.3.8 beforeUnmount ··· **108**

    3.3.9 unmounted ··· **108**

3.4 메서드 ··· **113**

3.5 computed 프로퍼티 ·· **117**

3.6 와처 ··· **119**

    3.6.1 하위 프로퍼티 변화 관찰 ··· **122**

    3.6.2 this.$watch() 메서드 ··· **126**

3.7 슬롯 ··· **128**

3.8 템플릿과 v-slot으로 명명된 슬롯 ······································· **133**

3.9 ref의 이해 ··· **137**

3.10 믹스인과 컴포넌트 설정 공유 ··· **140**

3.11 컴포넌트 스타일과 적용 범위 ··· **146**

    3.11.1 scoped 스타일로 자식 컴포넌트에 CSS 적용하기 ········· **150**

    3.11.2 슬롯 콘텐츠에 scoped 스타일 적용하기 ······················ **151**

3.11.3 스타일 태그에서 v-bind()로 컴포넌트 데이터에 접근하기 ·············· **152**

3.12 CSS 모듈과 컴포넌트 스타일 ·· **154**

정리 ·· **156**

CHAPTER 04 컴포넌트 상호작용

4.1 자식 컴포넌트의 데이터 흐름 ··· **157**

4.1.1 props를 통한 컴포넌트 데이터 전달 ·································· **158**

4.1.2 prop 타입 유효성 검사 및 기본값 ····································· **163**

4.1.3 커스텀 prop 타입 검사 ··· **165**

4.1.4 defineProps()와 withDefaults()를 이용한 prop 선언 ············ **169**

4.2 커스텀 이벤트와 컴포넌트 간 통신 ··· **171**

4.3 defineEmits()를 이용한 커스텀 이벤트 정의 ··································· **177**

4.4 제공/주입 패턴을 이용한 컴포넌트 통신 ··· **179**

4.4.1 provide와 데이터 전달 ··· **179**

4.4.2 inject와 데이터 수신 ·· **181**

4.5 텔레포트 API ··· **183**

4.5.1 Teleport와 〈dialog〉 엘리먼트를 이용한 모달 구현 ··············· **185**

4.5.2 텔레포트의 렌더링 제한 ··· **195**

정리 ·· **197**

CHAPTER 05 컴포지션 API

5.1 컴포지션 API를 통한 컴포넌트 설정 ··· **199**

5.2 ref()와 reactive()로 데이터 처리하기 ·· **200**

5.2.1 ref() ·· **200**

CONTENTS

　　　　5.2.2 reactive() ·· 207

5.3 라이프사이클 훅 ··· 211

5.4 컴포지션 API의 와처 ·· 214

5.5 computed() ·· 219

5.6 재사용 컴포저블 ·· 221

정리 ··· 227

CHAPTER 06 외부 데이터 통합

6.1 Axios란? ··· 229

6.2 Axios 설치 ··· 231

6.3 라이프사이클 훅과 Axios로 데이터 가져오기 ··········· 231

6.4 런타임 중 비동기 데이터 요청 ······························ 237

6.5 재사용 fetch 컴포넌트 생성 ································· 240

6.6 애플리케이션과 외부 데이터베이스 연결 ·················· 245

정리 ··· 247

CHAPTER 07 고급 렌더링, 동적 컴포넌트, 플러그인 구성

7.1 렌더 함수와 JSX ·· 249

　　　　7.1.1 렌더 함수 ·· 250

　　　　7.1.2 h 함수와 VNode ····································· 251

　　　　7.1.3 렌더 함수와 자바스크립트 XML ·················· 254

7.2 기능성 컴포넌트 ·· 256

7.3 기능성 컴포넌트의 props와 emits 정의 ················· 257

7.4 Vue 플러그인으로 전역 커스텀 기능 추가하기 ·········· 258

7.5 〈component〉 태그를 이용한 동적 렌더링 ······················· 262

7.6 〈keep-alive〉로 컴포넌트 인스턴스를 활성 상태로 유지하기 ······················· 264

정리 ······················· 267

CHAPTER 08 라우팅

8.1 라우팅이란? ······················· 269

8.2 Vue 라우터 ······················· 271

    8.2.1 Vue 라우터 설치 ······················· 271

    8.2.2 라우트 정의 ······················· 274

    8.2.3 라우터 인스턴스 생성 ······················· 277

    8.2.4 라우터 인스턴스 탑재 ······················· 279

    8.2.5 RouterView 컴포넌트로 현재 페이지 렌더링하기 ······················· 280

    8.2.6 RouterLink 컴포넌트로 내비게이션 바 만들기 ······················· 282

8.3 라우트 간 데이터 전달 ······················· 285

8.4 props로 라우트 파라미터 분리하기 ······················· 290

8.5 내비게이션 가드의 이해 ······················· 292

    8.5.1 전역 내비게이션 가드 ······················· 292

    8.5.2 라우터 수준 내비게이션 가드 ······················· 294

    8.5.3 컴포넌트 수준 라우터 가드 ······················· 296

8.6 중첩 라우트 ······················· 298

8.7 동적 라우트 생성 ······················· 301

8.8 라우터 인스턴스로 앞뒤 이동하기 ······················· 305

8.9 미확인 라우트 처리 ······················· 306

정리 ······················· 309

CONTENTS

CHAPTER 09 피니아와 상태 관리

9.1 Vue의 상태 관리 ···································· 311

9.2 피니아 ·· 313

9.3 저장소 생성 ·· 315

9.4 장바구니 저장소 생성 ······························ 321

9.5 컴포넌트에서 장바구니 저장소 사용하기 ··········· 323

9.6 피자 갤러리에 장바구니 기능 추가하기 ············· 324

9.7 액션으로 장바구니 목록 표시하기 ·················· 328

9.8 장바구니 저장소에서 항목 제거하기 ··············· 332

9.9 피니아 저장소 유닛 테스트 ······················· 335

9.10 저장소 변경 사항 처리하기 ······················ 336

정리 ·· 339

CHAPTER 10 Vue 트랜지션과 애니메이션

10.1 CSS 트랜지션 및 애니메이션 ···················· 341

10.2 Vue.js의 트랜지션 컴포넌트 ···················· 343

　　10.2.1 커스텀 트랜지션 클래스 속성 ················ 347

　　10.2.2 appear로 최초 렌더링 전환 효과 적용하기 ··· 349

10.3 엘리먼트 그룹 트랜지션 ························· 350

10.4 라우트 트랜지션 ······························· 352

10.5 트랜지션 이벤트로 애니메이션 제어하기 ········· 353

정리 ·· 356

CHAPTER 11 **Vue 테스트**

11.1 유닛 테스트와 E2E 테스트 ··· 357

11.2 Vitest와 유닛 테스트 ··· 359

11.3 Vitest 파라미터와 설정 파일 ·· 361

11.4 테스트 작성 ··· 363

11.5 비-라이프사이클 컴포저블 테스트 ·· 371

11.6 라이프사이클 훅 컴포저블 테스트 ·· 375

11.7 Vue 테스트 유틸로 컴포넌트 테스트하기 ···································· 382

11.8 컴포넌트 상호작용 및 이벤트 테스트 ·· 387

11.9 Vitest와 GUI ··· 389

11.10 Vitest와 커버리지 러너 ·· 391

11.11 PlaywrightJS를 이용한 엔드투엔드 테스트 ·································· 398

11.12 VSCode용 Playwright 확장으로 E2E 테스트 디버깅하기 ······················ 408

정리 ··· 411

CHAPTER 12 **Vue.js 애플리케이션과 CI/CD**

12.1 소프트웨어 개발과 CI/CD ·· 413

12.1.1 지속적 통합 ··· 414

12.1.2 지속적 전달 ··· 414

12.1.3 지속적 배포 ··· 415

12.2 GitHub Actions와 CI/CD 파이프라인 ·· 415

12.3 Netlify를 이용한 지속적 배포 ·· 421

12.4 Netlify CLI 배포 ··· 423

정리 ··· 424

CONTENTS

CHAPTER 13 **Vue와 서버 사이드 렌더링**

13.1 Vue의 클라이언트 사이드 렌더링 ·· **425**

13.2 서버 사이드 렌더링 ··· **427**

13.3 Nuxt.js와 서버 사이드 렌더링 ·· **434**

13.4 정적 사이트 생성기 ··· **445**

정리 ·· **446**

찾아보기 ·· **448**

Vue.js의 세계로

2014년에 처음 공개된 Vue.js는 빠른 속도로 저변을 넓혀 2018년에 채택률이 비약적으로 상승했다. Vue는 높은 사용성과 유연성 덕분에 개발자 커뮤니티에서 널리 각광받는 프레임 워크다. 최종 사용자용 고성능 애플리케이션을 제작하기 위한 최고의 도구를 찾는다면 Vue. js가 그 해답이다.

이번 장에서는 Vue.js의 핵심 개념을 조명하고 Vue.js 개발 환경을 구축하는 각종 도구를 안 내한다. 또한 Vue.js 개발 프로세스를 효과적으로 관리하는 유용한 도구를 소개한다. 이번 장을 마치면 간단한 Vue.js 애플리케이션이 포함된 작업 환경을 갖추고, Vue.js 학습 여정을 시작할 수 있는 발판을 마련할 수 있을 것이다.

1.1 Vue.js란?

Vue.js 또는 Vue는 프랑스어로 view를 의미한다. Vue는 프런트엔드 애플리케이션에 프로 그레시브progressive, 컴포저블composable, 반응형reactive **사용자 인터페이스**User Interface (UI)를 구축하 도록 제작된 자바스크립트 엔진이다.

Vue는 자바스크립트를 바탕으로 제작되었으며 웹 애플리케이션을 설계 및 구축할 수 있는 체계적인 메커니즘을 제공한다. 또한 트랜스컴파일러trans-compiler(**트랜스파일러**transpiler)로써 Vue 코드를 그에 상응하는 HTML, CSS로 컴파일 및 변환한다(3.1절 참고). 이러한 파일들은 배포 전 빌드 단계에서 생성된다. 단, 스크립트 파일을 이용해 스탠드얼론 모드standalone mode로 실행할 때는 Vue 엔진이 런타임 중에 이러한 변환을 수행한다.

Vue는 **모델-뷰-뷰모델**Model-View-ViewModel(MVVM) 패턴을 따른다. **모델-뷰-컨트롤러**Model-el-View-Controller(MVC)[1]와 달리 뷰모델은 뷰와 모델 사이에서 데이터를 연결하는 바인더다. 뷰와 모델이 직접 통신하게 함으로써 컴포넌트의 반응성reactivity을 지속적으로 유지시킨다.

간단히 말해, Vue는 오직 뷰 레이어에 초점을 맞추는 도구로 제작됐다. 그러나 점점 복잡해지는 요건에 대응하기 위해 여러 외부 라이브러리와 통합하며 적응해왔다.

Vue는 뷰 레이어에 집중하므로 싱글 페이지 애플리케이션single-page application(SPA)[2]을 개발할 때 유용하다. SPA는 백엔드와 지속적으로 데이터를 주고받으므로 신속하고 유연하게 움직일 수 있다.

Vue 공식 웹 사이트[3]에 방문하면 API 문서, 설치, 기본 사용법 등을 확인할 수 있다.

1.2 현대 웹 개발과 Vue의 이점

Vue의 문서는 잘 정돈되어 있고 이해하기도 쉬워 Vue의 큰 장점 중 하나로 꼽힌다. 또한

---

1   MVC 패턴은 애플리케이션 구조를 UI(뷰), 데이터(모델), 제어 로직(컨트롤러)으로 나누어 구현할 때 유용하다. 뷰와 컨트롤러는 양방향으로 바인딩되며 오직 컨트롤러만 모델을 제어한다. https://oreil.ly/GHu2u

2   https://oreil.ly/FWJ2p

3   https://oreil.ly/03RbI

Vue 라우터^{Vue Router}, Vuex, 피니아^{Pinia} 등 Vue를 중심으로 구축된 생태계와 지원 커뮤니티 덕분에 개발자는 최소한의 노력으로 프로젝트를 설정하고 실행할 수 있다.

Vue API는 이전에 AngularJS 또는 jQuery를 사용해본 모든 이에게 직관적이고 친숙하다. 편리한 템플릿 구문 덕분에 학습 난도는 낮고 애플리케이션에서 데이터를 처리하거나 문서 객체 모델^{Document Object Model}(DOM) 이벤트를 수신하기도 쉽다.

Vue가 내세우는 또 하나의 큰 장점은 **크기**다. 프레임워크의 크기는 애플리케이션 성능, 특히 배포 직후 초기 로딩 시간을 결정하는 중요한 특성이다. 집필 시점(2023년), Vue는 가장 빠르고 가벼운 프레임워크(10kB 미만)다. 이러한 저용량 덕분에 다운로드 시간이 절약되고 브라우저 측면에서 런타임 성능이 향상된다.

Vue 3부터 타입스크립트^{TypeScript}를 기본으로 지원한다. 개발자는 타입 기능을 이용해 체계적이고 가독성 높은 코드를 작성할 수 있으며 장기적으로 코드베이스를 유지 및 관리할 수 있다.

1.3 Node.js 설치

Vue를 다루려면 먼저 개발 환경을 갖추고 필수 코딩 지식을 습득해야 한다. Node.js와 NPM(또는 Yarn)은 모든 애플리케이션에 앞서 설치해야 할 필수 개발 도구다.[4]

Node.js(또는 Node)는 오픈 소스 자바스크립트 서버 환경이며, 크롬^{Chrome}의 V8 자바스크립트 런타임 엔진을 기반으로 구축됐다. Node를 사용하면 개발자는 자바스크립트 애플리케이션을 로컬에서 또는 브라우저 외부 호스팅 서버에 탑재하고 실행할 수 있다.

> **NOTE** 크롬과 에지^{Edge} 등의 크로미움^{Chromium} 기반 브라우저들은 V8 엔진을 이용해 자바스크립트 코드를 저수준^{low-level} 컴퓨터 코드로 변환해 효율적으로 실행할 수 있다.

---

4 옮긴이_간단한 프로젝트나 node가 제한된 환경에서는 cdn 또는 스크립트 파일 형태로 Vue를 사용하기도 한다.

Node는 크로스 플랫폼cross-platform을 지원하며 설치도 쉽다. Node가 설치되어 있는지 확인하려면 터미널(또는 Windows 명령 프롬프트)을 열고 다음 명령을 실행하자.

```
node -v
```

Node가 설치되었다면 Node 버전이, 그렇지 않다면 명령을 찾을 수 없다는 오류가 출력될 것이다.

Node를 설치하지 않았거나 Node 버전이 12.2.0 미만인 경우 Node 프로젝트 웹 사이트[5]에 방문해 자신의 운영체제에 맞는 최신 버전 설치 파일을 다운로드하자(그림 1-1).

다운로드가 완료되면 설치 파일을 실행하고 안내에 따라 진행하면 된다.

Node를 설치하면 **node** 명령과 함께 **npm**이 명령줄 도구에 추가된다. 이제 **node -v** 명령을 실행하면 설치된 버전 번호가 출력된다.

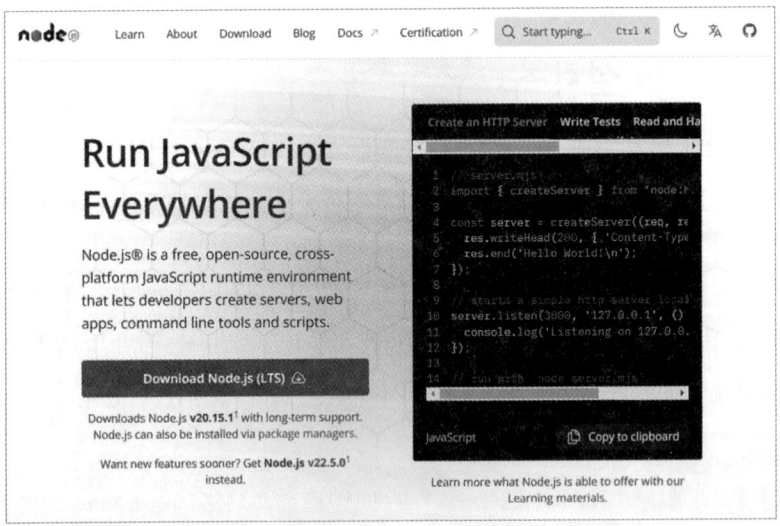

그림 1-1 Node 공식 웹 사이트의 최신 다운로드 버전

---

5 https://oreil.ly/E6xr-

1.3.1 NPM

노드 패키지 관리자^{Node Package Manager}(NPM)는 Node.js의 기본 패키지 관리자이며 Node.js 와 함께 설치된다. NPM을 통해 개발자는 외부의 Node 패키지를 원격으로 쉽게 다운로드하고 설치할 수 있다. Vue 등의 프런트엔드 프레임워크 자체도 Node 패키지의 일종이다.

NPM은 복잡한 자바 애플리케이션을 개발하기 위한 필수 도구로, 작업 스크립트를 생성하거나 실행(예: 로컬 개발 서버)하는 기능이 있다. 또한 프로젝트 패키지 의존성^{dependancy}을 자동으로 다운로드하는 역할도 한다.

Node 버전 확인 방법과 비슷하게 다음 명령을 실행하면 NPM 버전을 확인할 수 있다.

```
npm -v
```

NPM 버전을 업데이트하려면 다음 명령을 실행하자.

```
npm install npm@latest -g
```

@latest 파라미터는 해당 패키지의 최신 버전을 의미한다. 따라서 이 명령으로 NPM 최신 버전이 자동으로 설치된다. 이후 npm -v를 다시 실행하면 NPM이 제대로 업데이트되었는지 확인할 수 있다. latest 대신 xx.x.x 형식으로 특정 NPM 버전을 지정하는 방법도 있다. -g 플래그는 npm 명령을 로컬 시스템 전역에서 사용할 수 있도록 설치하라는 의미다. 가령 npm install npm@6.13.4 -g 명령을 실행하면 NPM 패키지 6.13.4 버전이 설치 및 업데이트 대상으로 지정된다.

> **CAUTION** 이 책에서 사용하는 NPM 버전
>
> 이 책의 모든 NPM 코드 예제를 따라하려면 NPM 7.x 버전 이상을 설치하는 것이 좋다.

Node 프로젝트를 개발하고 실행하려면 다양한 Node 패키지(또는 의존성)[6]가 필요하다. 이러한 패키지들의 설치 목록은 프로젝트 디렉터리에 있는 `package.json` 파일에 기록된다. 또한 이 파일은 프로젝트의 이름, 제작자 등의 정보를 저장하며 해당 프로젝트만의 전용 스크립팅 명령scripting command을 설정하는 역할도 한다.

프로젝트 폴더에서 `npm install` 또는 `npm i` 명령을 실행하면 NPM은 `package.json` 파일을 읽고 그 안에 나열된 모든 패키지를 `node_modules`라는 폴더에 설치한다. 이후에는 프로젝트에서 이러한 패키지들을 활용할 수 있다. 또한 설치 패키지 버전과 공통 의존성의 호환성을 추적하고 유지하기 위해 `package-lock.json` 파일을 생성한다.

의존성이 필요한 프로젝트를 처음 시작하려면 프로젝트 디렉터리에서 다음 명령을 실행한다.

```
npm init
```

명령 실행 후, 프로젝트에 대한 몇 가지 질문에 답하고 나면 빈 프로젝트가 생성된다. 사용자가 입력한 답변은 새로 생성된 `package.json` 파일에 저장된다.

NPM 공식 홈페이지[7]에 방문하면 모든 오픈 소스 패키지를 검색할 수 있다.

1.3.2 Yarn

NPM이 표준 패키지 관리자 도구라면 Yarn은 페이스북[8]이 대체재로 개발한 범용 패키지 관리자다. Yarn은 병렬 다운로드 및 캐싱 메커니즘을 이용해 더 높은 속도, 보안, 안정성을 확보했다. 또한 모든 NPM 패키지와 호환되므로 NPM을 그대로 대체해서 사용할 수 있다.

---

6 일반적으로 NPM 패키지라 부른다

7 https://oreil.ly/LD4W8

8 페이스북은 2021년에 메타(Meta)로 사명을 변경했다.

Yarn 공식 홈페이지[9]에 방문하면 자신의 운영체제에 맞는 최신 Yarn 버전을 설치할 수 있다.

맥OS를 사용하고 홈브루Homebrew가 설치되어 있다면 다음 명령을 실행해 Yarn을 즉시 설치할 수 있다.

```
brew install yarn
```

이 명령은 Yarn을 전역적으로 설치하며 Node.js가 없을 경우 함께 설치한다.

다음은 NPM 패키지 관리 도구로 Yarn을 전역 설치하는 명령이다.

```
npm i -g yarn
```

이제 컴퓨터에 Yarn을 설치하고 사용할 준비가 완료됐다.

Yarn의 설치 여부와 버전을 확인하려면 다음 명령을 실행한다.

```
yarn -v
```

신규 패키지를 추가하려면 다음 명령을 실행한다.

```
yarn add <node package name>
```

프로젝트 의존성을 설치하려면 npm install 대신 프로젝트 디렉터리 내에서 yarn 명령만 실행하면 된다. 이 작업이 완료되면 NPM과 마찬가지로 Yarn이 프로젝트 디렉터리에 yarn.lock 파일을 생성한다.

> **NOTE** 이 책의 예제 코드는 Yarn을 패키지 관리자 도구로 사용한다.

---

9   https://oreil.ly/TX-qT

이제 Vue 개발에 착수하기 위한 필수 코딩 환경이 갖추어졌다. 이어서 Vue 개발자 도구를 살펴보고 Vue 작업에 활용하는 방법을 알아보자.

1.4 Vue 개발자 도구

Vue 개발자 도구^{Vue Developer Tools} 또는 Vue 데브툴^{Vue Devtools}은 Vue 프로젝트를 로컬에서 개발할 때 유용한 공식 도구다. 여기에는 크롬 및 파이어폭스^{Firefox}용 확장과 기타 브라우저용 일렉트론^{Electron} 데스크톱 애플리케이션이 포함된다. 이러한 도구 중 하나를 설치해 개발 과정에서 활용한다.

크롬 사용자는 [그림 1–2]와 같이 크롬 웹 스토어[10]의 확장 프로그램 링크에서 Vue 확장을 설치할 수 있다.

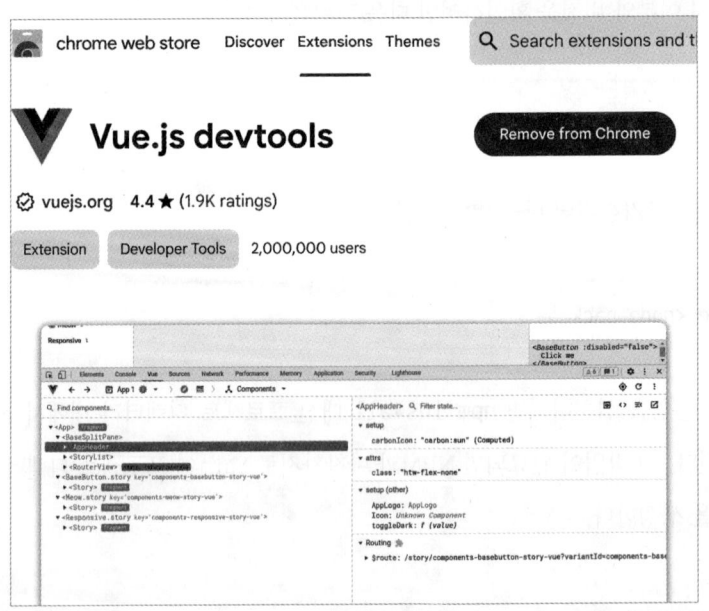

그림 1-2 크롬용 Vue 데브툴 확장

---

10 https://oreil.ly/XvXLO

파이어폭스의 경우 [그림 1-3]처럼 파이어폭스 애드온 페이지[11]에서 확장을 설치할 수 있다.

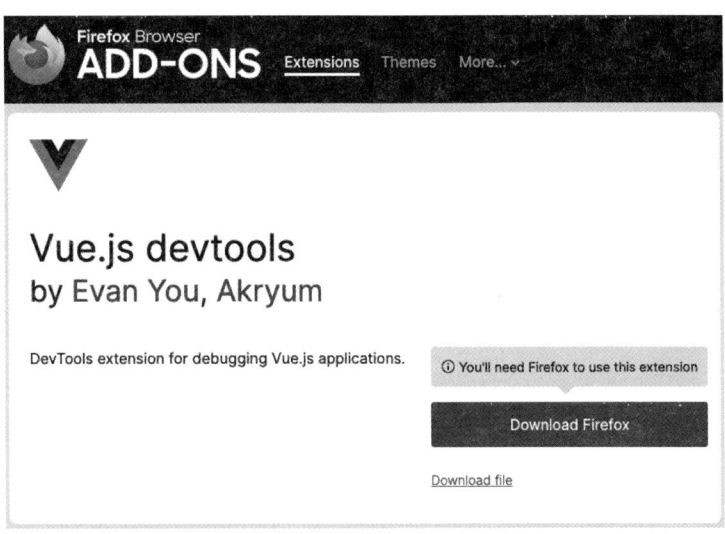

그림 1-3 파이어폭스용 Vue 데브툴 확장 페이지

확장 기능이 설치되고 활성화되면 실제 프로덕션 사이트가 Vue를 사용하고 있는지 확인할 수 있다. Vue로 구축한 사이트에 방문하면 [그림 1-4]와 같이 브라우저 우측 도구 모음의 Vue 아이콘이 활성화된다.

그림 1-4 Vue 공식 사이트가 Vue로 구축되었음을 알려주는 아이콘

Vue 데브툴을 사용하면 브라우저 개발자 콘솔에서 Vue 컴포넌트 트리, 컴포넌트 props, 데이터, 이벤트, 라우팅 정보를 검사할 수 있다. Vue 데브툴은 다양한 정보를 탭으로 나누어 제공한다. 이를 통해 프로젝트의 Vue 컴포넌트를 디버깅 및 검사하고 컴포넌트의 작동에 대한 유용한 통찰을 얻을 수 있다.

---

11 https://oreil.ly/oWT_C

1.5 빌더 관리 도구 Vite.js

2020년에 등장한 Vite.js(또는 Vite)는 웹팩[Webpack]이나 롤업[Rollup]처럼 자바스크립트 파일을 덩어리로 묶는 대신 네이티브 ES 모듈[12] 임포트 기능으로 모듈을 불러오는 자바스크립트 개발 서버다.

> **NOTE** 이 책에서는 Vite.js를 Vite로 통칭한다.

Vite는 이러한 특성에 힘입어 개발 작업 도중 신속하게 핫 리로드[Hot reload][13]를 수행하며 개발자의 능률을 높인다. 또한 타입스크립트 지원, 온디맨드 컴필레이션[compilation] 등의 개성적이고 다양한 기능을 제공해 개발자 커뮤니티에서 인기를 끌며 급속히 저변을 넓히고 있다.

Vue 커뮤니티는 Vue 프로젝트를 생성하고 관리하는 기본 빌더 툴을 Vue CLI 툴[14]에서 Vite 로 대체했다. 전자는 내부적으로 웹팩을 활용한다.

1.6 Vue 애플리케이션 생성

Vite로 신규 Vue 애플리케이션 프로젝트를 생성하는 방법은 여러 가지다. 가장 간단한 방법은 명령 프롬프트나 터미널에서 다음 명령 구문을 실행하는 것이다.

```
npm init vue@latest
```

이 명령은 먼저 공식 스캐폴딩[scaffolding] 도구인 **create-vue**를 설치한 다음 Vue 애플리케이션 설정에 필요한 핵심 정보들을 사용자에게 묻는다.

---

12 ES 모듈은 ECMAScript 모듈을 의미한다. ES6 릴리스는 Node.js에서 처음 사용되었고 현재는 브라우저에서도 대부분 표준으로 자리잡았다.

13 핫 리로드는 실행 중인 애플리케이션을 재시작하거나 페이지를 새로 고치지 않은 채 코드 변경 사항을 자동으로 적용하는 기능이다.

14 Vue 명령줄 인터페이스

이 책에서 다루는 Vue 애플리케이션은 [그림 1-5]와 같이 설정한다. 각 설정의 의미는 다음과 같다.

Vue 프로젝트명(소문자로 작성)

Vite는 현재 디렉터리에 프로젝트 디렉터리를 만든다. 디렉터리명은 프로젝트명과 같다.

타입스크립트

자바스크립트를 기반으로 구축된 타입형 프로그래밍 언어다.

JSX[15]

2장에서는 Vue에서 JSX 표준 코드를 사용하는 방법을 설명한다. JSX는 자바스크립트 코드 블록에 직접 HTML 구문을 작성할 수 있는 확장 문법이다.

Vue 라우터

8장에서는 Vue 라우터를 이용해 애플리케이션의 라우팅을 구현한다.

피니아

9장에서는 피니아를 이용해 애플리케이션 전반에서 데이터를 관리하고 공유하는 방법을 설명한다.

Vitest

Vitest는 Vite 프로젝트의 공식 유닛 테스트 도구로, 11장에서 자세히 살펴본다.

---

15 자바스크립트 XML. 주된 사용처는 리액트다.

ESLint

ESLint는 일정한 규칙 모음에 따라 코드를 검사한다. 이를 통해 코딩 표준을 준수하고 가독성을 높이며 식별하기 난해한 오류를 방지할 수 있다.

Prettier

Prettier는 자동으로 코드 스타일을 포맷한다. 코드를 깔끔하고 보기 좋게 유지하며 코딩 표준을 준수할 수 있다.

```
Project name:    learning-vue-app
Add TypeScript?    No   Yes
Add JSX Support?   No   Yes
Add Vue Router for Single Page Application development?   No   Yes
Add Pinia for state management?   No   Yes
Add Vitest for Unit Testing?   No   Yes
Add Cypress for End-to-End testing?   No   Yes
Add ESLint for code quality?   No   Yes
Add Prettier for code formatting?   No   Yes
```

그림 1-5 신규 Vue 애플리케이션 프로젝트 설정

create-vue는 사용자가 입력한 설정에 따라 프로젝트 스캐폴드를 생성한다. 완료되면 로컬에서 프로젝트를 실행하기 위해 필요한 일련의 명령이 [그림 1-6]처럼 순서대로 출력된다.

```
Done. Now run:

cd learning-vue-app
npm install
npm run lint
npm run dev
```

그림 1-6 신규 프로젝트 생성 이후 순서대로 실행할 명령

다음으로 새롭게 생성된 프로젝트의 파일 구조를 살펴보자.

1.7 파일 리포지터리 구조

Vue 프로젝트의 **src** 디렉터리 내부는 다음과 같은 기본 폴더들로 구성된다.

assets

프로젝트 이미지, 그래픽, CSS 파일을 저장하는 폴더

components

싱글 파일 컴포넌트^{Single File Component}(SFC) 개념을 따라 Vue 컴포넌트를 생성하고 저장하는 폴더

router

모든 라우팅 설정이 저장되는 폴더

stores

프로젝트 전역 데이터를 생성하고 저장하는 폴더. 데이터는 피니아를 통해 관리한다.

views

라우팅 정의에 바인딩되는 모든 Vue 컴포넌트가 저장되는 폴더

App.vue

Vue 애플리케이션의 메인 컴포넌트. 애플리케이션의 다른 모든 Vue 컴포넌트를 호스팅하는 루트^{root} 컴포넌트 역할을 한다.

main.ts

DOM 페이지와 HTML 엘리먼트^{HTML element}에 루트 컴포넌트(App.vue)를 마운팅하는 TypeScript 코드. 또한 애플리케이션의 Vue 라우터, 피니아 등의 플러그인 및 서드파티 라이브러리를 설정하는 파일

[그림 1-7]은 Vue 프로젝트의 구조를 나타낸다.

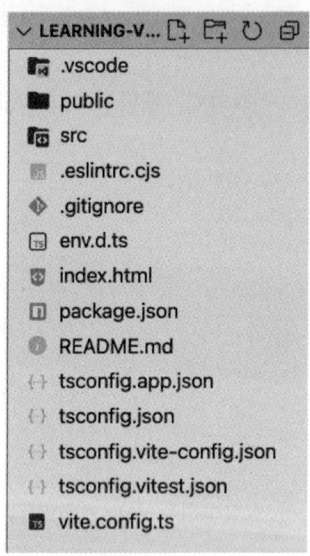

그림 1-7 learning-vue-app 프로젝트의 파일 구조

프로젝트 루트 디렉터리의 `index.html` 파일은 브라우저에 애플리케이션을 로드하는 진입점이다. 이 파일은 `<script>` 태그로 `main.ts` 파일을 임포트한다. Vue 엔진은 `main.ts`의 코드를 실행하며 `index.html` 파일 내부의 대상 엘리먼트에 Vue 애플리케이션을 로드한다. `index.html` 파일은 개발 기간 내내 변경되지 않고 유지될 가능성이 높다.

모든 예제 코드는 Github 저장소[16]에서 확인할 수 있다. 코드 파일은 장별로 구성되어 있다.

---

16 https://github.com/mayashavin/learning-vue-app

정리

이번 장에서 Vue의 장점과 Vue 개발 환경의 필수 도구를 설치하는 방법에 대해 배웠다. 또한 Vue 프로젝트를 효과적으로 구축하는 데 필요한 Vue 개발자 도구, Vite 등의 도구도 살펴봤다. 이제 Vue 프로젝트가 생성되었으므로 Vue에 대한 기본 지식을 배울 차례다. 다음 장에서는 Vue 인스턴스, 내장 디렉티브[built-in directive], Vue가 반응성을 처리하는 방법을 알아본다.

Vue의 기본 작동 방식

1장에서는 Vue 애플리케이션을 구축하는 필수 도구를 소개하고 Vue 애플리케이션을 처음으로 만들었다. 다음 단계는 Vue 코드를 작성하며 Vue의 작동 방식을 배우는 것이다.

이번 장에서는 가상 문서 객체 모델Virtual Document Object Model(가상 DOM)의 개념을 소개하고, Vue 옵션 API를 이용해 Vue 컴포넌트를 작성하는 기본기를 배운다. 또한 Vue 디렉티브directive와 Vue 반응성 메커니즘을 살펴본다. 이번 장을 마치면 Vue의 작동 방식을 이해하고 애플리케이션에서 사용할 Vue 컴포넌트를 작성 및 등록할 수 있게 될 것이다.

2.1 가상 DOM 들여다보기

Vue는 DOM을 직접 다루지 않는 대신 가상 DOM을 구현해 런타임 애플리케이션 성능을 최적화한다. 가상 DOM의 작동 원리를 명확하게 이해하기 위해 먼저 DOM의 개념부터 살펴보자.

DOM은 웹상의 HTML(또는 XML) 문서 콘텐츠를 메모리 내부에 트리형 데이터 구조로 나타낸다(그림 2-1). 이 구조는 웹 페이지와 실제 프로그래밍 코드(예: 자바스크립트)를 연결하는 프로그래밍 인터페이스 역할을 한다. HTML 문서의 **\<div\>** 또는 **\<section\>** 등의 태그는 프로그램이 접근 가능한 노드[node] 및 객체[object]로 표현된다.

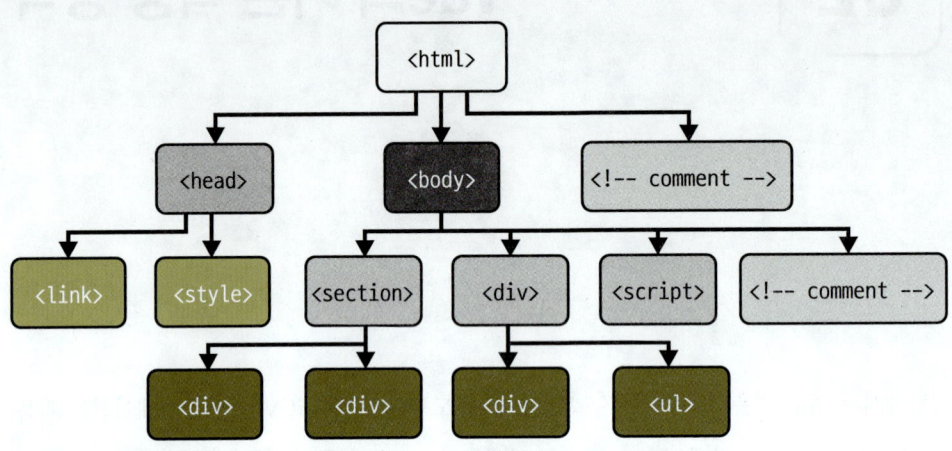

그림 2-1 DOM 트리 예시

브라우저가 HTML 문서를 분석하면 DOM과 즉시 상호작용할 수 있다. 레이아웃이 변경될 때마다 브라우저는 백그라운드에서 지속적으로 DOM을 고쳐 그린다. 기술적으로 표현하면, 해석[parsing]에 이어 DOM 화면 래스터화[rasterization] 또는 **픽셀투스크린**[pixel-to-screen] 파이프라인을 그리는 페인팅[painting] 과정이라 할 수 있다. [그림 2-2]는 래스터화가 진행되는 과정을 나타낸다.

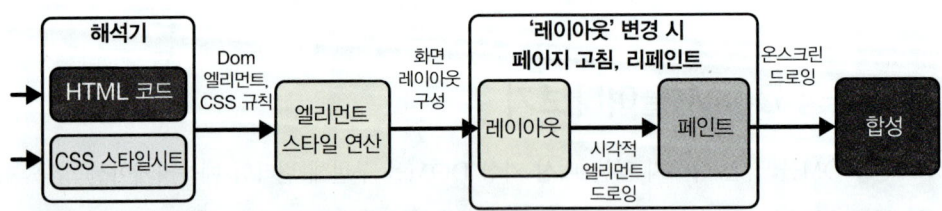

그림 2-2 브라우저 래스터화 과정

2.1.1 레이아웃 업데이트 난제

각각의 페인트는 브라우저 성능에 크게 영향을 미친다. DOM을 구성하는 노드가 늘어날수록 단일 또는 복수의 노드를 조회하고 업데이트하는 비용이 극단적으로 증가할 수 있다.

다음은 DOM을 이루는 간단한 li 엘리먼트 목록 예시다.

```
<ul class="list" id="todo-list">
  <li class="list-item">To do item 1</li>
  <li class="list-item">To do item 2</li>
  <!-- 기타 등등 -->
</ul>
```

li 엘리먼트를 추가/제거하거나 콘텐츠를 수정하려면 먼저 document.getElementById 또는 document.getElementsByClassName을 통해 해당 아이템의 DOM을 조회해야 한다. 그런 다음 DOM API를 적절히 활용해 원하는 업데이트를 수행할 수 있다.

가령 방금 예시에 새로운 아이템을 추가하려면 다음과 같은 단계를 따른다.

1 id 속성값인 "todo-list"로 목록 엘리먼트를 조회한다.

2 document.createElement()를 사용해 li 엘리먼트를 새로 추가한다.

3 textContent를 설정하고, setAttributc()를 사용해 다른 엘리먼트와 속성을 일치시킨다.

4 appendChild()를 이용해 신규 엘리먼트를 1단계에서 발견한 목록에 자식 엘리먼트로 추가한다.

```
const list = document.getElementById('todo-list');

const newItem = document.createElement('li');
newItem.setAttribute('class', 'list-item');
newItem.textContent = 'To do item 3';
list.appendChild(newItem);
```

비슷한 예로, 두 번째 li 아이템의 텍스트를 '**장보기**'로 변경한다고 가정하자. 이 경우 앞선 예시의 1단계를 수행해 목록 엘리먼트를 가져온 다음, getElementsByClassName()으로 대상 엘리먼트를 조회하고 textContent를 새로운 내용으로 변경하면 된다.

```
const secondItem = list.getElementsByClassName('list-item')[1];
secondItem.textContent = '장보기'
```

사소한 DOM 조회와 업데이트는 일반적으로 성능에 큰 영향을 미치지 않는다. 그러나 더 복잡한 웹 페이지에서 이러한 작업을 수초 이내에 반복적으로 수행한다면 페이지 속도가 저하될 위험이 있다. 간단한 업데이트라도 연속적으로 발생한다면 성능에 미치는 영향은 상당하다. Angular 1.x를 비롯한 많은 프레임워크는 코드베이스의 대형화에 따른 성능 저하 문제를 인지하거나 해결하지 못한다. 가상 DOM은 레이아웃 업데이트 문제를 해결하기 위해 설계되었다.

2.1.2 가상 DOM이란?

가상 DOM은 브라우저가 지닌 DOM의 **인메모리 가상 복사본 버전**in-memory virtual copy version이다. 그러나 무게는 더 가볍고 기능은 더 많다. 가상 DOM은 특정한 데이터 구조, 보통은 객체를 통해 실제 DOM 구조를 모방한다(그림 2-3).

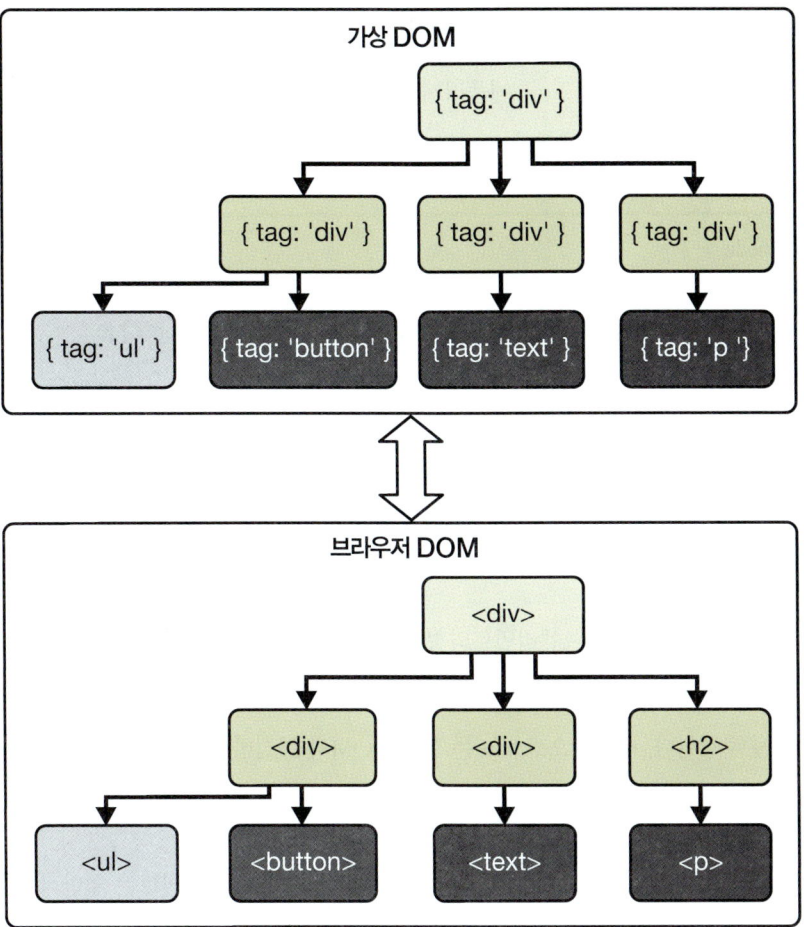

그림 2-3 브라우저 DOM과 가상 DOM

내부적으로 가상 DOM은 업데이트 엘리먼트를 브라우저에 생성하고 렌더링할 때 여전히 DOM API를 이용한다. 따라서 브라우저의 리페인팅 프로세스도 그대로 존재한다. 그러나 가상 DOM은 더 효율적으로 작동한다.

요컨대 가상 DOM은 속성 제어, 이벤트 처리, DOM 엘리먼트 수동 업데이트 등, 기존의 모든 비효율적인 작업에서 DOM을 해방시키는 것을 목표로 하는 **추상 패턴**abstract pattern이다.

2.1.3 Vue에서 가상 DOM이 작동하는 방식

가상 DOM은 실제 DOM과 Vue 애플리케이션 코드 사이에 자리 잡고 있다. 다음은 가상 DOM에서 노드를 표현하는 예시다.

```
const node = {
  tag: 'div',
  attributes: [{ id: 'list-container', class: 'list-container' }],
  children: [ /* 노드들의 배열 */]
}
```

이 노드를 VNode라 부르자. VNode는 가상 DOM 속에 존재하며, 실제 DOM에 존재하는 엘리먼트를 가리키는 **가상 노드**virtual node다.

UI 상호작용을 통해 사용자는 엘리먼트의 변화 상태를 Vue에 알린다. Vue는 가상 DOM을 조작해 해당 엘리먼트의 표현 객체(node)를 원하는 모양으로 업데이트하며, 동시에 이러한 변경 사항을 추적한다. 마지막으로 Vue는 실제 DOM과 통신하며 변경된 노드에 따라 DOM을 정확하게 업데이트한다.

가상 DOM은 자바스크립트 객체 트리의 일종이므로 컴포넌트 업데이트는 일반적인 자바스크립트 객체 업데이트와 같다. 이. 과정은 그리 오래 걸리지 않는다. 또한 DOM API를 호출하지 않기 때문에 이러한 업데이트 작업은 DOM 리페인팅repainting을 유발하지 않는다.

가상 DOM이 내부적으로 업데이트를 완료하면 실제 DOM과 일괄적으로 동기화되고 변경 사항이 브라우저에 반영된다.

[그림 2-4]는 목록에 항목을 새로 추가하고 텍스트를 변경할 때 가상 DOM에서 실제 DOM으로 업데이트가 진행되는 과정을 보여준다.

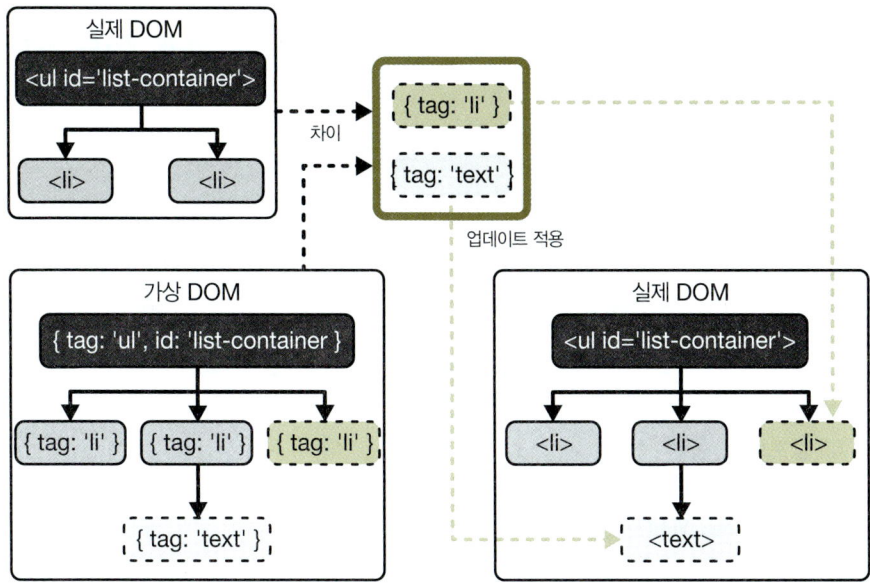

그림 2-4 가상 DOM에서 실제 DOM으로 업데이트되는 과정

가상 DOM은 객체 트리이므로 가상 DOM이 수정됐을 때 동기화시킬 실제 DOM의 특정 업데이트 작업을 쉽게 추적할 수 있다. 실제 DOM을 직접 조회하고 업데이트하는 대신 단일 업데이트 주기 안에서 업데이트 API를 예약해 하나의 렌더 함수로 호출하므로 성능과 효율성이 높아진다.

가상 DOM의 작동 방식을 이해했으니 다음으로 Vue 인스턴스와 Vue 옵션 API를 살펴보자.

2.2 Vue 앱 인스턴스 및 옵션 API

모든 Vue 애플리케이션은 애플리케이션 루트에 단일 Vue 컴포넌트 인스턴스를 두고 시작한다. 하나의 애플리케이션에서 생성된 모든 Vue 컴포넌트는 이러한 루트 컴포넌트 안에 존재해야 한다.

Vue 2는 Vue 컴포넌트 인스턴스를 생성할 때 뷰 클래스 생성 코드(또는 자바스크립트 함수)를 노출한다. 다음은 설정 옵션을 지정해 Vue 인스턴스를 생성하는 구문이다.

```
const App = {
  // 컴포넌트 옵션
}
const app = new Vue(App)
```

Vue 클래스는 컴포넌트 또는 컴포넌트 설정을 전달받는다. 이때 컴포넌트 설정은 정교하게 가공할 수 있다. 컴포넌트 설정은 하나의 **객체**이며, 모든 초기 설정 옵션이 담겨 있다. 이러한 인수 구조를 **옵션 API**^{option API}라 부른다. 옵션 API는 Vue의 코어 API 중 하나다.

Vue 3부터는 **new Vue()**를 직접 호출할 수 없으며 대신 **Vue()** 패키지의 **createApp()** 메서드를 이용해 애플리케이션 인스턴스를 생성한다. 이러한 기능 변화로 인해 의존성 및 공유 컴포넌트에서 생성된 **vue** 인스턴스 사이에 분리 정도가 향상되며 코드 가독성 또한 높아진다.

```
import { createApp } from 'vue'

const App = {
  // 컴포넌트 옵션
}

const app = createApp(App)
```

createApp()은 컴포넌트 설정 객체를 입력받는다. 이 설정을 기반으로 Vue는 Vue 컴포넌트 인스턴스를 애플리케이션 루트 앱으로 생성한다. 루트 앱이 생성되면 다음과 같이 app. mount( ) 메서드를 사용해 원하는 HTML 엘리먼트에 루트 컴포넌트 app을 마운팅한다.

```
app.mount('#app')
```

#app은 애플리케이션 루트 엘리먼트의 고유 ID 선택자^{selector}이다. Vue 엔진은 이 ID를 이용해 엘리먼트를 조회하고 여기에 앱 인스턴스를 탑재한 뒤 브라우저에서 애플리케이션을 렌더링한다.

다음 단계는 옵션 API를 이용해 Vue 설정을 전달하고 이에 따라 컴포넌트 인스턴스를 생성하는 것이다.

> **NOTE** 이제부터 Vue 3 API 표준에 맞추어 코드를 작성한다.

2.3 옵션 API 탐색

옵션 API는 Vue 컴포넌트 초기화에 필요한 Vue의 핵심 API다. 이 API는 객체 형식으로 구조화된 컴포넌트 설정을 담고 있다.

옵션 API의 필수 프로퍼티는 다음과 같이 네 가지 주요 범주로 나뉜다.

상태 처리^{state handling}

컴포넌트의 로컬 데이터 상태를 반환하는 data(), 특정 로컬 데이터를 관찰하는 watch, 유입 데이터를 담을 props, 그 외에 computed, methods 등이 포함된다.

렌더링 rendering

HTML 뷰 템플릿인 **template**, 컴포넌트의 렌더링 로직인 **render()** 등이 있다.

라이프사이클 훅 Lifecycle Hooks

beforeCreate(), **created()**, **mounted()** 등으로 컴포넌트 라이프사이클의 다양한 단계를 관리한다.

기타

provide(), **inject()** 등은 컴포넌트 사이에서 다양한 변경 사항과 소통을 관리한다. **components**는 컴포넌트 내부에서 사용할 다른 컴포넌트 템플릿의 집합이다.

다음은 옵션 API를 기반으로 생성한 루트 **App** 컴포넌트의 구조 예시다.

```
import { createApp } from 'vue'

const App = {
 template: "This is the app's entrance",
}

const app = createApp(App)
app.mount('#app')
```

이 코드에서 HTML 템플릿은 일반 텍스트를 출력하지만 **data()** 함수를 사용하면 로컬 데이터의 상태를 정의할 수 있다. 로컬 데이터는 2.5절에서 자세히 설명한다.[1]

여기에 **render()** 함수를 도입한 코드는 다음과 같다.

---

1 옮긴이_ template 프로퍼티에 문자열을 전달하려면 템플릿 컴파일러가 포함된 vue/dist/vue.esm-bundler 빌드를 써야 한다. (import { createApp } from 'vue/dist/vue.esm-bundler') 참고로 이 방식은 보안상 권장되지 않는다. 템플릿은 렌더링 함수로 전달하거나 vue 파일에 작성하는 것이 좋다.

```
import { createApp } from 'vue'

const App = {
 render() {
  return "This is the app's entrance"
 }
}

const app = createApp(App)
app.mount('#app')
```

두 코드 모두 출력 결과는 [그림 2-5]와 같다.

This is the app's entrance

그림 2-5 옵션 API를 이용한 루트 컴포넌트 출력 예시

브라우저의 개발자 도구에서 요소 또는 Elements 탭을 열면 [그림 2-6]과 같이 실제 DOM 에 id="app"인 div가 있으며 This is the app's entrance라는 텍스트 콘텐츠를 포함 하고 있음을 알 수 있다.

```
▼<body>
    <div id="app" dala-v-app>This is the app's entrance</div>
    <script type="module" src="/src/main.ts?t=1653374850644"></script>
  </body>
```

그림 2-6 브라우저의 DOM 트리에 div와 텍스트 콘텐츠가 포함된 모습

Description이라는 컴포넌트를 만들어 정적 텍스트를 렌더링하고 App의 components로 전달하는 방법도 있다. [예제 2-1]은 이를 template에서 내부 컴포넌트로 활용한다.

예제 2-1 App에서 사용할 내부 컴포넌트 템플릿 선언

```
import { createApp } from 'vue'
```

```
const Description = {
 template: "This is the app's entrance"
};

const App = {
 components: { Description },
 template: '<Description />'
}

const app = createApp(App)
app.mount('#app')
```

출력 결과는 [그림 2-6]과 동일하다.

이번 예시는 컴포넌트의 **template** 또는 **render()** 함수(7.1절 참고)를 명시적으로 선언해야 했다. 그러나 싱글 파일 컴포넌트^{Single File Component}(SFC) 표준에 따라 컴포넌트를 작성하면 이러한 프로퍼티가 필요치 않다. SFC 표준은 3장에서 논의할 것이다.

이어서 **template** 프로퍼티 구문을 살펴보자.

2.4 템플릿 구문

옵션 API의 **template**은 유효한 HTML 코드를 단일 문자열에 담고 있으며, 컴포넌트 엘리먼트의 UI 레이아웃을 나타낸다. Vue 엔진은 이 문자열의 구문을 분석하고 최적화된 자바스크립트 코드로 컴파일한 다음 그에 따라 DOM 엘리먼트를 렌더링한다.

다음 코드는 레이아웃이 단일 **div**인 루트 컴포넌트 **App**을 나타낸다. 이 **div**는 **This is the app's entrance**라는 텍스트를 포함한다.

```
import { createApp } from 'vue'

const App = {
 template: "<div>This is the app's entrance</div>",
}

const app = createApp(App)
app.mount('#app')
```

HTML 템플릿 코드가 다중 레벨일 경우 `(백틱) 기호를 이용해 가독성을 높일 수 있다. 이 기호는 백틱 문자로, 자바스크립트 템플릿 기호로 쓰인다. 다음은 이전 예시의 **App** 템플릿에 **h1** 및 **h2** 엘리먼트를 추가한 코드다.

```
import { createApp } from 'vue'

const App = {
 template: `
 <h1>This is the app's entrance</h1>
 <h2>We are exploring template syntax</h2>
 `,
}

const app = createApp(App)
app.mount('#app')
```

Vue 엔진은 추가된 두 엘리먼트를 [그림 2-7]과 같이 DOM으로 렌더링한다.

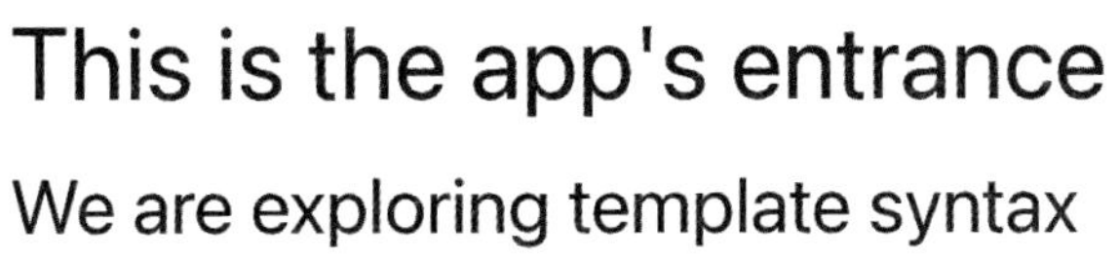

This is the app's entrance

We are exploring template syntax

그림 2-7 다중 레벨 템플릿 출력

Vue 디렉티브와 전용 구문으로 특정 DOM 엘리먼트와 컴포넌트 로컬 데이터를 바인딩하려면 template 프로퍼티 구문을 필수적으로 활용해야 한다. 이어서 UI로 표현할 데이터를 정의하는 방법을 살펴보자.

2.5 데이터 프로퍼티를 통한 로컬 상태 생성

대부분의 컴포넌트는 로컬 상태 또는 로컬 데이터를 유지하거나 외부로부터 데이터를 유입한다. Vue는 옵션 API의 data() 함수 프로퍼티를 통해 컴포넌트의 로컬 상태를 저장한다.

data()는 컴포넌트의 로컬 데이터 상태가 담긴 객체를 반환하는 익명 함수다. 반환된 객체는 **데이터 객체**^{data object}라 부른다. 컴포넌트 인스턴스를 초기화할 때 Vue 엔진은 데이터 객체의 각 프로퍼티를 반응형 시스템에 추가해 변경 사항을 추적하고 그에 따라 UI 템플릿을 다시 렌더링한다.

다시 말해 데이터 객체는 컴포넌트에 반응하는 상태를 담고 있다.

템플릿에 데이터 프로퍼티를 삽입할 때는 이중 중괄호 {{}}로 표현하는 **mustache** 구문을 사용한다. [예제 2-2]는 중괄호를 사용해 HTML 템플릿 내부에 데이터 프로퍼티 값을 주입하는 예시다.

예제 2-2 제목이 주입된 HTML 템플릿

```
import { createApp } from 'vue'

type Data = {
  title: string;
}

const App = {
 template: `
```

```
    <div>{{ title }}</div>
   `,
   data(): Data {
    return {
     title: 'My first Vue component'
    }
   }
  }

  const app = createApp(App)
  app.mount('#app')
```

이 코드는 로컬 데이터 프로퍼티로 **title**을 선언하고 **{{ title }}** 표현식을 통해 **App** 템플릿에 해당 값을 주입한다. DOM 출력 결과는 다음 코드와 같다.

```
  <div>My first Vue component</div>
```

또한, 하나의 엘리먼트 태그 안에서 다음과 같이 인라인 정적 텍스트를 이중 중괄호와 함께 쓸 수 있다.

```
  const App = {
   template: `
    <div>Title: {{ title }}</div>
   `,
   /**... */
  }
```

Vue는 템플릿을 자동으로 분석해 정적 텍스트는 유지하고 표현식은 올바른 값으로 교체한다. 결과는 다음과 같다.

```
  <div>Title: My first Vue component</div>
```

모든 데이터 객체 프로퍼티는 this라는 컴포넌트 인스턴스를 통해 직접 또는 내부적으로 접근할 수 있다. 또한 this는 모든 컴포넌트의 로컬 메서드, computed 프로퍼티, 라이프사이클 훅에서 접근할 수 있다. 가령, created() 훅을 이용하면 다음과 같이 컴포넌트가 생성된 직후 콘솔에 title을 출력할 수 있다.

```
import { createApp, type ComponentOptions } from 'vue'

const App = {
 /**... */
 created() {
  console.log((this as ComponentOptions<Data>).title)
 }
}

const app = createApp(App)
app.mount('#app')
```

> **NOTE** 앞선 예시는 this를 ComponentOptions<Data> 타입으로 캐스팅했다. Vue 3는 DefineComponent를 이용해 Vue 컴포넌트에서 타입스크립트를 온전히 지원하도록 설정할 수 있다. 자세한 내용은 3.2절을 참고하기 바란다.

Vue 데브툴을 통해 데이터 프로퍼티의 반응성을 디버깅할 수 있다. 애플리케이션 메인 페이지에서 브라우저 개발자 도구를 열고 Vue 탭으로 이동한다. 다음으로 Inspector 패널에 표시된 root 컴포넌트를 선택하면 오른쪽 패널에서 컴포넌트 데이터 객체의 프로퍼티가 나타난다. title 프로퍼티에 마우스를 올리면 [그림 2-8]처럼 펜 모양 아이콘이 나타나고 값을 편집할 수 있다.

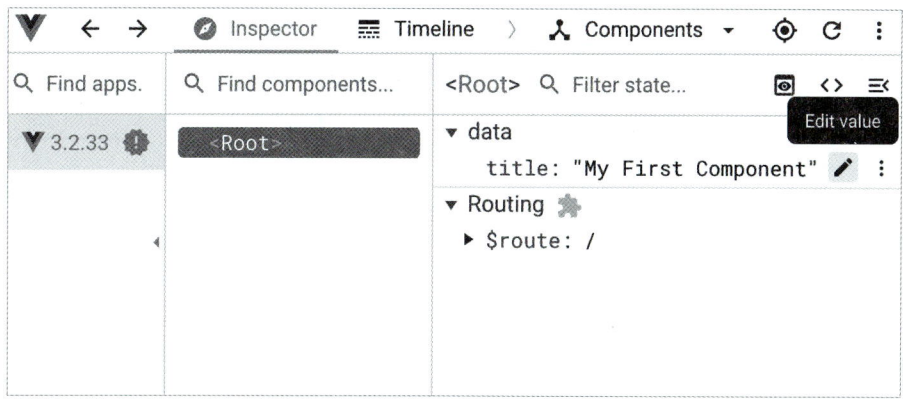

그림 2-8 Vue 데브툴에서 데이터 프로퍼티를 디버깅하고 편집하는 방법

펜 모양 편집 아이콘을 클릭하고 **title** 값을 수정한 후 엔터 키를 눌러보자. 애플리케이션 UI는 새로운 값을 바로 반영한다.

지금까지 **data()**와 이중 중괄호 **{{}}**를 이용해 UI 템플릿에 로컬 데이터를 주입하는 방법을 배웠다. 이 방식은 단방향 데이터 바인딩이다.

Vue의 양방향 바인딩 및 다른 디렉티브를 살펴보기 전에 Vue의 반응성을 알아보자.

2.6 Vue의 반응성이 작동하는 방식

반응성의 작동 방식을 이해하기 위해 [그림 2-9]를 살펴보자. 이 그림은 실제 DOM이 영향을 받기 전까지 가상 DOM이 모든 수신 정보를 처리하고, VNode를 생성 및 추적하는 과정을 나타낸다.

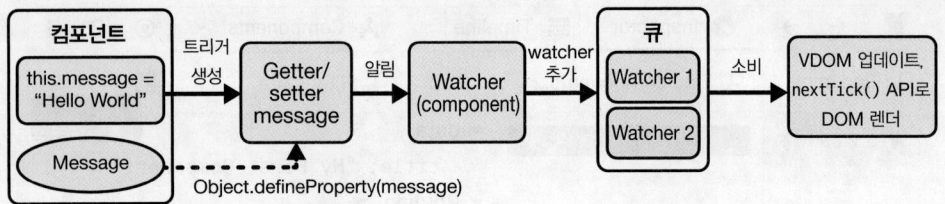

그림 2-9 가상 DOM의 렌더링 프로세스 흐름

[그림 2-9]는 다음과 같이 설명할 수 있다.

1. Vue.js 2.0에서 로컬 데이터를 정의하면 Vue 엔진은 내부에서 자바스크립트 내장 메서드인 `Object.defineProperty()`를 통해 각 데이터에 `getter` 및 `setter`를 설정하고 데이터의 반응성을 활성화시킨다. 그러나 Vue.js 3.0에서 Vue 엔진은 성능을 향상시키기 위해 ES5 프록시 기반 메커니즘[2]을 이용한다. 이를 통해 런타임 성능을 두 배로 높이고 필요 메모리는 절반으로 줄인다. 반응성 메커니즘은 3장에서 더 자세히 설명한다.

2. 반응성 메커니즘을 설정한 다음 Vue 엔진은 와처watcher 객체를 통해 `setter`로 발동된 모든 데이터 업데이트를 추적한다. Vue 엔진은 와처의 도움을 받아 변경 사항을 감지하고 대기열 시스템을 거쳐 가상 DOM과 실제 DOM을 업데이트한다.

3. Vue는 단기간 발생하는 DOM의 비효율적인 다중 업데이트를 피하기 위해 큐queue 시스템을 활용한다. 와처는 관찰 컴포넌트의 데이터가 변경되면 큐에 자신을 추가하고 Vue 엔진은 일정한 소비consume 순서에 따라 이를 정렬한다. Vue 엔진이 큐에서 해당 와처를 소비하고 플러시flush하기 전까지, 하나의 컴포넌트 와처는 데이터 변경 횟수에 관계없이 큐 내부에 한 개만 존재한다. 소비 단계는 Vue 함수인 `nextTick()` API가 수행한다.

4. 마지막으로 Vue 엔진은 모든 와처를 소비하고 플러시한 뒤 각 와처의 `run()` 함수를 실행한다. 컴포넌트의 실제 DOM 및 가상 DOM은 자동으로 업데이트되고 애플리케이션이 렌더링된다.

또 다른 예시를 살펴보자. 이번에는 `data()`와 `created()`를 통해 애플리케이션의 반응성을 확인할 것이다. `created()`는 컴포넌트 인스턴스가 생성된 직후, DOM 엘리먼트에 마운팅되기 직전에 Vue 엔진이 발동하는 라이프사이클 훅이다. 이 훅에서 `setInterval`을 사용해 `counter`라는 데이터 프로퍼티 카운터를 타이머처럼 업데이트한다. 훅에 대해서는 나중에 더 자세히 다룬다.

2 　자바스크립트 프록시 공식 문서(`https://oreil.ly/SRqbn`)를 참고하기 바란다.

```
import { createApp, type ComponentOptions } from 'vue'

type Data = {
  counter: number;
}

const App = {
 template: `
  <div>Counter: {{ counter }}</div>
 `,
 data(): Data {
  return {
   counter: 0
  }
 },
 created() {
  const interval = setInterval(() => {
   (this as ComponentOptions<Data>).counter++
  }, 1000);

  setTimeout(() => {
  clearInterval(interval)
  }, 5000)
 }
}

const app = createApp(App)
app.mount('#app')
```

이 코드는 1초마다 카운터를 증가시킨다.[3] 5초가 지나면 이를 중지하기 위해 **setTimeout()** 을 사용한다. 화면에 표시되는 값이 1초마다 0에서 5까지 변하는 것을 브라우저에서 확인할 수 있다. 최종 출력 결과는 다음과 같다.

---

3 1초 = 1000밀리초

Counter: 5

Vue의 반응성과 렌더링 개념을 이해했다면 이제 양방향 데이터 바인딩을 알아볼 차례다.

2.7 v-model을 이용한 양방향 바인딩

양방향 바인딩 Two-way binding은 컴포넌트의 로직과 뷰 템플릿 사이에서 데이터를 동기화시키는 기법이다. 컴포넌트의 데이터 필드가 프로그램에 의해 변경되면 새로운 값이 UI 화면에 반영된다. 반대의 경우도 마찬가지다. 사용자가 UI 화면에서 데이터 필드를 변경하면 컴포넌트는 바뀐 값을 자동으로 읽고 저장해 내부 로직과 UI를 모두 동기화된 상태로 유지한다. 폼 입력 필드는 양방향 바인딩을 적용하기 좋은 예시다.

애플리케이션 개발 측면에서 양방향 데이터 바인딩은 복잡하면서도 유용한 기능이다. 양방향 바인딩을 적용하기 좋은 일반적인 시나리오는 폼 입력 동기화다. 적절히 구현하기만 하면 개발 시간을 절약하고 복잡성을 낮추며 실제 DOM과 컴포넌트 데이터 사이에 일관성을 유지할 수 있다. 그러나 양방향 바인딩을 직접 구현하기란 쉽지 않다.

다행히 Vue는 **v-model** 디렉티브를 이용해 양방향 바인딩을 매우 간단하게 구현할 수 있다. **v-model** 디렉티브로 컴포넌트 데이터 모델을 바인딩하면 데이터 모델이 변경될 때 자동으로 템플릿이 업데이트된다. 반대의 경우도 마찬가지다.

간단한 예시를 살펴보자. 구문도 쉽다. 데이터 반환 객체에 선언된 **name** 값을 **v-model**로 전달할 것이다.

다음 예시 **template** 코드는 사용자로부터 텍스트를 입력받는 **NameInput** 컴포넌트다.

```
const NameInput = {
 template: `
 <label for="name">
  <input placeholder="Enter your name" id="name">
 </label>`
 }
```

이곳에 입력된 값을 name이라는 로컬 데이터 모델과 동기화시킬 것이다. 이를 위해 입력 엘리먼트에 v-model="name"을 추가하고 data()는 데이터 모델을 선언한다.

```
const NameInput = {
 template: `
 <label for="name">
  Write your name:
  <input
   v-model="name"
   placeholder="Enter your name"
   id="name"
  >
 </label>`,
 data() {
  return {
   name: '',
  }
 }
 }
```

사용자가 런타임 도중에 input 필드를 변경할 때마다 name 값이 변경된다.

이 컴포넌트를 브라우저에서 렌더링하기 위해 다음과 같이 애플리케이션 컴포넌트로 NameInput을 추가한다.

```javascript
import { createApp } from 'vue'

const NameInput = {
  /**... */
}

const app = createApp({
  components: { NameInput },
  template: `<NameInput />`,
})

app.mount('#app')
```

브라우저 개발자 도구에서 Vue 탭을 보면 이 데이터의 변경 사항을 추적할 수 있다. Inspector 탭에서 **Root** 엘리먼트 하위의 **NameInput** 엘리먼트를 찾아 선택하면 Vue 탭 오른쪽 패널에 [그림 2-10]처럼 컴포넌트 데이터가 표시된다.

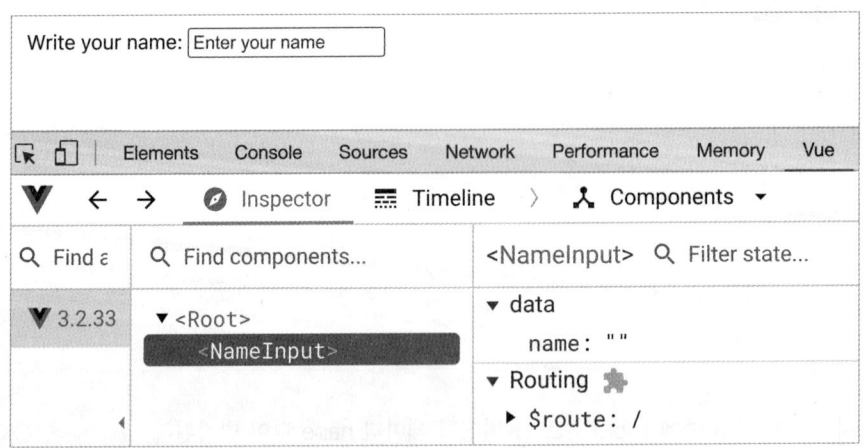

그림 2-10 개발자 도구의 Vue 탭을 이용한 입력 컴포넌트 디버깅

입력 필드를 변경하면 [그림 2-11]처럼 Vue 탭 오른쪽의 **data** 항목에서 **name** 프로퍼티에 변경된 값이 적용된다.

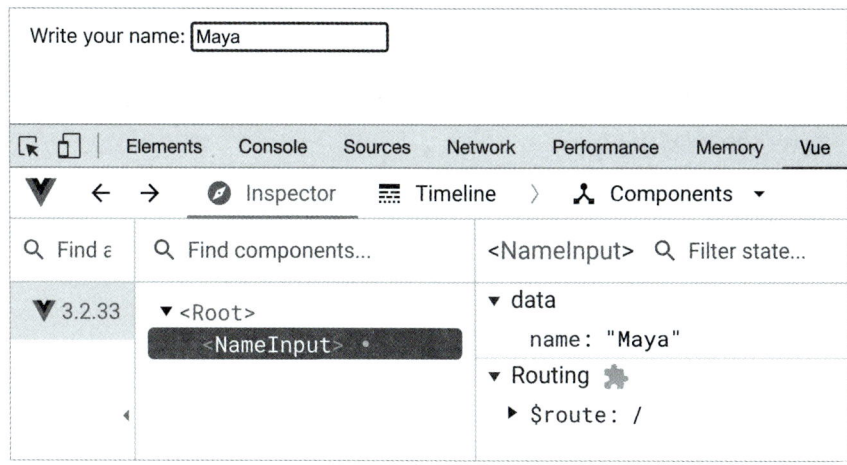

그림 2-11 입력값 변경 및 컴포넌트 데이터 모델 동기화

여러 옵션이 포함된 체크리스트도 비슷한 방식으로 제작할 수 있다. 이러한 시나리오에서는 데이터 모델을 **배열**로 선언하고 각 체크박스 필드에 **v-model** 바인딩을 추가해야 한다. [예제 2-3]은 CourseChecklist라는 체크리스트 컴포넌트 예시다.

예제 2-3 v-model과 체크박스를 활용한 체크리스트

```
import { createApp } from 'vue'

const CourseChecklist = {
 template: `
 <div>The course checklist: {{list.join(', ')}}</div>
 <div>
 <label for="chapter1">
  <input
   v-model="list"
   type="checkbox"
   value="chapter01"
   id="chapter1"
  >
  Chapter 1
 </label>
```

```
      <label for="chapter2">
       <input
        v-model="list"
        type="checkbox"
        value="chapter02"
        id="chapter2"
       >
       Chapter 2
      </label>
      <label for="chapter3">
       <input
        v-model="list"
        vtype="checkbox"
        value="chapter03"
        id="chapter3"
       >
       Chapter 3
      </label>
     </div>
     `,
     data() {
      return {
       list: [],
      }
     }
    }

    const app = createApp({
     components: { CourseChecklist },
     template: `<CourseChecklist />`,
    })

    app.mount('#app')
```

Vue는 [그림 2-12]처럼 사용자와 상호작용하며 list 배열에 값을 자동으로 추가하거나 제거한다.

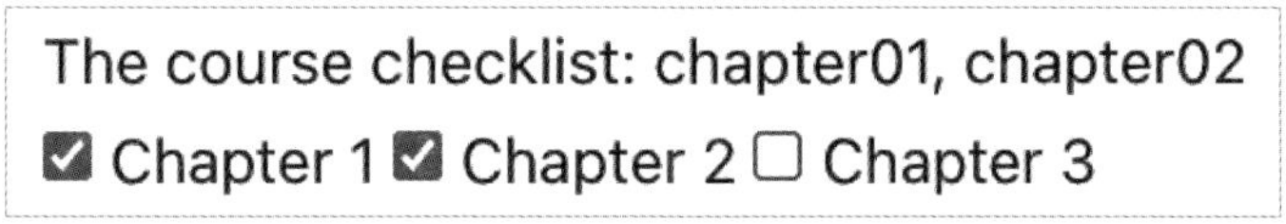

The course checklist: chapter01, chapter02
☑ Chapter 1 ☑ Chapter 2 ☐ Chapter 3

그림 2-12 사용자가 선택한 항목이 목록에 적용되는 화면

2.8 v-model.lazy 수정자

사용자가 키를 누를 때마다 데이터값을 업데이트하는 기능은 손이 많이 가는 작업이다. 특히 해당 값을 다른 위치에 표시하려는 경우에는 더욱 그렇다. Vue는 데이터 변화에 따라 템플릿 UI를 다시 렌더링한다는 점을 떠올려보자. 모든 키 입력을 양방향으로 동기화하면 애플리케이션이 불필요한 재렌더링을 반복할 잠재적인 위험이 있다. 이러한 오버헤드를 줄이려면 평범한 v-model 대신 v-model.lazy 수정자로 데이터 모델을 바인딩해야 한다.

```
const NameInput = {
template: `
<label for="name">
 Write your name:
 <input
  v-model.lazy="name"
  placeholder="Enter your name"
  id="name"
 >
</label>`,
data() {
 return {
  name: '',
```

```
      }
    }
  }
```

이 수정자를 적용하면 입력 엘리먼트의 변경 사항이 onChange 이벤트를 발동시켰을 경우에만 v-model이 이를 추적하게 된다.

TIP v-model.number와 v-model.trim **수정자**

v-model에 바인딩할 데이터 모델이 숫자 타입일 경우 v-model.number 수정자를 이용해 입력값을 숫자로 변환할 수 있다. 비슷한 방식으로, 문자열 데이터 모델 값에서 마지막 공백을 제거하려면 v-model.trim을 사용하면 된다.

양방향 바인딩에 대한 설명은 이게 전부다. 다음으로 단방향 바인딩을 처리하는 일반적인 디렉티브인 v-bind를 살펴보자.

2.9 v-bind를 통한 반응형 데이터 바인딩 및 Props 데이터 전달

앞선 내용에서 v-model로 양방향 바인딩을 구현하고 이중 중괄호 {{}}를 이용해 단방향 데이터를 주입하는 방법을 배웠다. 그러나 속성값 또는 Vue 컴포넌트를 props로 다른 엘리먼트에 전달할 때는 단방향 데이터 바인딩인 v-bind를 사용한다.

v-bind는 : 문자로 축약할 수 있으며 Vue 애플리케이션에서 가장 많이 사용되는 디렉티브다. 엘리먼트의 속성, 컴포넌트의 props, 더 나아가 자바스크립트 표현식까지 바인딩할 수 있다. 구문은 다음과 같다.

```
v-bind:<attribute>="<expression>"
```

축약형인 : 구문은 다음과 같다.

```
:<attribute>="<expression>"
```

가령 **imageSrc** 데이터에 이미지 URL이 저장된다고 가정하자. **<img>** 태그로 이미지를 표시하려면 **src** 속성을 다음과 같이 바인딩한다.

예제 2-4 이미지 src 바인딩

```
import { createApp } from 'vue'

const App = {
 template: `
  <img :src="imageSrc" />
 `,
data() {
 return {
  imageSrc: "https://res.cloudinary.com/mayashavin/image/upload/TheCute%20Cat"
  }
 }
}

const app = createApp(App)

app.mount('#app')
```

Vue는 **imageSrc**의 값을 가져와 **src** 속성에 바인딩하여 다음과 같은 코드를 DOM에 생성한다.

```
<img src="https://res.cloudinary.com/mayashavin/image/upload/TheCute%20Cat" >
```

Vue는 **imageSrc**의 값이 변경될 때마다 **src**를 업데이트한다.

엘리먼트에 v-bind를 스탠드얼론 속성으로 추가하는 방법도 있다. v-bind는 객체를 전달받아 객체 안의 모든 프로퍼티와 표현식을 엘리먼트의 속성과 값으로 바인딩한다. [예제 2-5]는 이러한 방식으로 [예제 2-4]를 다시 작성한 코드다.

예제 2-5 이미지의 경로와 대체 문구를 객체로 바인딩하는 코드

```
import { createApp } from 'vue'

const App = {
 template: `
  <img v-bind="image" />
 `,
 data() {
  return {
   image: {
    src: "https://res.cloudinary.com/mayashavin/image/upload/TheCute%20Cat",
    alt: "A random cute cat image"
   }
  }
 }
}

const app = createApp(App)

app.mount('#app')
```

[예제 2-5]에서는 image 객체의 두 프로퍼티를 <img> 엘리먼트에 바인딩한다. src 프로퍼티는 이미지 URL을, alt는 대체 텍스트를 나타낸다. Vue 엔진은 image를 자동으로 분석해 프로퍼티명에 따라 속성을 지정하고 DOM에 다음과 같이 HTML 코드를 생성한다.

```
<img
 src="https://res.cloudinary.com/mayashavin/image/upload/TheCute%20Cat"
 alt="A random cute cat image"
>
```

2.10 클래스 및 스타일 속성 바인딩

class 또는 style 속성을 바인딩할 때는 배열 또는 객체 타입의 표현식을 전달한다. Vue 엔진은 이를 분석해 알맞은 스타일 또는 클래스명 문자열로 통합할 수 있다.

예를 들어 [예제 2-5]의 **img**에 다음과 같이 몇 가지 클래스를 추가해보자.

```
import { createApp } from 'vue'

const App = {
 template: `
  <img v-bind="image" />
 `,
 data() {
  return {
   image: {
    src: "https://res.cloudinary.com/mayashavin/image/upload/TheCute%20Cat",
    alt: "A random cute cat image",
    class: ["cat", "image"]
   }
  }
 }
}

const app = createApp(App)

app.mount('#app')
```

이 코드는 클래스명이 단일 문자열 **"cat image"**인 **<img>** 엘리먼트를 다음과 같이 생성한다.

```
<img
 src="https://res.cloudinary.com/mayashavin/image/upload/TheCute%20Cat"
```

```
  alt="A random cute cat image"
  class="cat image"
>
```

class 속성에 객체를 전달하면 클래스명을 동적으로 지정할 수 있다. 다음은 불리언^{boolean}값
인 isVisible을 객체 프로퍼티 값으로 지정해 클래스명을 바인딩하는 예시다.

```
import { createApp } from 'vue'

const isVisible = true;

const App = {
 template: `
  <img v-bind="image" />
 `,
 data() {
  return {
   image: {
    src: "https://res.cloudinary.com/mayashavin/image/upload/TheCute%20Cat",
    alt: "A random cute cat image",
    class: {
     cat: isVisible,
     image: !isVisible
    }
   }
  }
 }
}

const app = createApp(App)

app.mount('#app')
```

img 엘리먼트는 **isVisible**이 **true**인 경우 **cat** 클래스가 지정되며 그렇지 않은 경우 **im-age** 클래스가 지정된다. **isVisible**이 **true**인 경우 DOM 엘리먼트는 이제 다음과 같이 생성된다.

```
<img
  src="https://res.cloudinary.com/mayashavin/image/upload/TheCute%20Cat"
  alt="A random cute cat image"
  class="cat" >
```

isVisible이 **false**라면 방금 출력 결과에서 클래스명에 **cat** 대신 **image**가 들어간다.

style 속성도 같은 방식으로 바인딩할 수 있다. 또한 카멜케이스^{CamelCase} 형식으로 CSS 규칙을 담아 객체를 전달하는 방법도 있다. [예제 2-5]의 이미지에 다음과 같이 여백을 추가해보자.

```
import { createApp } from 'vue'

const App = {
 template: `
  <img v-bind="image" />
 `,
 data() {
  return {
   image: {
    src: "https://res.cloudinary.com/mayashavin/image/upload/TheCute%20Cat",
    alt: "A random cute cat image",
    style: {
     marginBlock: '10px',
     marginInline: '15px'
    }
   }
  }
 }
}
```

```
    }
  }

const app = createApp(App)

app.mount('#app')
```

이 코드는 인라인 스타일에 margin-block: 10px 및 margin-inline: 15px가 적용된
img 엘리먼트를 생성한다.

여러 스타일 객체를 하나의 style 배열로 결합해도 된다. Vue는 이러한 배열을 단일한 스타
일 문자열로 통합하는 방법을 알고 있다. 다음 코드를 살펴보자.

```
import { createApp } from 'vue'

const App = {
 template: `
  <img v-bind="image" />
 `,
 data() {
  return {
   image: {
    src: "https://res.cloudinary.com/mayashavin/image/upload/TheCute%20Cat",
    alt: "A random cute cat image",
    style: [{
     marginBlock: "10px",
     marginInline: "15px"
    }, {
     padding: "10px"
    }]
   }
  }
 }
}
```

```
const app = createApp(App)

app.mount('#app')
```

출력 DOM 엘리먼트는 다음과 같다.

```
<img
 src="https://res.cloudinary.com/mayashavin/image/upload/TheCute%20Cat"
 alt="A random cute cat image"
 style="margin-block: 10px; margin-inline: 15px; padding: 10px" >
```

> **TIP 스타일과 v-bind**
>
> 일반적으로 인라인 스타일은 권장하지 않는 방식이다. 따라서 컴포넌트의 스타일을 구성할 때도 v-bind를 사용하지 않는 것이 좋다. Vue에서 스타일을 올바르게 사용하는 방법은 3장에서 논의한다.

다음으로 Vue 컴포넌트의 데이터 컬렉션을 순회하는 방법을 알아보자.

2.11 v-for를 이용한 데이터 컬렉션 순회

동적 리스트 렌더링dynamic list rendering은 중복 코드를 줄이고 재사용성을 높이며 유사한 엘리먼트 타입 그룹의 형식적 일관성을 유지하는 데 필수적인 기능이다. 기사 리스트, 접속 중인 사용자, SNS 팔로워 목록 등이 이러한 리스트의 예시다. **이들이 다루는 데이터는 동적이지만 콘텐츠 유형과 UI 레이아웃은 비슷하게 고정된다.**

Vue는 배열이나 객체처럼 반복적인 데이터 컬렉션을 순회하는 용도로 사용할 수 있는 v-for 디렉티브를 제공한다. v-for는 다음과 같은 구문 형태로 하나의 엘리먼트에 지정한다.

```
v-for = "elem in list"
```

elem은 list라는 데이터의 각 원소를 가리키는 별칭이다.

다음 코드는 숫자 배열 [1, 2, 3, 4, 5]를 순회하며 각 원소의 값을 출력한다.

```
import { createApp } from 'vue'

const List = {
 template: `
  <ul>
   <li v-for="number in numbers" :key="number">{{number}}</li>
  </ul>
 `,
 data() {
  return {
   numbers: [1, 2, 3, 4, 5]
  };
 }
};

const app = createApp({
components: { List },
template: `<List />`
})

app.mount('#app')
```

이 코드는 다음과 같은 네이티브 HTML 코드와 같은 결과를 낸다.

```
<ul>
 <li>1</li>
 <li>2</li>
```

```
  <li>3</li>
  <li>4</li>
  <li>5</li>
</ul>
```

v-for의 중요한 장점은 시간이 지나고 데이터가 아무리 변경되더라도 템플릿의 일관성을 유지할 수 있으며 데이터 콘텐츠를 엘리먼트에 동적으로 매핑할 수 있다는 점이다.

v-for가 생성한 각 블록은 다른 컴포넌트의 데이터 및 특정한 리스트 항목에 접근할 수 있다. [예제 2-6]을 살펴보자.

예제 2-6 v-for를 이용한 작업 목록 컴포넌트

```
import { createApp } from 'vue'

const List = {
 template: `
 <ul>
  <li v-for="task in tasks" :key="task.id">
   {{title}}: {{task.description}}
  </li>
 </ul>
 `,
 data() {
  return {
   tasks: [{
    id: 'task01',
    description: 'Buy groceries',
   }, {
    id: 'task02',
    description: 'Do laundry',
   }, {
    id: 'task03',
    description: 'Watch Moonknight',
```

```
    }],
    title: 'Task'
    }
  }
}

const app = createApp({
 components: { List },
 template: `<List />`
})

app.mount('#app')
```

출력 결과는 [그림 2-13]과 같다.

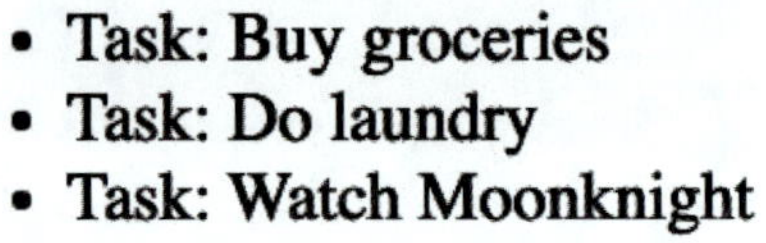

- **Task: Buy groceries**
- **Task: Do laundry**
- **Task: Watch Moonknight**

그림 2-13 title과 작업 목록의 출력 결과

CAUTION **key 속성을 이용한 고유성 유지**

반복되는 원소 각각은 고유한 key 속성을 정의해야 한다. Vue는 이 속성을 이용해 렌더링된 각 원소를 추적하고 향후 업데이트에 활용한다. key 속성의 중요성은 2.11.2절에서 더 자세히 설명한다.

---

v-for의 두 번째 인수는 index며 선택적으로 사용한다. index는 컬렉션에서 현재 원소를 가리키는 표현 색인appearance index을 의미한다. [예제 2-6]은 다음과 같이 고칠 수 있다.

```
import { createApp } from 'vue'

const List = {
 template: `
```

```
<ul>
 <li v-for="(task, index) in tasks" :key="task.id">
  {{title}} {{index}}: {{task.description}}
 </li>
</ul>
 `,
 //...
}


//...
```

이 코드 블록의 출력 결과는 [그림 2-14]와 같다.

- **Task 0: Buy groceries**
- **Task 1: Do laundry**
- **Task 2: Watch Moonknight**

그림 2-14 각 작업의 색인 번호가 포함된 출력 목록

지금까지 배열 컬렉션을 순회하는 방법을 알아보았다. 그렇다면 객체의 프로퍼티는 어떻게 순회하는 살펴보자.

2.11.1 객체 속성 순회

자바스크립트의 **객체**는 **키-값 매핑 테이블**의 일종이며, 객체의 각 프로퍼티는 이러한 테이블의 **고유 키**다. 객체의 프로퍼티를 순회하는 구문은 다음과 같이 배열 순회와 유사하다.

```
v-for = "(value, name) in collection"
```

여기서 value는 프로퍼티의 값이며 name은 프로퍼티 키를 나타낸다.

다음은 객체 컬렉션의 프로퍼티를 순회하며 `<name>`: `<value>` 형식에 따라 각각의 **name**과 **value**를 출력하는 코드다.

```
import { createApp } from 'vue'

const Collection = {  ❶
 data() {
  return {
   collection: {
    title: 'Watch Moonknight',
    description: 'Log in to Disney+ and watch all the chapters',
    priority: '5'
   }
  }
 },
 template: `
 <ul>
  <li v-for="(value, name) in collection" :key="name">  ❷
   {{name}}: {{value}}
  </li>
 </ul>
 `,
}

const app = createApp({
 components: { Collection },
 template: `<Collection />`
})

app.mount('#app')
```

❶ title, description, priority 등 세 가지 프로퍼티를 이용해 컬렉션 객체를 정의한다.

❷ 컬렉션의 속성을 순회한다.

출력 결과는 [그림 2-15]와 같다.

```
title: Watch Moonknight
description: Log in to Disney+ and watch all the chapters
priority: 5
```

그림 2-15 객체 프로퍼티 출력 결과

다음 구문과 같이 세 번째 인수로 **index**를 설정하면 각 프로퍼티 쌍의 색인에 접근할 수 있다.

```
v-for = "(value, name, index) in collection"
```

앞서 언급했듯이, 각 순회 원소는 **key** 속성값을 정의해야 한다. 이 속성은 원소를 고유하게 바인딩하고 업데이트하는 데 매우 중요한 역할을 한다. 이어서 이러한 **key** 속성에 관해 살펴보자.

2.11.2 key 속성과 원소 바인딩 고유성

Vue 엔진은 **v-for**로 렌더링된 엘리먼트를 인플레이스 패치$^{in-place\ patch}$ 전략에 따라 추적하고 업데이트한다. 그러나 다양한 상황에 따라 리스트를 완전히 제어하거나 재배치해야 할 경우가 있다. 또한 엘리먼트가 하위 컴포넌트의 상태에 영향을 받을 경우, 원치 않는 작동을 방지할 필요가 있다.

이러한 이유로 Vue는 **key**라는 속성을 제공한다. **각 노드 엘리먼트의 고유 ID**인 **key**는 순회 리스트 항목마다 각각 바인딩된다. Vue 엔진은 인플레이스 패치[4] 방식 대신 **key**를 단서로 삼아 렌더링 노드와 하위 엘리먼트를 추적, 재사용, 재정렬한다.

4　옮긴이_ DOM을 직접 조작하는 방식

key 속성의 사용법은 간단하다. 다음과 같이 **v-bind:key** 또는 축약형 **:key** 구문으로 리스트 원소에 **고유한 값**을 바인딩한다.

```
<div v-for="(value, name, index) in collection" :key="index">
```

TIP **key의 고유성 보전**

key는 아이템의 **고유 식별자**distinct identifier(id) 또는 리스트의 **표현 색인**appearance index이어야 한다.

모범 사례를 따르려면 **v-for**를 사용할 때 항상 **key** 속성을 지정하는 것이 좋다.

key가 없으면 Vue는 브라우저 콘솔에 경고를 출력한다. 또한 애플리케이션에 ESLint를 도입하면 [그림 2-16]과 같이 오류가 발생하고 **key** 속성 누락 지점을 즉시 경고한다.

```
<div v-for="name in names">

[vue/require-v-for-key]
Elements in iteration expect to have 'v-bind:key' directives.
```

그림 2-16 Key가 없을 경우 발생하는 ESLint 경고

CAUTION **유효한 Key 속성값**

키는 문자열 또는 숫자여야 한다. 객체 또는 배열은 유효한 키로 **사용할 수 없다.**

key 속성은 **v-for** 외에도 쓸모가 많다. **key** 속성이 없으면 내장된 리스트 변환 및 애니메이션 효과를 적용할 수 없다. **key**의 활용법은 8장에서 더 자세히 논의한다.

2.12 v-on을 이용한 이벤트 리스너 추가

DOM 이벤트를 리스너[listener]에 바인딩하려면 Vue의 내장 디렉티브인 v-on 또는 축약형 @ 문자를 엘리먼트 태그에 적용한다. v-on 디렉티브는 다음과 같은 타입의 값을 지정한다.

- 인라인 자바스크립트 구문이 담긴 문자열 형식
- 컴포넌트 옵션의 methods 프로퍼티에 정의된 컴포넌트 메서드명

v-on은 다음과 같은 형식으로 사용한다.

```
v-on:<event>= "<inline JavaScript code / name of method>"
```

또는 다음과 같이 축약형인 @ 문자를 사용한다.

```
@<event>="<inline JavaScript code / name of method>"
```

> **NOTE** 앞으로 본문에서 v-on 사용 방식은 @로 통일한다.

이 디렉티브는 다음과 같이 엘리먼트에 직접 속성으로 추가한다.

```
<button @click= "printMsg='Button is clicked!'">
Click me
</button>
```

복잡한 코드베이스에서 코드 가독성을 고려한다면, 자바스크립트 표현식은 컴포넌트 메서드 내부에 유지하고 디렉티브에는 [예제 2-7]과 같이 메서드명만 전달하는 것이 좋다.

```
import { createApp, type ComponentOptions } from 'vue'

type Data = {
  printMsg: string;
}

const App = {
 template: `
  <button @click="printMessage">Click me</button>
  <div>{{ printMsg }}</div>
 `,
 methods: {
  printMessage() {
   (this as ComponentOptions<Data>).printMsg = "Button is clicked!"
  }
 },
 data(): Data {
  return {
   printMsg: "Nothing to print yet!",
  }
 }
}

const app = createApp(App)

app.mount("#app");
```

사용자가 아직 버튼을 클릭하지 않았다면 [그림 2-17]처럼 버튼에 'Nothing to print yet'이
라는 메시지가 나타난다.

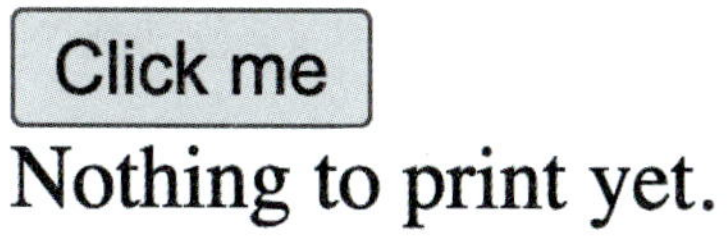

Click me

Nothing to print yet.

그림 2-17 버튼 클릭 전의 메시지

버튼을 클릭하면 [그림 2-18]처럼 'Button is clicked!'로 메시지가 변경된다.

Click me

Button is clicked!

그림 2-18 버튼 클릭 이후 메시지

2.12.1 v-on 이벤트 수정자를 이용한 이벤트 처리

브라우저는 대상 엘리먼트에 이벤트를 전달하기에 앞서 현재 DOM 트리 구조를 바탕으로 해당 이벤트의 전파propagation 경로 목록을 구성한다. 이 경로의 마지막 노드는 대상 자체이고, 이전 경로는 차례로 상위 엘리먼트가 나열된다. 일단 전달된 이벤트는 다음과 같이 세 가지 주요 이벤트 페이즈 중 하나 또는 모두를 거치며 이동한다(그림 2-19).

캡처capture 또는 캡처 페이즈capture phase

이벤트는 최상위 엘리먼트에서 대상 엘리먼트로 이동 또는 전파된다.

대상target

이벤트는 대상 엘리먼트에 존재한다.

버블링bubbling

이벤트가 대상 엘리먼트에서 상위 엘리먼트까지 이동 또는 버블링한다.

일반적으로 개발자는 리스너 로직 안에서 프로그램을 통해 이벤트 전파 흐름을 간섭한다. v-on의 수정자를 사용하면 이러한 간섭을 디렉티브 수준에서 직접 제어할 수 있다.

v-on 수정자는 다음과 같은 형식으로 사용한다.

```
v-on:<event>.<modifier>
```

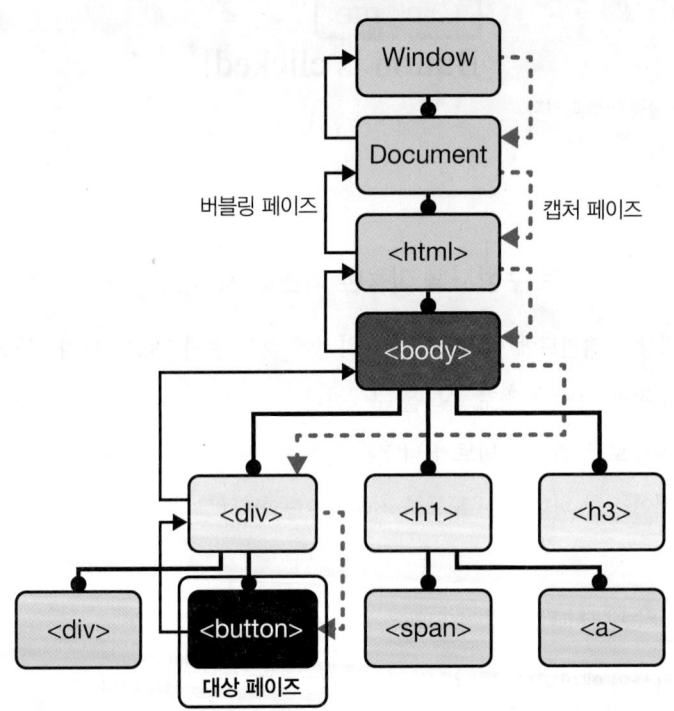

그림 2-19 클릭 이벤트 전파 흐름

수정자의 큰 장점은 리스너를 최대한 단순하고 재사용 가능하도록 유지한다는 점이다. preventDefault 또는 stopPropagation처럼 구체적인 이벤트별 상세 기능을 내부적으로 고려할 필요가 없다.

[예제 2-8]의 이벤트를 살펴보자.

예제 2-8 stopPropagation()을 이용한 이벤트 전파 수동 중지

```
const App = {
 template: `
  <button @click="printMessage">Click me</button>
  `,
 methods: {
  printMessage(e: Event) {
   if (e) {
    e.stopPropagation()
   }

   console.log("Button is clicked!")
  }
 },
}
```

이 예시는 **e.stopPropagation**을 사용해 이벤트 전파를 직접 중지하므로 **e**의 존재 여부를 확인하는 유효성 검사 단계를 추가해야만 한다. **@click.stop** 수정자를 사용하면 [예제 2-8]을 [예제 2-9]처럼 고칠 수 있다.

예제 2-9 @click.stop 수정자를 이용한 이벤트 전파 중지

```
const App = {
 template: `
  <button @click.stop="printMessage">Click me</button>
  `,
 methods: {
  printMessage() {
   console.log("Button is clicked!")
  }
 },
}
```

[표 2-1]은 다양한 이벤트 수정자의 전체 목록이다. 각각에 해당하는 이벤트 기능이나 작동이 간략히 설명되어 있다.

표 2-1 v-on 디렉티브의 이벤트 수정자

수정자	설명
.stop	event.stopPropagation() 호출을 대체한다.
.prevent	event.preventDefault() 호출을 대체한다.
.self	이벤트 대상이 리스너 등록 엘리먼트일 경우에만 이벤트 리스너를 발동한다.
.once	이벤트 리스너를 최대 한 번만 발동한다.
.capture	addEventListener()의 세 번째 파라미터로 { capture: true }를 전달하거나 엘리먼트에 capture="true"를 설정할 필요가 없다. 이 수정자는 일반적인 버블링 페이즈 대신 캡처 페이즈 순서로 리스너를 발동한다.
.passive	스크롤 성능을 우선시할 경우 주로 사용하며 event.preventDefault() 트리거를 방지한다. addEventListener()의 세 번째 파라미터로 { passive: true }를 전달하거나 엘리먼트에 passive="true"를 추가할 필요가 없다.

TIP 수정자 연쇄

이벤트 수정자는 연쇄적으로 연결할 수 있다. 즉, 엘리먼트 태그에 @click.stop.prevent="printMessage">처럼 표현식을 작성할 수 있다. 이 표현식은 이벤트 핸들러 내부에서 event.stopPropagation() 및 event.preventDefault()를 등장 순서대로 호출하는 것과 같은 효과를 낸다.

2.12.2 키 코드 수정자를 이용한 키보드 이벤트 감지

이벤트 수정자는 이벤트 전파 흐름에 끼어들기 위해 사용하는 반면, **키 수정자**^{key modifier}는 특정 키가 일으키는 keyup, keydown, keypress 등의 키보드 이벤트를 감지하는 용도로 사용한다.

일반적으로 특정 키를 감지하려면 다음 두 단계를 수행해야 한다.

1 해당 키가 나타내는 keyCode, key, code를 식별한다. 가령 엔터 키의 keyCode는 13이며 key와 code는 'Enter'다.

2 이벤트 핸들러를 실행할 때 핸들러 내부에서 event.keyCode, event.code, event.key 등이 대상 키와 일치하는지 수동으로 확인해야 한다.

이러한 방식은 대규모 코드베이스에서 재사용성 높고 깔끔한 코드를 유지하는 데 방해가 된다. **v-on**은 이러한 문제의 대안으로 키 수정자를 내장하고 있다. 사용자가 **엔터 키**를 입력했는지 감지하려면 이벤트 수정자와 동일한 구문을 따라 **keydown** 이벤트를 지정하고 수정자로 **.enter**를 추가한다.

[예제 2-10]과 같이 입력 엘리먼트가 있고 사용자가 **엔터 키**를 누를 때마다 콘솔에 메시지를 출력한다고 가정해보자.

예제 **2-10** keyCode가 13인지 검사하며 엔터 키 입력을 수동으로 확인하는 코드

```
const App = {
 template: `<input @keydown="onEnter" >`,
 methods: {
  onEnter(e: KeyboardEvent) {
   if (e.keyCode === '13') {
    console.log('User pressed Enter!')
   }

   /*...*/
  }
 }
}
```

이 코드는 **@keydown.enter**를 이용해 다음과 같이 고칠 수 있다.

예제 **2-11** @keydown.enter 수정자로 엔터 키 입력을 확인하는 코드

```
const App = {
 template: `<input @keydown.enter="onEnter" >`,
 methods: {
```

```
onEnter(e: KeyboardEvent) {
  console.log('User pressed Enter!')
  /*...*/
 }
 }
}
```

두 예시 모두 작동 결과는 같다. 자주 사용되는 키 수정자는 .tab, .delete, .esc, .space 등이다.

또 다른 유용한 사례는 **Ctrl + Enter**(MacOS는 **CMD + Enter**) 또는 **Shift + S**와 같은 특수 키 조합을 포착하는 경우다. 이러한 시나리오에서는 다음과 같이 시스템 키 수정자 .shift, .ctrl, .alt, .meta(MacOS의 CMD 키) 등과 키 코드 수정자를 이어서 사용한다.

```
<!-- Ctrl + Enter -->
<input @keyup.ctrl.13="onCtrlEnter">
```

다음은 .shift 수정자와 S의 키 코드 수정자 83을 연결하는 코드다.

```
<!-- Shift + S -->
<input @keyup.shift.83="onSave">
```

> **CAUTION** 시스템 수정자와 키 코드 수정자 연쇄
> 이 경우 표준 키 수정자 대신 키 코드 수정자를 사용해야 한다. 즉, .enter 대신 .13을 사용해야 한다.

키 조합을 엄밀하게 판단해 이벤트를 발동하려면 다음과 같이 .exact 수정자를 사용한다.

```
<button @click.shift.exact="onShiftEnter" />
```

.shift와 .exact가 결합되어 있어 사용자가 **오직** [Shift] 키만 누른 상태에서 클릭해야만 이벤트가 실행된다.

2.13 v-if, v-else, v-else-if를 이용한 조건부 렌더링

조건부 렌더링conditional rendering을 활용하면 DOM에서 엘리먼트를 생성하거나 제거할 수 있다.

불리언 데이터 프로퍼티인 **isVisible**이 있다고 가정하자. 이 프로퍼티는 Vue가 텍스트 엘리먼트를 DOM에 렌더링하고 사용자에게 보여줄지 결정한다. [예제 2-12]처럼 텍스트 엘리먼트에 **v-if="isVisible"**을 추가하면 **v-if** 디렉티브가 **isVisible**에 바인딩된다. 엘리먼트는 **isVisible**이 **true**인 경우에만 반응적으로 렌더링된다.

예제 2-12 v-if의 사용 예시

```
import { createApp } from 'vue'

const App = {
 template: `
  <div>
   <div v-if="isVisible">I'm the text in toggle</div>
   <div>Visibility: {{isVisible}}</div>
  </div>
  `,
 data() {
  return {
   isVisible: false
  }
 }
}

const app = createApp(App)
```

```
app.mount('#app')
```

isVisible을 false로 설정하면 DOM 엘리먼트가 다음과 같이 생성된다.

```
<div>
 <!--v-if-->
 <div>Visibility: false</div>
</div>
```

isVisible이 true일 때는 DOM 엘리먼트에 다음과 같이 텍스트 엘리먼트가 표시된다.

```
<div>
 <div>I'm the text in toggle</div>
 <div>Visibility: true</div>
</div>
```

반대 조건(isVisible이 false)일 때 다른 컴포넌트를 렌더링하려 한다면 v-else를 추가 해야 한다. v-if와 달리 v-else는 데이터 프로퍼티를 바인딩하지 않으며 동일한 콘텍스트 단계에 있는 직전 v-if를 근거로 자신에게 맞는 조건값을 판단한다.

> **CAUTION** **v-else 사용법**
> v-else는 v-if가 존재할 때만 작동하며, 조건부 렌더링이 연결되어 있을 경우 항상 마지막에 나와야 한다.

[예제 2-13]처럼 v-if와 v-else를 모두 사용한 코드 블록이 담긴 컴포넌트를 만들 수 있다.

예제 2-13 v-if 및 v-else를 사용한 조건부 텍스트 표시

```
import { createApp } from 'vue'

const App = {
```

```
  template: `
   <div>
    <div v-if="isVisible">I'm the visible text</div>
    <div v-else>I'm the replacement text</div>
   </div>
   `,
  data() {
   return {
    isVisible: false
   }
  }
 }


 const app = createApp(App)


 app.mount('#app')
```

이러한 조건문을 논리적으로 풀어서 설명하면 다음과 같다.

```
<!-- 만일 isVisible이 참이면 다음을 렌더링 -->
<div>I'm the visible text</div>
<!-- 그렇지 않으면 다음을 렌더링 -->
<div>I'm the replacement text</div>
```

여느 if...else 논리 표현식과 마찬가지로, else if 조건 블록을 사용해 검사 조건을 얼마든지 확장할 수 있다. 이 조건 블록은 v-else-if 디렉티브로 동일하게 표현할 수 있으며 자바스크립트 조건 구문을 필요로 한다. [예제 2-14]는 isVisible이 false이고 showSubtitle이 true인 경우 I'm the subtitle text라는 텍스트를 표시한다.

예제 2-14 v-if, v-else-if, v-else를 사용한 조건 연결

```
import { createApp } from 'vue'
```

```
const App = {
 template: `
  <div v-if="isVisible">I'm the visible text</div>
  <div v-else-if="showSubtitle">I'm the subtitle text</div>
  <div v-else>I'm the replacement text</div>
 `,
 data() {
  return {
   isVisible: false,
   showSubtitle: false,
  }
 }
}

const app = createApp(App)

app.mount('#app')
```

> **CAUTION** v-else-if의 순서
>
> v-else-if를 사용할 때는 v-if 속성이 할당된 엘리먼트 이후에 등장한 엘리먼트에 적용해야 한다.

v-if를 사용한다는 것은 엘리먼트를 조건부로 렌더링한다는 의미다. 그러나 DOM에서 엘리먼트를 지나치게 자주 마운트/해제하면 비효율적인 결과를 초래하는 상황도 있다.

그런 경우에는 v-show를 사용하는 것이 좋다.

2.14 v-show를 이용한 조건부 표시

v-if와 달리 v-show는 대상 엘리먼트의 가시성만 전환한다. Vue는 조건 판단 결과 관계없이 대상 엘리먼트를 렌더링한다. 렌더링 이후 Vue는 조건 판단 결과에 따라 CSS의 display

규칙을 이용해 엘리먼트를 숨기거나 표시하는 방식으로 가시성을 제어한다.

[예제 2-15]는 [예제 2-12]에서 v-if 디렉티브를 v-show로 변경한 코드다.

예제 2-15 v-show를 이용한 엘리먼트 숨김/표시

```
import { createApp } from 'vue'

const App = {
 template: `
  <div>
   <div v-show="isVisible">I'm the text in toggle</div>
   <div>Visibility: {{isVisible}}</div>
  </div>
  `,
 data() {
  return {
   isVisible: false
  }
 }
}

const app = createApp(App)

app.mount('#app')
```

UI 출력 결과는 v-if를 사용할 때와 같다. 그러나 개발자 도구의 요소 또는 Elements 탭에서 브라우저 DOM을 확인하면, 텍스트 엘리먼트가 DOM에 존재하지만 사용자에게 보이지 않고 있음을 알 수 있다.

```
<div>
 <div style="display: none;">I'm the text in toggle</div>
 <div>Visibility: false</div>
</div>
```

대상 엘리먼트는 인라인 스타일로 display:none이 지정되어 있다. isVisible을 true로 전환하면 Vue는 이러한 인라인 스타일을 제거한다.

NOTE 런타임 중 토글 빈도가 높을 경우 v-show가 더 효율적이며, 조건이 변경될 가능성이 없다면 v-if 가 최선의 방법이다.

2.15 v-html을 이용한 동적 HTML 코드 표시

[예제 2-16]은 v-html을 이용해 일반 HTML 코드를 문자열 형태로 DOM에 동적으로 주입한다.

예제 2-16 v-html을 이용한 내부 HTML 콘텐츠 렌더링

```
import { createApp } from 'vue'

const App = {
 template: `
  <div v-html="innerContent" />
 `,
 data() {
  return {
   innerContent: `
    <div>Hello</div>
   `
  }
 }
}

const app = createApp(App)

app.mount('#app')
```

Vue 엔진은 디렉티브값을 정적 HTML 코드 형태로 분석하고 **div** 엘리먼트의 **innerHTML** 프로퍼티에 배치한다. 결과는 다음과 같다.

```
<div>
 <div>Hello</div>
</div>
```

> **CAUTION** **v-html의 보안**
>
> v-html은 오직 신뢰할 수 있는 콘텐츠 렌더링 또는 서버 측 렌더링^{server-side rendering}에만 사용해야 한다.
> 또한 유효한 HTML 문자열이라도 script 태그를 포함할 수 있으며 브라우저가 이 태그 속의 코드를 실행하면 잠재적인 보안 위협을 초래할 수 있다. 따라서 클라이언트측 렌더링 코드에는 이 디렉티브를 사용하지 않는 것이 좋다.

2.16 v-text를 이용한 텍스트 콘텐츠 표시

v-text는 이중 중괄호 {{}}처럼 엘리먼트 콘텐츠로 데이터를 주입하는 디렉티브다. 그러나 {{}}와는 달리 변경 사항이 있어도 렌더링된 텍스트를 업데이트하지 않는다.

이 디렉티브는 다음 예시처럼 플레이스홀더^{placeholder} 텍스트를 미리 정의한 다음 컴포넌트 로드가 완료된 후 한 번만 교체하려 할 때 유용하다.

```
import { createApp } from 'vue'

const App = {
 template: `
  <div v-text="text">Placeholder text</div>
 `,
 data() {
```

```
    return {
      text: `Hello World`
    }
  }
}

const app = createApp(App)

app.mount('#app')
```

이 예시에서 Vue는 애플리케이션을 렌더링하며 placeholder text를 표시하고, 최종적으로 text가 반환한 'Hello World'로 대체한다.

2.17 v-once 및 v-memo를 이용한 렌더링 최적화

v-once는 정적 콘텐츠를 렌더링할 때 유용하다. 정적 엘리먼트를 재차 렌더링하지 않도록 방지함으로써 성능을 보존한다. Vue는 이 디렉티브가 사용된 엘리먼트를 요소를 **한 번만** 렌더링하며, 어떠한 렌더링이 다시 발생해도 업데이트하지 않는다.

v-once를 사용하려면 다음과 같이 디렉티브 그대로 엘리먼트 태그에 추가하면 된다.

```
import { createApp } from 'vue'

const App = {
 template: `
  <div>
   <input v-model="name" placeholder="Enter your name" >
  </div>
  <div v-once>{{name}}</div>
 `,
```

```
  data() {
   return {
    name: 'Maya'
   }
  }
 }

 const app = createApp(App)

 app.mount('#app')
```

이 예시에서 Vue는 name이 담긴 div 태그를 한 번만 렌더링한다. [그림 2-20]에서 볼 수 있듯이 input 필드와 v-model을 통해 사용자가 name값을 변경하더라도 div의 내용은 업데이트되지 않는다.

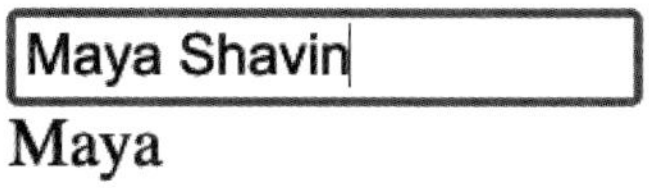

Maya Shavin

Maya

그림 2-20 입력값이 변경되어도 텍스트는 동일하게 유지된다

v-once는 정적 콘텐츠를 정의할 때 탁월한 장점을 드러낸다. 반면 템플릿 일부나 컴포넌트 블록을 조건부로 기억해야 할 때는 v-memo를 사용해야 한다.

v-memo는 자바스크립트 조건 표현식이 담긴 배열을 받아 렌더링을 제어하려는 부분의 최상위 엘리먼트에 탑재한다. Vue는 이러한 조건식의 유효성을 검사하고 해당 조건의 판단 결과가 이전과 달라졌을 때만 대상 엘리먼트 블록을 다시 렌더링한다.

예를 들어 이미지 카드 갤러리를 렌더링해보자. 각 이미지의 title, url, id 정보가 담긴 객체가 배열로 저장되어 있다. 사용자는 클릭으로 이미지 카드를 선택할 수 있으며 선택한 카드는 파란색 테두리가 표시된다.

먼저 컴포넌트 데이터 객체에서 images 데이터 배열을, 선택 이미지 카드 id를 저장할 selected를 다음과 같이 정한다.

```javascript
const App = {
  data() {
    return {
    selected: null,
    images: [{
      id: 1,
      title: 'Cute cat',
      url:
'https://res.cloudinary.com/mayashavin/image/upload/w_100,h_100,c_thumb/
TheCute%20Cat',
}, {
  id: 2,
  title: 'Cute cat no 2',
  url:
'https://res.cloudinary.com/mayashavin/image/upload/w_100,h_100,c_thumb/cute_
cat',
}, {
  id: 3,
  title: 'Cute cat no 3',
  url:
'https://res.cloudinary.com/mayashavin/image/upload/w_100,h_100,c_thumb/cat_
me',
}, {
  id: 4,
  title: 'Just a cat',
  url:
'https://res.cloudinary.com/mayashavin/image/upload/w_100,h_100,c_thumb/cat_1',
    }]
    }
  }
}
```

다음으로 template에 이미지 목록을 렌더링할 레이아웃을 정의하고 **v-memo**가 기억할 조건을 설정한다. 이 조건으로 인해 선택되지 않은 상태로 바뀐 이미지 또는 선택된 상태로 바뀐 이미지만 다시 렌더링하게 된다.

```
const App = {
 template: `
 <ul>
  <li
    v-for="image in images"
    :key="image.id"
    :style=" selected === image.id ? { border: '1px solid blue' } : {}"
    @click="selected = image.id"
    v-memo="[selected === image.id]" ❶
  >
   <img :src="image.url">
   <div>{{image.title}}</h2>
  </li>
 </ul>
 `,
 data() {
  /*..*/
 }
}
```

❶ `selected === image.id` 판단 결과가 이전과 달라지는 경우에만 다시 렌더링하도록 설정된다.

출력 결과는 [그림 2-21]과 같다.

Cute cat   Cute cat number 2   Cute cat number 3   Just a cat

그림 2-21 이미지 갤러리 출력

이미지 카드를 클릭하며 선택할 때마다 Vue는 이전에 선택했던 항목과 현재 선택한 항목, 이렇게 두 가지만 다시 렌더링한다. 목록의 항목이 많을수록 이 디렉티브는 매우 강력한 렌더링 최적화 효과를 낸다.

> **CAUTION** v-memo 사용
>
> v-memo는 Vue 3.2 버전부터 사용할 수 있다.

지금까지 template 구문과 일부 대표적인 Vue 디렉티브를 활용해 컴포넌트를 작성하는 방법을 배웠다. 남은 것은 v-slot이다. v-slot의 위력은 3장에서 다시 논의할 것이다.

이어서 컴포넌트를 전역적으로 등록하는 방법을 다룬다. 이러한 컴포넌트는 명시적으로 임포트하지 않아도 동일한 애플리케이션 내 다른 컴포넌트에서 사용할 수 있다.

2.18 전역 컴포넌트 등록

옵션 API의 components 프로퍼티에 등록한 컴포넌트는 단지 현재 컴포넌트 내부에서 명시적으로 사용할 수 있다. 현재 컴포넌트의 다른 하위 엘리먼트는 이러한 컴포넌트에 접근할 수 없다.

Vue 인스턴스 메서드인 Vue.component()는 다음과 같이 두 개의 파라미터를 인수로 입력

받는다.

- 컴포넌트의 등록 이름(별칭)을 나타내는 문자열

- 컴포넌트 인스턴스. 임포트된 SFC 모듈 또는 옵션 API 형식의 컴포넌트 설정 객체

컴포넌트를 전역적으로 등록하려면 [예제 2-17]처럼 app 인스턴스의 component()를 호출한다.

예제 2-17 MyComponent를 전역 컴포넌트로 등록하고 App 템플릿에서 사용하기

```
/* main.ts */
import { createApp } from 'vue'

// 1. app 인스턴스 생성
const app = createApp({
 template: '<MyComponent />'
});

// 2. 컴포넌트 정의
const MyComponent = {
 template: 'This is my global component'
}

// 3. 전역 컴포넌트 등록
app.component('MyComponent', MyComponent)

app.mount('#app')
```

MyComponent가 SFC 파일(3장 참고)인 경우 [예제 2-17]을 다음과 같이 고칠 수 있다.

```
/* main.ts */
import { createApp } from 'vue'
import App from './App.vue'
```

```
import MyComponent from './components/MyComponent.vue'

// 1. app 인스턴스 생성
const app = createApp(App);

// 2. 전역 컴포넌트 등록
app.component('MyComponent', MyComponent);
```

MyComponent는 app 인스턴스 내부의 모든 컴포넌트에서 항상 재사용할 수 있다.

모든 컴포넌트 파일에서 동일한 컴포넌트를 임포트하는 일은 반복적이고 귀찮은 작업이다. 하나의 컴포넌트를 애플리케이션 전체에 걸쳐 반복적으로 재사용하는 경우가 실제로는 종종 있다. 이럴 때는 해당 컴포넌트를 전역적으로 등록하는 것이 상책이다.

정리

지금까지 가상 DOM을 알아보고 Vue가 가상 DOM을 이용해 성능을 향상시키는 과정을 확인했다. 또한 JSX와 함수형 컴포넌트로 컴포넌트 렌더링을 제어하는 방법, Vue 내장 디렉티브를 이용해 컴포넌트의 로컬 데이터를 제어하며 UI 템플릿을 반응적으로 표시하는 방법을 배웠다. 이와 더불어 반응성의 기초, 옵션 API를 이용한 Vue 컴포넌트 생성 및 등록, 템플릿 구문 등을 익혔다. 이러한 내용들은 모두 다음 장에서 다룰 Vue 컴포넌트 메커니즘을 향해 나아가기 위한 기초 지식이다.

컴포넌트 구성

2장에서는 Vue의 기본 구조와 옵션 API를 배우고 간단한 디렉티브로 Vue 컴포넌트를 작성했다. 이제 다음 단계로 나아갈 준비가 됐다. 반응성과 훅을 활용해 더욱 복잡한 Vue 컴포넌트를 구성해볼 차례다.

이번 장에서는 Vue 싱글 파일 컴포넌트(SFC) 표준, 컴포넌트 라이프사이클 훅, computed 프로퍼티, 와처, 메서드, refs 등 반응형 고급 기능을 소개한다. 또한 슬롯slot을 사용해 컴포넌트 각부를 동적으로 렌더링하고 스타일에 따른 컴포넌트 구조를 관리하는 방법도 배운다. 이번 장을 마치면 한층 복잡한 Vue 컴포넌트를 작성하고 애플리케이션에 추가할 수 있게 될 것이다.

3.1 Vue 싱글 파일 컴포넌트 구조

Vue는 자체 표준 파일 형식인 Vue SFC를 도입하고 .vue라는 확장자를 붙였다. SFC는 컴포넌트의 HTML 템플릿 코드, 자바스크립트 로직, CSS 스타일을 하나의 파일로 저장하며, 저마다 고유한 코드 영역에 작성한다. Vue SFC는 다음과 같은 세 가지 필수 코드 영역을 포함해야 한다.

템플릿

HTML 코드 블록이며 컴포넌트의 UI Vue를 렌더링한다. 컴포넌트마다 최상위 엘리먼트로 **한 번만** 나와야 한다.

스크립트

컴포넌트의 주요 로직이 포함된 자바스크립트 코드 블록이다. 컴포넌트 파일당 **최대 한 번만** 나와야 한다.

스타일

컴포넌트의 스타일을 담는 CSS 코드 블록이며 하나의 컴포넌트 파일에 **필요한 만큼 여러 번** 추가할 수 있다.

[예제 3–1]은 SFC 파일 구조에 맞는 `MyFirstComponent` 컴포넌트 예시다.

예제 **3-1** MyFirstComponent 컴포넌트의 SFC 구조

```
<template>
 <h2 class="heading">I am a a Vue component</h2>
</template>
<script lang="ts"> export default {
 name: 'MyFistComponent',
};
</script>
<style>
.heading {
  font-size: 16px;
}
</style>
```

SFC 표준에 맞지 않는 컴포넌트는 [그림 3–1]처럼 SFC로 리팩터링할 수 있다.

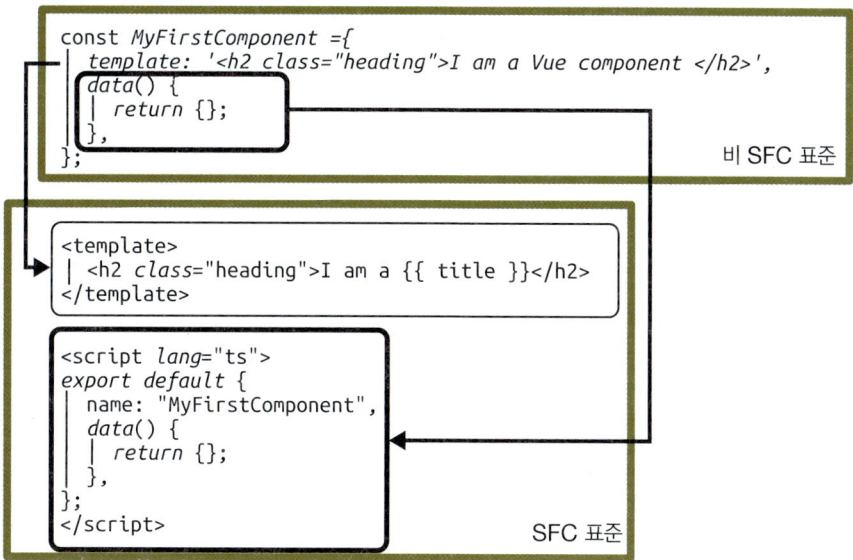

```
const MyFirstComponent ={
  template: '<h2 class="heading">I am a Vue component </h2>',
  data() {
    return {};
  },
};
```
비 SFC 표준

```
<template>
  <h2 class="heading">I am a {{ title }}</h2>
</template>

<script lang="ts">
export default {
  name: "MyFirstComponent",
  data() {
    return {};
  },
};
</script>
```
SFC 표준

그림 3-1 비 SFC 형식을 SFC 형식으로 리팩터링하기

[그림 3-1]은 다음과 같은 리팩터링 과정을 나타낸다.

- template 필드에 문자열값으로 지정된 HTML 코드를 싱글 파일 컴포넌트의 <template> 섹션으로 옮긴다.

- 나머지 MyFirstComponent 로직을 싱글 파일 컴포넌트의 <script> 섹션으로 옮긴다. 로직은 export default {} 객체 내부에 포함되어야 한다.

TIP 타입스크립트 사용 팁

Vue 엔진이 타입스크립트 코드를 인식하고 알맞게 처리하려면 <script> 구문에 lang="ts" 속성을 추가해야 한다. 즉, <script lang="ts"> 형식이 된다.

.vue 파일 형식은 고유한 확장 표준이므로 웹팩, 롤업 등의 빌드 도구(컴파일러/트랜스파일러)로 사전 컴파일pre-compile해야 한다. 컴파일 결과 .vue 파일은 브라우저가 처리할 수 있는 자바스크립트 및 CSS 등으로 변환된다. Vite로 새 프로젝트를 생성하면 스캐폴딩 과정에서 이미 빌드 도구가 설정된다. 따라서 컴포넌트를 ES 모듈로 임포트하거나 다른 컴포넌트 파일 내부에서 components로 선언할 수 있다.

다음은 components 디렉터리에 있는 MyFirstComponent를 App.vue 컴포넌트에서 사용하기 위해 임포트하는 예시다.

```ts
<script lang="ts">
import MyFirstComponent from './components/MyFirstComponent.vue';

export default {
 components: {
  MyFirstComponent,
 }
}
</script>
```

임포트한 컴포넌트는 [예제 3-2]처럼 template 섹션에서 참조한다. 참조 컴포넌트명은 파스칼케이스PascalCase 또는 케밥 케이스kebab-case 방식으로 지정할 수 있다.

예제 3-2 임포트 컴포넌트를 사용하는 방법

```
<template>
 <my-first-component />
 <MyFirstComponent />
</template>
```

이 코드는 [그림 3-2]처럼 MyFirstComponent 컴포넌트의 콘텐츠를 두 번 생성한다.

I am a a Vue component
I am a a Vue component

그림 3-2 MyFirstComponent 출력

> **NOTE** [예제 3-2]의 컴포넌트 템플릿은 루트 엘리먼트가 두 개다. 이러한 조각화fragmentation 기능은 Vue 3.x 이상에서 사용할 수 있다.

지금까지 SFC 형식으로 Vue 컴포넌트를 만들고 사용하는 방법을 배웠다. 타입스크립트를 사용할 때는 script 태그에 lang="ts"를 정의해야 Vue 엔진이 인식할 수 있다. 그에 따라 Vue 엔진은 컴포넌트의 script 및 template 섹션에 포함된 모든 코드와 표현식에서 타입 유효성을 더 엄격하게 검사한다.

그러나 Vue에서 타입스크립의 장점을 온전히 누리려면 컴포넌트를 정의할 때 defineComponent() 메서드를 사용해야 한다. 이어서 자세히 알아보자.

3.2 defineComponent()와 타입스크립트 지원

defineComponent() 메서드는 설정 객체를 입력받는 래퍼 함수다. 반환 결과는 같지만 타입 추론^{inference}을 거쳐 컴포넌트를 정의한다.

> **NOTE** defineComponent() 메서드는 Vue 3.x 이상에서 사용할 수 있으며 타입스크립트와 관련된 역할만 한다.

[예제 3-3]은 defineComponent()로 컴포넌트를 정의하는 방법을 보여준다.

예제 3-3 defineComponent()를 이용한 컴포넌트 정의

```
<template>
  <h2 class="heading">{{ message }}</h2>
</template>
<script lang="ts">
import { defineComponent } from 'vue';

export default defineComponent({
  name: 'MyMessageComponent',
  data() {
```

```
    return {
      message: 'Welcome to Vue 3!'
    }
  }
});
</script>
```

[그림 3-3]은 VSCode IDE에 Volar 확장[1]을 설치한 화면이다. template 섹션에서 message 위에 마우스를 대면 message의 타입이 string으로 표시된다.

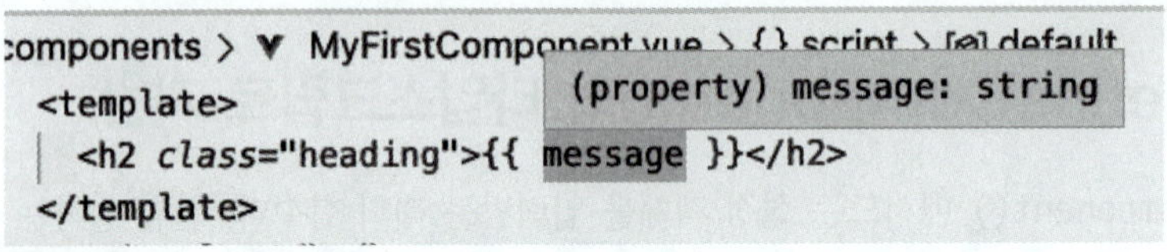

그림 3-3 마우스 오버 시 표시되는 MyMessageComponent의 message 프로퍼티 타입

defineComponent()는 가급적 복잡한 컴포넌트를 다룰 때만 사용하도록 한다. this 인스턴스로 컴포넌트 프로퍼티를 조작하는 경우가 대표적이다. 간단한 컴포넌트는 표준 메서드만으로 SFC 컴포넌트를 정의해도 무방하다.

> **NOTE** 이 책은 일반적인 컴포넌트 정의와 defineComponent() 정의를 상황에 따라 혼용한다. 각자 자신에게 잘 맞는 방식을 자유롭게 선택하기 바란다.

다음으로 컴포넌트의 라이프사이클과 훅을 살펴보자.

---

1 https://oreil.ly/lmnvd 또는 VSCode에서 Vue official로 확장을 검색하면 설치할 수 있다.

3.3 컴포넌트 라이프사이클 훅

Vue 컴포넌트의 라이프사이클은 Vue가 컴포넌트를 인스턴스화할 때 시작되고 인스턴스를 삭제(또는 언마운트)할 때 끝난다.

전체 라이프사이클은 [그림 3-4]처럼 여러 단계로 나뉜다.

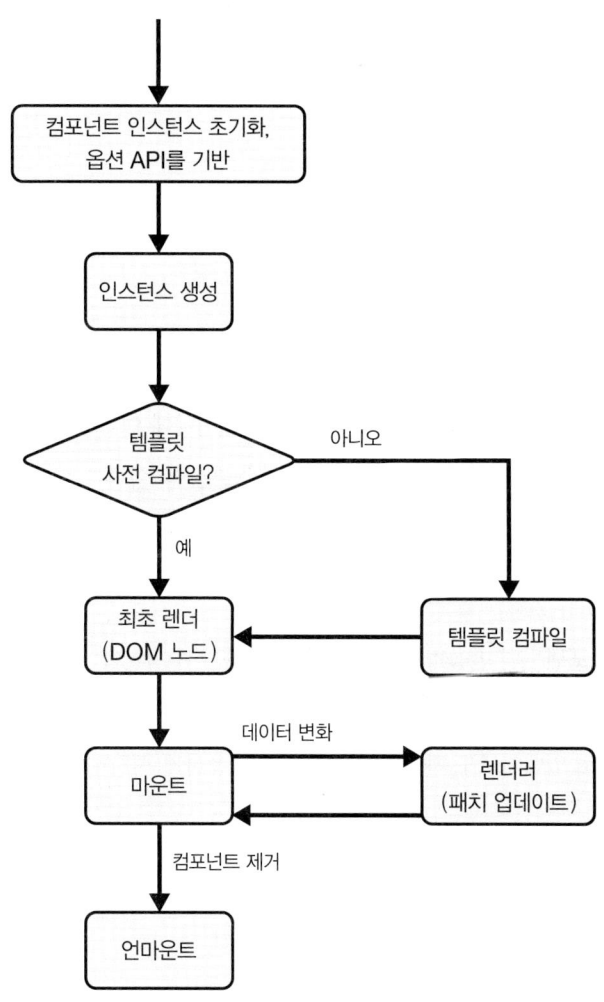

그림 3-4 Vue 컴포넌트 라이프사이클 흐름

초기화 페이즈initialize phase

Vue 렌더러가 컴포넌트 옵션 설정을 로드하고 인스턴스 생성을 준비한다.

생성 페이즈creating phase

Vue 렌더러가 컴포넌트 인스턴스를 생성한다. 템플릿을 컴파일할 필요가 있다면 다음 페이즈로 넘어가기 전에 템플릿 컴파일 단계가 추가된다.

최초 렌더 페이즈first render phase

Vue 렌더러가 컴포넌트용 DOM 노드를 생성하고 DOM 트리에 삽입한다.

마운팅 페이즈mounting phase

컴포넌트에 속한 엘리먼트는 [그림 3-5]처럼 이미 컴포넌트 DOM 트리에 마운트 및 연결되어 있다. Vue 렌더러는 이 컴포넌트를 부모 컨테이너에 연결한다. 이 페이즈부터 컴포넌트의 DOM 노드를 표현하는 $el 프로퍼티에 접근할 수 있다.

업데이팅 페이즈updating phase

이 페이즈는 컴포넌트의 반응형 데이터가 변경될 때만 수행된다. Vue 렌더러는 변경된 데이터로 컴포넌트 DOM 노드를 다시 렌더링하고 패치 업데이트를 수행한다. 마운팅 페이즈와 마찬가지로 업데이트도 자식 엘리먼트부터 적용하기 시작해 컴포넌트 본체에서 완료된다.

언마운팅 페이즈unmounting phase

Vue 렌더러가 DOM에서 컴포넌트를 분리하고 인스턴스와 모든 반응형 데이터 효과를 제거destroy한다. 이 페이즈는 라이프사이클의 마지막 단계로, 애플리케이션에서 컴포넌트가 더 이상 사용되지 않을 때 발생한다. 업데이팅 및 마운팅 페이즈와 비슷하게 컴포넌트는 모든 자식 요소가 언마운팅되고 나서야 자신을 언마운팅할 수 있다.

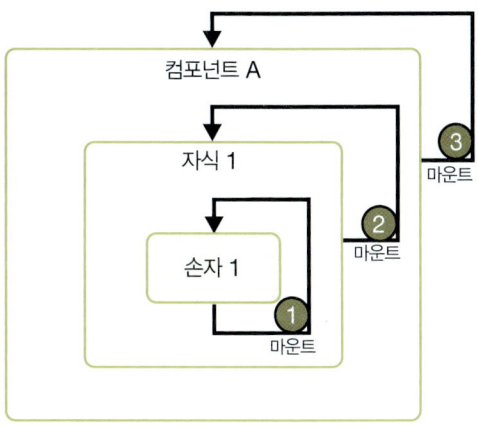

그림 3-5 컴포넌트와 자식 요소의 마운트 순서

Vue는 라이프사이클 페이즈가 전환되는 시점에 특정 이벤트를 걸어 컴포넌트 흐름을 원활하게 제어할 수 있다. 이러한 이벤트를 라이프사이클 훅이라 부른다. 이어서 Vue에서 사용하는 라이프사이클 훅을 차례로 알아보자.

3.3.1 setup

setup은 컴포넌트 라이프사이클이 시작되기 전에 발생하는 첫 이벤트 훅이다. 이 훅은 Vue가 컴포넌트를 인스턴스화하기 직전에 한 번 실행된다. 이 때는 아직 컴포넌트 인스턴스가 존재하지 않으므로 **this**에 **접근할 수 없다.**

```
export default {
  setup() {
    console.log('setup hook')
    console.log(this) // undefined
```

```
    }
  }
```

NOTE 스크립트 태그에 setup 속성을 추가(`<script setup>`)해서 컴포넌트 스크립트 섹션에 추가하면 setup 훅을 대체할 수 있다.

setup 훅은 다음과 같은 구문으로 작성한다. 주로 컴포지션 API와 함께 사용하며, '5장 컴포지션 API'에서 더 자세히 설명한다.

```
setup(props, context) {
  //...
}
```

setup()의 두 인수는 다음과 같다.

props

컴포넌트로 전달된 모든 props가 담긴 객체. 옵션 객체의 **props** 필드로 선언한다. **props** 의 각 프로퍼티는 반응형 데이터다. setup() 반환 객체에서 **props**를 별도로 반환할 필요 는 없다.

context

attrs, slots, emit, expose 등의 컴포넌트 콘텍스트가 포함된 비반응형 객체non-reactive object

NOTE `<script setup>`을 사용할 경우 props를 정의하고 접근하려면 defineProps()를 써야 한다. 자세한 설명은 4.1.4절을 참고하기 바란다.

setup()의 반환 객체는 컴포넌트 내부의 모든 반응형 상태, 메서드, 정적 데이터를 가리키는 참조를 담고 있다. <script setup>을 사용할 때는 아무것도 반환할 필요가 없다. Vue는 그 안에 선언된 모든 변수와 함수를 컴파일 과정에서 setup() 반환 객체로 자동 변환하며, 이 객체는 컴포넌트 옵션 객체의 템플릿 등에서 this 키워드로 접근할 수 있다.

[예제 3-4]는 setup() 훅으로 정적 메시지를 출력하는 컴포넌트를 정의한다.

예제 3-4 setup() 훅을 이용한 컴포넌트 정의

```
import { defineComponent } from 'vue';

export default defineComponent({
  setup() {
    const message = 'Welcome to Vue 3!'
    return {
      message
    }
  }
})
```

이 예시에서 message는 반응형 데이터가 아니라는 점을 유의하기 바란다. 이 값이 반응성을 띠려면 컴포지션 API인 ref() 함수로 래핑해야 한다. 자세한 방법은 5.2절에서 배울 것이다. 또한 message는 정적 데이터이므로 data() 객체에 정의할 필요가 없어 컴포넌트에 불필요한 반응형 데이터가 줄어든다.

[예제 3-5]는 [예제 3-4]의 컴포넌트를 <script setup>로 작성한 코드다.

예제 3-5 <script setup> 문법을 이용한 컴포넌트 정의

```
<script setup lang='ts'>
const message = 'Welcome to Vue 3!'
</script>
```

setup()과 비교했을 때 <script setup>의 장점은 타입스크립트 지원 기능이 내장되어 있다는 점이다. 따라서 defineComponent()가 필요치 않으며 컴포넌트 작성 코드가 줄어든다.

setup() 훅에서 props와 context 인수로 컴포넌트를 정의할 때 h() 렌더 함수를 조합하면 [예제 3-6]처럼 렌더를 반환할 수 있다.

예제 3-6 setup() 훅과 렌더 함수 h()를 사용한 컴포넌트 정의

```
import { defineComponent, h } from 'vue';

export default defineComponent({
  setup(props, context) {
    const message = 'Welcome to Vue 3!'
    return () => h('div', message)
  }
})
```

setup()과 h()를 함께 쓰면 props 기반 정적 DOM 구조를 렌더링할 때 편리하다. 상태가 없는 기능성 컴포넌트를 렌더링할 때도 마찬가지다. [그림 3-6]은 크롬 개발자 도구의 Vue 탭에서 [예제 3-6]의 출력 결과를 확인하는 화면이다.

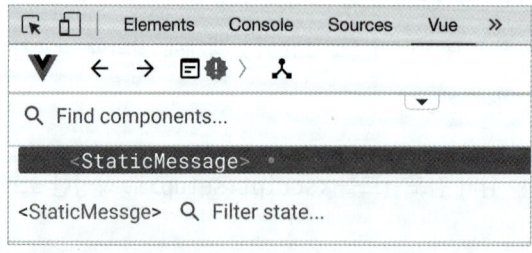

그림 3-6 h() 함수가 렌더링한 무상태 컴포넌트

NOTE 이 책에서 setup() 훅을 써야 할 때는 가능한 한 <script setup> 문법을 사용한다. 표현 방식이 더 간결하기 때문이다.

3.3.2 beforeCreate

beforeCreate는 Vue 렌더러가 컴포넌트 인스턴스를 생성하기 **이전**에 실행된다. 이때 Vue 엔진은 컴포넌트를 초기화했지만 아직 data() 함수를 실행하거나 computed 속성을 계산하지 않은 상태다. 따라서 반응형 데이터를 아직 사용할 수 없다.

3.3.3 created

created 혹은 Vue 엔진이 컴포넌트 인스턴스를 생성한 **이후**에 실행된다. 컴포넌트 인스턴스와 반응형 데이터, 와처, computed 프로퍼티, 메서드 정의 등이 존재하는 단계다. 그러나 Vue 엔진은 아직 컴포넌트 인스턴스를 DOM에 마운팅하지 않았다.

created 혹은 컴포넌트의 **최초 렌더링 이전**에 실행된다. 외부 리소스에서 컴포넌트로 데이터를 로드할 때처럼 this가 필요한 작업을 실행하는 단계다.

3.3.4 beforeMount

beforeMount 혹은 created 다음에 실행된다. 이 시점에 Vue는 컴포넌트 인스턴스를 생성하고 최초 렌더링에 사용할 템플릿 컴파일을 마친다.

3.3.5 mounted

mounted 혹은 컴포넌트의 최초 렌더링 다음에 실행된다. 이 페이즈가 되면 $el 프로퍼티를 통해 컴포넌트가 렌더링한 DOM 노드에 액세스할 수 있다. 컴포넌트의 DOM 노드를 이용해 부차적인side-effect 계산을 해야 하는 경우 이 훅에서 처리한다.

3.3.6 beforeUpdate

Vue 렌더러는 로컬 데이터 상태가 변경될 때마다 컴포넌트의 DOM 트리를 업데이트한다. beforeUpdate 혹은 업데이트 프로세스가 시작되기 **이전**에 실행되므로 아직까지 컴포넌트의 상태를 내부적으로 수정할 수 있다.

3.3.7 updated

updated 혹은 Vue 렌더러가 컴포넌트 DOM 트리를 업데이트한 다음에 실행된다.

> **NOTE** updated, beforeUpdate, beforeMount, mounted 훅은 서버 사이드 렌더링^{server-side rendering}(SSR)에서 사용할 수 없다.

이 훅은 **DOM이 조금이라도 업데이트될 때마다 무조건 실행되므로** 주의해서 사용해야 한다.

> **CAUTION updated 훅 내부의 로컬 상태 변경**
> updated 훅 내부에서 컴포넌트의 로컬 데이터 상태를 변경^{mutate}하면 **안 된다.**

3.3.8 beforeUnmount

beforeUnmount 혹은 Vue 렌더러가 컴포넌트를 언마운팅하기 전에 실행된다. 아직까지는 컴포넌트의 DOM 노드인 $el을 사용할 수 있다.

3.3.9 unmounted

unmounted 혹은 언마운트 프로세스가 정상적으로 완료되고 컴포넌트 인스턴스를 사용할 수 없게 된 이후에 실행된다. DOM 이벤트 리스너 등의 부가 옵저버observer, 효과 등을 이 훅에서 정리clean-up할 수 있다.

> **NOTE** Vue 2.x은 beforeUnmount와 mounted 대신 beforeDestroy와 destroyed를 사용해야 한다.
> beforeUnmount와 unmounted 훅은 서버 사이드 렌더링(SSR)에서 사용할 수 없다.

정리하면 컴포넌트 라이프사이클의 흐름과 각 훅의 위치는 [그림 3-7]과 같다.

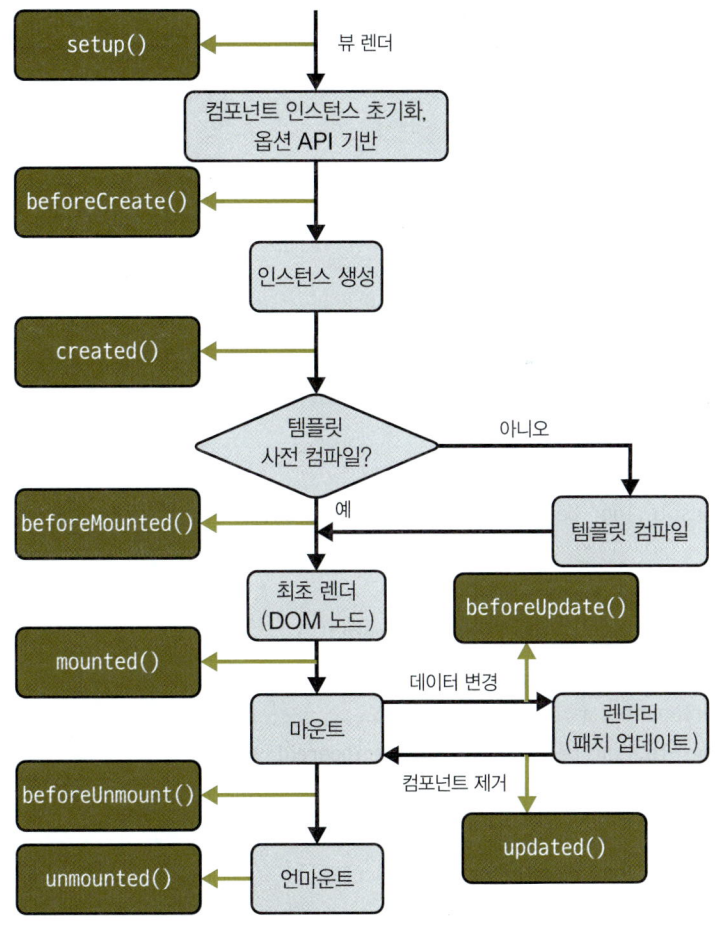

그림 3-7 Vue 컴포넌트 라이프사이클 흐름도와 훅

[예제 3-7]의 컴포넌트는 각 라이프사이클 훅의 실행 순서를 확인할 수 있는 예시다.

예제 3-7 라이프사이클 훅 콘솔 로그

```ts
<template>
    <h2 class="heading">I am {{message}}</h2>
    <input v-model="message" type="text" placeholder="Enter your name" />
</template>
<script lang="ts">
  import { defineComponent } from 'vue'

  export default defineComponent({
    name: 'MyFistComponent',
    data() {
      return {
        message: ''
      }
    },
    setup() {
      console.log('setup hook triggered!')
      return {}
    },
    beforeCreate() {
      console.log('beforeCreate hook triggered!')
    },
    created() {
      console.log('created hook triggered!')
    },
    beforeMount() {
      console.log('beforeMount hook triggered!')
    },
    mounted() {
      console.log('mounted hook triggered!')
    },
    beforeUpdate() {
```

```
        console.log('beforeUpdate hook triggered!')
      },
      updated() {
        console.log('updated hook triggered!')
      },
      beforeUnmount() {
        console.log('beforeUnmount hook triggered!')
      },
    });
  </script>
```

이 코드를 실행하고 브라우저 개발자 도구 콘솔을 확인하면 [그림 3-8]과 같은 결과가 출력
된다.

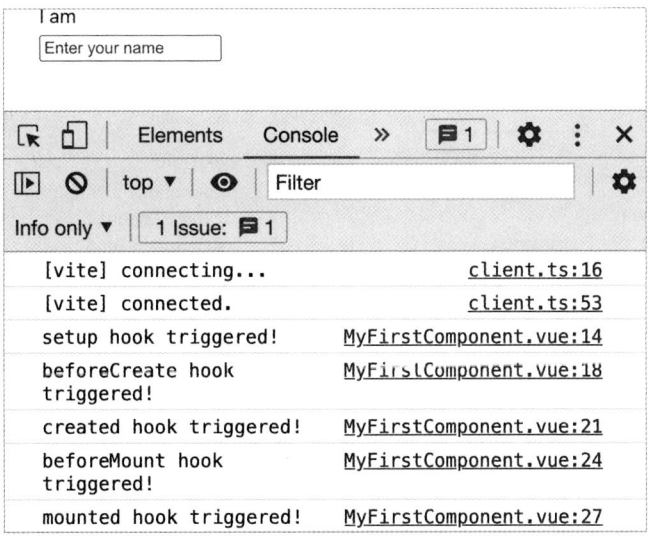

그림 3-8 MyFirstComponent 최초 렌더링 순서 로그

message 프로퍼티값을 변경하면 컴포넌트가 다시 렌더링되고 [그림 3-9]와 같은 로그가 출
력된다.

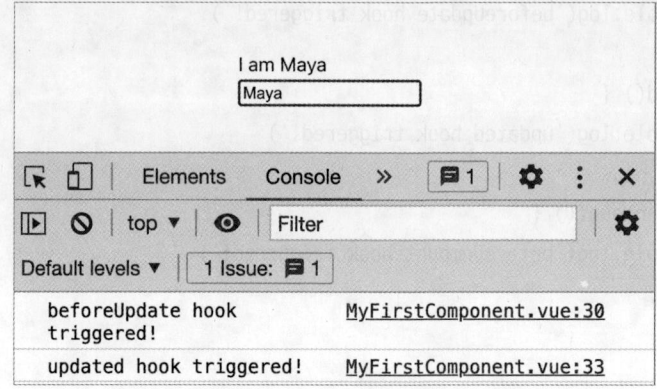

그림 3-9 두 번째 렌더링의 beforeUpdate와 updated 훅

[그림 3-10]은 Vue 데브툴의 [Timeline] 탭이다. [Performance] 섹션을 보면 최초 렌더링 시 라이프사이클 순서를 확인할 수 있다.

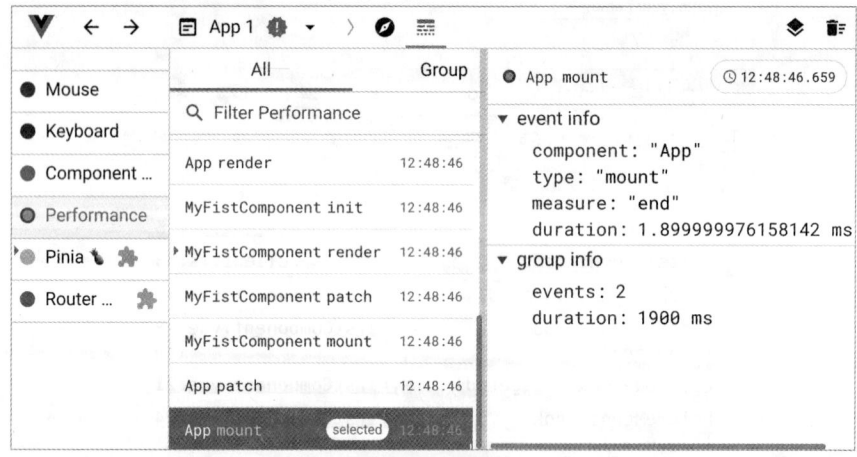

그림 3-10 MyFirstComponent 최초 렌더링 시 타임라인

컴포넌트가 다시 렌더링되면 Vue 데브툴 탭은 [그림 3-11]과 같이 타임라인 이벤트 기록을 표시한다.

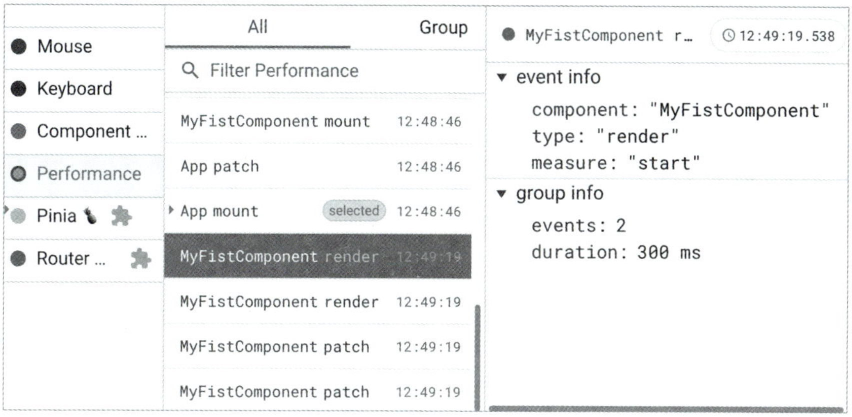

그림 3-11 두 번째 렌더링의 MyFirstComponent 타임라인

라이프사이클 훅은 여러 모로 쓸모가 많다. [표 3-1]은 각 훅의 가장 대표적인 사용 사례다.

표 3-1 훅의 올바른 사용 사례

라이프사이클 훅	사용 요건
beforeCreate	컴포넌트 데이터를 변경하지 않으면서 외부 로직을 로드해야 하는 경우
created	외부 데이터를 컴포넌트에 로드해야 하는 경우. 외부 리소스 데이터를 읽거나 쓸 경우 mounted 훅보다 먼저 고려한다.
mounted	DOM을 조작하거나 컴포넌트 DOM 노드에 접근하기 위해 this.$el이 필요한 경우

지금까지 컴포넌트 라이프사이클의 순서와 각각에 관련된 훅을 배웠다. 다음으로 methods 프로퍼티를 통해 공통 컴포넌트 로직 메서드를 구성하는 방법을 알아보자.

3.4 메서드

메서드 로직은 일반적으로 컴포넌트 데이터에 의존하지 않도록 작성한다. 그러나 this 인 스턴스를 사용하면 메서드 내부에서 컴포넌트의 로컬 상태에 접근할 수는 있다. 컴포넌트의 메서드는 methods 프로퍼티에 함수 형태로 정의한다. [예제 3-8]은 message 프로퍼티를 역순으로 바꾸는 메서드 정의 예시다.

예제 3-8 메시지 프로퍼티를 역순으로 변경하는 메서드 정의

```ts
<script lang="ts">
import { defineComponent } from 'vue'

export default defineComponent({
  name: 'ReversedMessage',
  data() {
    return {
      message: '',
    };
  },
  methods: {
    reverseMessage():string {
      return this.message.split('').reverse().join('')
    },
  },
});
</script>
```

[예제 3-9]는 컴포넌트 템플릿에서 reverseMessage 메서드를 사용하는 방법을 보여준다.

예제 3-9 역순 메시지를 출력하는 템플릿

```
<template>
  <h2 class="heading">I am {{reverseMessage()}}</h2>
  <input v-model="message" type="text" placeholder="Enter your message" />
</template>
```

사용자가 브라우저에 메시지값을 입력하면 [그림 3-12]와 같은 결과가 출력된다.

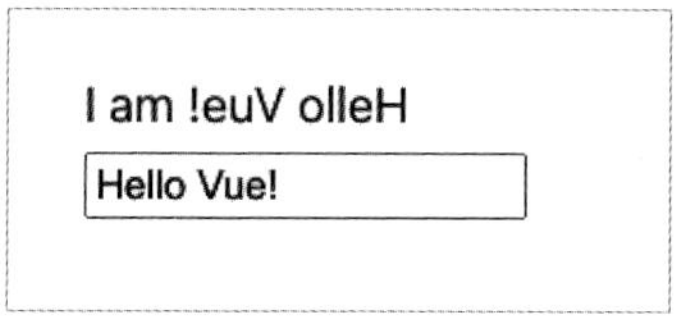

I am !euV olleH

Hello Vue!

그림 3-12 입력 메시지값을 역순으로 변경한 메시지

[예제 3-10]에서는 **reverseMessage** 메서드에 문자열 인수를 추가해 재사용성을 높이고 **this.message**에 대한 의존성을 낮추었다.

예제 3-10 문자열 역순 정렬 메서드 정의

```ts
<script lang="ts">
import { defineComponent } from 'vue'

export default defineComponent({
  name: 'MyFistComponent',
  data() {
    return {
      message: '',
    };
  },
  methods: {
    reverseMessage(message: string):string {
      return message.split('').reverse().join('')
    },
  },
});
</script>
```

이제 [예제 3-9]의 **template** 섹션을 고쳐 reverseMessage 메서드에 **message** 파라미터를 전달한다.

```
<template>
  <h2 class="heading">I am {{reverseMessage(message)}}</h2>
  <input v-model="message" type="text" placeholder="Enter your message" />
</template>
```

출력 결과는 [그림 3-12]와 동일하게 유지된다.

또한 컴포넌트 메서드는 **this** 인스턴스를 통해 다른 프로퍼티 또는 라이프사이클 훅 내부에서 실행할 수 있다. 예를 들어 다음 코드는 **reverseMessage**를 작게 나누어 **reverse()**와 **arrToString()**이라는 두 메서드를 추가한다.

```
/**... */
  methods: {
    reverse(message: string):string[] {
      return message.split('').reverse()
    },
    arrToString(arr: string[]):string {
      return arr.join('')
    },
    reverseMessage(message: string):string {
      return this.arrToString(this.reverse(message))
    },
  },
```

메서드를 잘 쓰면 컴포넌트 로직을 체계적으로 유지할 수 있다. Vue는 필요한 경우에만 메서드를 실행하며 그때마다 로컬 데이터를 이용해 새로운 데이터를 동적으로 계산할 수 있다. 템플릿 내부에서 메서드를 호출하는 [예제 3-9]가 이러한 예시다. 그러나 Vue는 메서드 실행 결과를 캐시로 저장하지 않으며 매번 렌더링할 때마다 새로 실행한다. 따라서 계산된 데이터가 필요할 때는 computed 프로퍼티를 사용하는 것이 더 낫다. 이는 다음 절에서 설명할 것이다.

3.5 computed 프로퍼티

computed 프로퍼티는 Vue의 고유 기능이며 컴포넌트의 기존 반응형 데이터를 이용해 새로운 반응형 데이터 프로퍼티를 계산하는 역할을 한다. computed 프로퍼티 필드 내부에 나열된 함수는 각각의 계산값을 반환한다.

[예제 3-11]은 computed 프로퍼티를 정의하는 방법을 보여준다. 새로운 프로퍼티 **re-versedMessage**는 로컬 데이터 **message**를 역순으로 반환한다.

예제 3-11 컴포넌트 로컬 데이터 message를 역순으로 반환하는 computed 프로퍼티

```
import { defineComponent } from 'vue'

export default defineComponent({
  name: 'ReversedMessage',
  data() {
    return {
      message: 'Hello Vue!'
    }
  },
  computed: {
    reversedMessage() {
      return this.message.split('').reverse().join('')
    }
  }
})
```

reversedMessage는 다른 모든 컴포넌트 로컬 데이터와 동일한 방식으로 접근할 수 있다. [예제 3-12]는 **message** 입력값을 기준으로 **reversedMessage**를 계산해 출력하는 코드다.

예제 3-12 computed 프로퍼티 사용 예시

```
<template>
  <h2 class="heading">I am {{ reversedMessage }}</h2>
```

```
    <input v-model="message" type="text" placeholder="Enter your message" />
  </template>
```

[예제 3-12]의 출력 결과는 [그림 3-12]와 같다.

[그림 3-13]은 Vue 데브툴 [Components] 탭에서 computed 프로퍼티를 확인하는 화면이다.

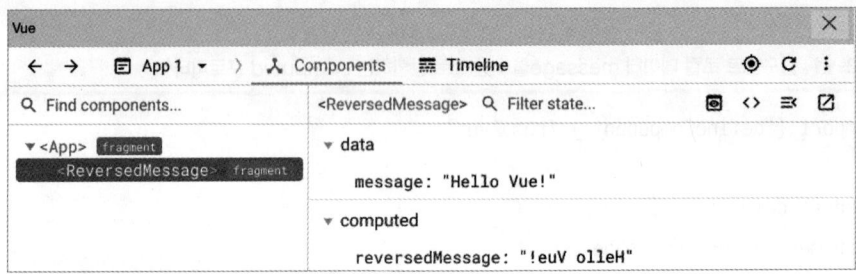

그림 3-13 Components 탭, computed 프로퍼티에서 확인한 reversedMessage

컴포넌트 로직에서 **this** 인스턴스를 통해 computed 프로퍼티에 접근할 수 있다. 로컬 데이터 프로퍼티와 동일한 접근 방식이다. 또한 기존 computed 프로퍼티값을 이용해 또 다른 computed 프로퍼티를 계산하는 것도 가능하다. 가령 [예제 3-13]은 **reversedMessage**의 길이를 나타내는 **reversedMessageLength**를 추가한다.

예제 3-13 computed 프로퍼티에 reversedMessageLength 추가

```
import { defineComponent } from 'vue'

export default defineComponent({
/**... */
  computed: {
    reversedMessage() {
      return this.message.split('').reverse().join('')
    },
    reversedMessageLength() {
```

```
    return this.reversedMessage.length
  }
 }
})
```

Vue 엔진은 computed 프로퍼티의 값을 자동으로 캐시에 저장하고, 해당 프로퍼티와 관련된 반응형 데이터가 변경될 때만 값을 다시 계산한다. 예를 들어 [예제 3-12]에서 Vue는 message가 바뀔 때만 reversedMessage 프로퍼티값을 업데이트한다. 컴포넌트의 다른 곳에서 reversedMessage를 출력하거나 재사용해도 Vue는 이 값을 다시 계산할 필요가 없다.

computed 프로퍼티를 잘 쓰면 복잡한 데이터 조작 과정을 재사용 가능한 데이터 블록으로 구성할 수 있다. 따라서 코드는 줄고 정돈되며 컴포넌트 성능은 향상된다. 또한 computed 프로퍼티 함수 로직에 포함된 반응형 데이터는 자동으로 와처가 설정되는 효과를 얻는다.

그러나 이러한 자동 와처 메커니즘은 특정 상황에서 컴포넌트 성능 유지 목적으로 오버헤드를 발생시킬 우려가 있다. 이런 경우에는 컴포넌트의 watch 프로퍼티 필드를 통해 직접 와처를 설정하는 것이 좋다.

3.6 와처

와처[Watchers]는 컴포넌트의 반응형 데이터 프로퍼티 변화를 프로그램 방식으로 관찰하고 처리하는 기능이다. 각 와처는 하나의 함수이며 newValue와 oldValue라는 두 인수를 전달받는다. 전자는 관찰 데이터의 새로운 값, 후자는 기존값을 나타낸다. 반응형 데이터에 와처를 정의하려면 다음과 같이 컴포넌트 옵션의 watch 프로퍼티 필드에 함수를 추가한다.

```
watch: {
  'reactiveDataPropertyName'(newValue, oldValue) {
    // 작동 코드
```

```
      }
  }
```

reactiveDataPropertyName는 관찰 대상 컴포넌트 데이터의 이름과 일치해야 한다.

[예제 3–14]는 message 와처를 정의하는 방법을 보여준다. 이 와처는 컴포넌트 로컬 데이터 message의 변화를 관찰한다.

예제 3-14 로컬 데이터 message의 변화를 관찰하는 와처

```
export default {
  name: 'MyFirstComponent',
  data() {
    return {
      message: 'Hello Vue!'
    }
  },
  watch: {
    message(newValue: string, oldValue: string) {
      console.log(`new value: ${newValue}, old value: ${oldValue}`)
    }
  }
}
```

이 예제에서 message 와처는 message 프로퍼티의 변화를 관찰한다. Vue 엔진은 message 값이 변경될 때마다 와처를 실행한다. [그림 3–14]는 와처의 콘솔 로그 출력 결과다.

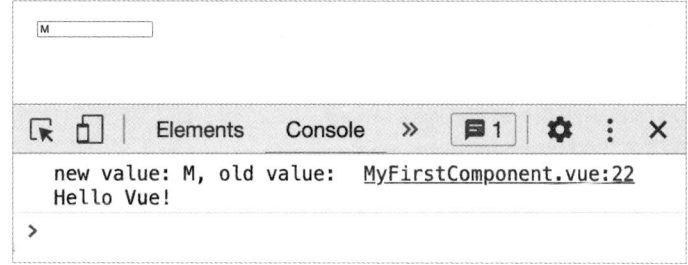

그림 3-14 message 변경 로그 출력

[예제 3-11]의 reservedMessage는 computed 프로퍼티 대신 message와 data() 필드를 이용해 와처로 구현할 수 있다. [예제 3-15]를 살펴보자.

예제 3-15 로컬 message를 관찰하고 reversedMessage값을 업데이트하는 와처

```
import { defineComponent } from 'vue'

export default defineComponent({
  name: 'MyFirstComponent',
  data() {
    return {
      message: 'Hello Vue!',
      reversedMessage: 'Hello Vue!'.split('').reverse().join('')
    }
  },
  watch: {
    message(newValue: string, oldValue: string) {
      this.reversedMessage = newValue.split('').reverse().join('')
    }
  }
})
```

출력 결과는 [그림 3-12]와 동일하다. 그러나 이 예시는 와처 사용법을 보이기 위한 코드일 뿐 computed 프로퍼티 방식에 비해 비효율적이므로 참고만 하기 바란다.

지금까지의 예시처럼 와처의 핸들러 함수는 와처의 이름에 직접 할당할 수 있다. 이때 Vue 엔진은 와처에 기본 설정을 적용한 뒤 알아서 핸들러를 호출한다. 한편 와처의 작동 방식을 직접 설정하고 이를 객체에 담아 와처 이름에 전달하는 방법도 있다. [표 3-2]는 와처 설정 객체의 필드들이다.

표 3-2 와처 객체 필드

필드	설명	타입	기본값	필수
handler	대상 데이터값이 변경될 때 실행되는 콜백 함수	function	N/A	예
deep	대상 데이터의 하위 프로퍼티(존재할 경우) 변화 관찰 여부	boolean	false	아니오
immediate	컴포넌트 마운트 이후 핸들러 즉시 실행 여부	boolean	false	아니오
flush	핸들러의 실행 시점. 기본설정의 경우 Vue는 컴포넌트 업데이트 전에 핸들러를 실행한다.	pre, post	pre	아니오

3.6.1 하위 프로퍼티 변화 관찰

deep 옵션 필드를 설정하면 모든 하위 프로퍼티의 변화를 관찰할 수 있다. 예를 들어 User-WatcherComponent 컴포넌트에 user 객체 데이터가 있다고 가정하자. user에는 name과 age라는 두 하위 프로퍼티가 있다. [예제 3-16]은 와처에 deep 옵션 필드를 설정하고 user 객체와 하위 프로퍼티의 변화를 관찰한다.

예제 3-16 user 객체의 하위 프로퍼티 변화를 관찰하는 와처

```
import { defineComponent } from 'vue'

type User = {
```

```
    name: string
    age: number
  }

  export default defineComponent({
    name: 'UserWatcherComponent',
    data(): { user: User } {
      return {
        user: {
            name: 'John',
            age: 30
          }
        }
    },
    watch: {
      user: {
        handler(newValue: User, oldValue: User) {
        console.log({ newValue, oldValue })
      },
        deep: true
      }
    }
  })
```

[예제 3-17]은 UserWatcherComponent 컴포넌트의 템플릿 섹션이며 user 객체의 필드인
name과 age를 사용자에게 입력받는다.

예제 3-17 UserWatcherComponent의 템플릿 섹션

```
<template>
  <div>
    <div>
      <label for="name">Name:
        <input v-model="user.name" placeholder="Enter your name" id="name" />
      </label>
```

```
      </div>
      <div>
        <label for="age">Age:
          <input v-model="user.age" placeholder="Enter your age" id="age" />
        </label>
      </div>
    </div>
  </template>
```

Vue 엔진은 user.name 또는 user.age값이 변경될 때마다 user 와처를 실행한다. [그림 3-15]는 user.name값을 변경했을 때 user 와처가 출력하는 콘솔 로그 화면이다.

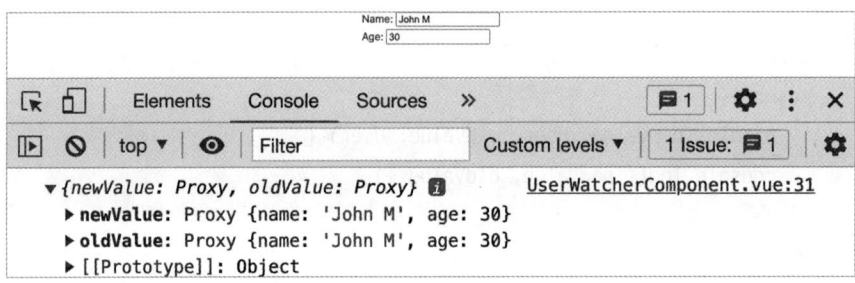

그림 3-15 user 객체 하위 프로퍼티 변화에 따른 콘솔 로그 출력

[그림 3-15]의 출력 결과를 보면 user의 newValue와 oldValue가 같다. 그 이유는 user라는 인스턴스 자체는 업데이트에 관계없이 동일한 대상이기 때문이다. 변경 사항은 name 필드의 값일 뿐이다.

또한 deep 플래그를 켜면 Vue 엔진은 user 객체의 모든 프로퍼티와 하위 프로퍼티를 순회하며 변화를 관찰한다. 따라서 user 객체의 내부 데이터 구조가 과하게 복잡할 경우 성능에 지장을 줄 우려가 있다. 이럴 때는 모니터링 대상 프로퍼티를 [예제 3-18]처럼 명확히 지정하는 것이 좋다.

예제 3-18 user 객체의 name 필드 변화를 관찰하는 와처

```
//...
export default defineComponent({
  //...
  watch: {
    'user.name': {
      handler(newValue: string, oldValue: string) {
        console.log({ newValue, oldValue })
      },
    },
  }
});
```

이제 와처는 **user.name** 프로퍼티의 변화만 관찰한다. [그림 3-16]은 이 와처의 콘솔 로그 출력 결과다.

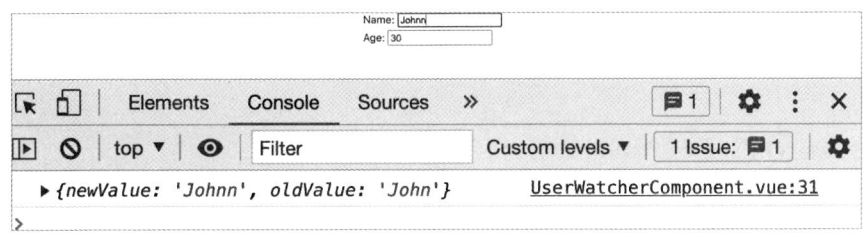

그림 3-16 user 객체의 name이 변경됐을 경우에만 출력되는 콘솔 로그

프로퍼티 경로를 점으로 구분지어 표현하면 하위 프로퍼티의 깊이에 구애받지 않고 특정 프로퍼티를 관찰할 수 있다. 예를 들어 **user** 객체가 다음 구조를 따른다고 가정해보자.

```
type User = {
  name: string;
  age: number;
  address: {
    street: string;
```

```
      city: string;
      country: string;
      zip: string;
  };
}
```

이 구조에서 `user.address.city`의 변화를 감시하려면 와처 이름에 'user.address.city'를 지정하면 된다. 이렇듯 와처의 관찰 범위를 특정 프로퍼티로 좁히면 deep 와처를 사용할 필요가 없으며 의도치 않은 성능 저하도 방지할 수 있다.

3.6.2 this.$watch() 메서드

대부분의 경우 watch 옵션은 와처의 쓰임새를 감당하기에 충분한다. 그러나 가끔 특정 상황에서 와처가 작동하지 않아야 하는 경우가 있다. 예를 들어 `user` 객체의 `address` 프로퍼티가 null이 아닐 때만 `user.address.city` 와처를 사용한다고 가정하자. 이 경우 컴포넌트 생성 시 `this.$watch()` 메서드를 활용하면 조건부로 와처를 생성할 수 있다.

`this.$watch()` 메서드의 파라미터는 다음과 같다.

- 관찰 대상 데이터의 이름을 나타내는 문자열
- 대상 데이터의 값이 변경될 때 실행할 와처의 핸들러 콜백 함수

`this.$watch()`가 반환한 함수를 호출하면 해당 와처가 중지된다. [예제 3-19]의 코드는 `user.address.city`의 변화를 관찰하는 와처를 `this.$watch()` 메서드로 생성한다.

예제 3-19 `user.address.city` 필드를 관찰하는 와처

```
import { defineComponent } from "vue";
import type { WatchStopHandle } from "vue";
```

```
//...
export default defineComponent({
  name: "UserWatcherComponent",
  data(): { user: User; stopWatchingAddressCity?: WatchStopHandle } {
    return {
      user: {
        name: "John",
        age: 30,
        address: {
          street: "123 Main St",
          city: "New York",
          country: "USA",
          zip: "10001",
        },
      },
      stopWatchingAddressCity: undefined, ❶
    };
  },
  created() {
    if (this.user.address) {  ❷
      this.stopWatchingAddressCity = this.$watch(
        "user.address.city",
        (newValue: string, oldValue: string) => {
          console.log({ newValue, oldValue });
        }
      );
    }
  },
  beforeUnmount() {
    if (this.stopWatchingAddressCity) {   ❸
      this.stopWatchingAddressCity();
    }
  },
});
```

❶ this.$watch()의 반환 함수를 담을 stopWatchingAddressCity 프로퍼티를 정의한다.

❷ user 객체에 address 프로퍼티를 사용할 수 있을 때만 user.address.city 와처를 생성한다.

❸ 컴포넌트를 언마운팅하기 전에 stopWatchingAddressCity 함수를 확인하고 실행해 와처를 중단한다.

이렇듯 user.address가 없을 때 user.address.city 와처를 생성하지 않음으로써 불필요한 와처가 늘어나는 것을 방지할 수 있다.

다음으로 Vue의 개성적인 기능 중 하나인 slot 컴포넌트를 살펴보자.

3.7 슬롯

컴포넌트 구축이란 데이터와 로직이 전부인 작업이 아니다. 추후 다른 이가 컴포넌트의 UI 템플릿을 수정하더라도 컴포넌트 본래의 의미와 설계는 보전시킬 방안을 마련해야 한다. 이러한 유연성은 프레임워크를 막론한 모든 커스터마이저블^{customizable} 컴포넌트 라이브러리의 핵심 구축 원리다. Vue의 경우 엘리먼트의 기본 UI 디자인을 필요에 따라 동적으로 교체할 수 있도록 <slot> 컴포넌트를 제공한다.

예를 들어 다음과 같은 구조를 지닌 아이템 목록을 렌더링하는 ListLayout 컴포넌트를 만들어보자.

```
interface Item {
  id: number
  name: string
  description: string
  thumbnail?: string
}
```

레이아웃 컴포넌트에서 목록의 각 아이템은 기본적으로 [예제 3-20]처럼 name과 description을 렌더링해야 한다.

예제 3-20 ListLayout 컴포넌트의 기본 템플릿 구현

```
<template>
  <ul class="list-layout">
    <li class="list-layout__item" v-for="item in items" :key="item.id">
      <div class="list-layout__item__name">{{ item.name }}</div>
      <div class="list-layout__item__description">{{ item.description }}</div>
    </li>
  </ul>
</template>
```

script 섹션은 [예제 3-21]과 같이 ListLayout에서 렌더링할 아이템 예시 목록을 정의한다.

예제 3-21 ListLayout 컴포넌트의 스크립트 섹션

```
import { defineComponent } from 'vue'

//...

export default defineComponent({
  name: 'ListLayout',
  data(): { items: Item[] } {
    return {
      items: [
        {
          id: 1,
          name: "Item 1",
          description: "This is item 1",
          thumbnail:
"https://res.cloudinary.com/mayashavin/image/upload/v1643005666/Demo/supreme_
pizza",
        },
        {
```

```
            id: 2,
            name: "Item 2",
            description: "This is item 2",
            thumbnail:
"https://res.cloudinary.com/mayashavin/image/upload/v1643005666/Demo/hawaiian_
pizza",
        },
        {
            id: 3,
            name: "Item 3",
            description: "This is item 3",
            thumbnail:
"https://res.cloudinary.com/mayashavin/image/upload/v1643005666/Demo/pina_
colada_pizza",
        },
      ]
    }
  }
})
```

[그림 3-17]은 [예제 3-20]의 템플릿과 [예제 3-21]의 데이터를 적용해 기본 UI를 렌더링한 화면이다.

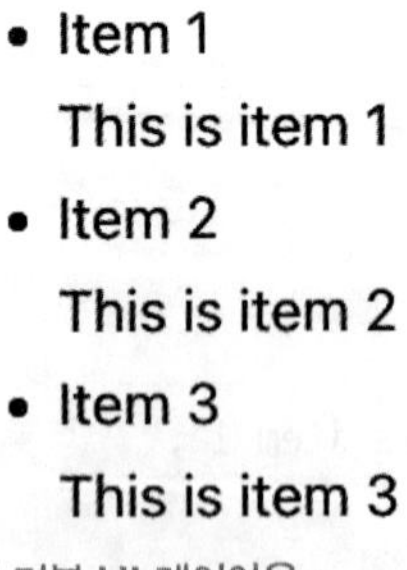

- **Item 1**
  This is item 1
- **Item 2**
  This is item 2
- **Item 3**
  This is item 3

그림 3-17 ListLayout 컴포넌트 아이템의 기본 UI 레이아웃

이러한 기본 UI를 바탕으로 각 아이템의 UI를 커스터마이징하는 옵션을 제공할 수 있다. 먼저 [예제 3-22]처럼 li 엘리먼트 내부 코드를 slot 엘리먼트로 감싼다.

```
<template>
  <ul class="list-layout">
    <li class="list-layout__item" v-for="item in items" :key="item.id">
      <slot :item="item">
        <div class="list-layout__item__name">{{ item.name }}</div>
        <div class="list-layout__item__description">{{ item.description }}</
div>
      </slot>
    </li>
  </ul>
</template>
```

이 코드는 v-for 반복문에서 item 변수를 받아 slot 컴포넌트의 item prop 속성으로 바인
딩한다. prop 속성 이름을 지정할 때는 : 문자를 앞에 붙인다. 이러한 방식으로 slot 하위
에서 동일한 item 데이터에 접근할 수 있다.

> **NOTE** slot 컴포넌트는 호스트 컴포넌트(ListLayout)와 동일한 데이터 콘텍스트를 공유하지 않는다.
> 호스트 컴포넌트의 데이터 프로퍼티에 접근하려면 v-bind 구문을 통해 데이터를 slot의 prop으로 전달해
> 야 한다. 하위 엘리먼트에 prop을 전달하는 방법은 4.1절에서 더 자세히 설명한다.

그러나 슬롯을 나누고 item을 전달하는 것만으로는 템플릿 콘텐츠를 커스터마이징할 수 없
다. slot 컴포넌트에 전달된 item을 부모 컴포넌트에서 접근하려면 다음과 같이 <List-
Layout> 태그에 v-slot 디렉티브를 추가해야 한다.

```
<ListLayout v-slot="{ item }">
  <!-- Custom template content -->
</ListLayout>
```

이 코드는 일정 범위 안에서 특정 데이터 프로퍼티를 참조하는 슬롯을 생성한다. 여기서

{ item }은 객체 구조 분해^{destructuring} 구문이라 부른다. 이제 [예제 3-23]처럼 커스텀 템플 릿 콘텐츠에서 item을 직접 다룰 수 있다.

예제 3-23 ProductItemList 내부의 ListLayout

```
<!-- ProductItemList.vue -->
<template>
    <ListLayout v-slot="{ item }">
        <img
          v-if="item.thumbnail"
          class="list-layout__item__thumbnail"
          :src="item.thumbnail"
          :alt="item.name"
          width="200"
        />
        <div class="list-layout__item__name">{{ item.name }}</div>
    </ListLayout>
</template>
```

[예제 3-23]는 섬네일^{thumbnail} 이미지와 아이템 이름만 표시하도록 UI를 변경한다. 화면 결과 는 [그림 3-21]과 같다.

이 예제는 엘리먼트를 단일 슬롯으로 지정해 템플릿을 커스터마이징하는 (가장 간단한 축 에 드는) slot 컴포넌트 사용 사례다. 훨씬 복잡한 시나리오도 얼마든지 있다. 가령 상품 카 드 섬네일, 상세 설명, 기능 영역 등을 각각 커스터마이징해야 한다면 어떨까? 이런 상황은 slot의 특기 중 하나인 명명 기능^{naming capability}을 활용해 대처할 수 있다.

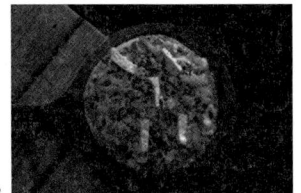

Item 1

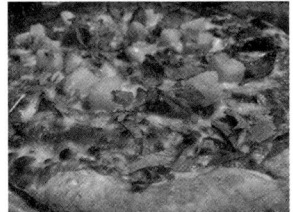

Item 2

Item 3

그림 3-18 ProductItemList 컴포넌트의 UI 레이아웃

3.8 템플릿과 v-slot으로 명명된 슬롯

[예제 3-22]는 아이템 이름과 설명부 UI를 단일 슬롯에 담아 커스터마이징 영역을 설정했
다. 이러한 영역을 섬네일, 상세 설명, 기능 푸터[footer] 등으로 각각 분할하려면 [예제 3-24]처
럼 슬롯에 name 속성을 지정해야 한다.

예제 3-24 ListLayout 컴포넌트의 명명된 슬롯

```
<template>
  <ul class="list-layout">
    <li class="list-layout__item" v-for="item in items" :key="item.id">
      <slot name="thumbnail" :item="item" />
```

```
        <slot name="main" :item="item">
          <div class="list-layout__item__name">{{ item.name }}</div>
          <div class="list-layout__item__description">{{ item.description }}
    </div>
        </slot>
      <slot name="actions" :item="item" />
    </li>
  </ul>
```

각 슬롯에는 thumbnail, main, actions라는 이름이 할당된다. 이들 중 main 슬롯은 아이템 이름과 설명을 표시하는 폴백^{fallback} 콘텐츠 템플릿을 담고 있다.

커스텀 콘텐츠를 특정 슬롯에 전달하려면 먼저 콘텐츠를 template 태그로 감싼다. 그리고 해당 슬롯에 정의된 이름을 template 태그의 v-slot 디렉티브로 전달한다. 가령 다음 템플릿 콘텐츠는 이름이 slot-name인 슬롯으로 전달된다.

```
<template v-slot:slot-name>
  <!-- Custom content -->
</template>
```

또한 v-slot은 다음과 같이 # 문자로 단축할 수 있다.

```
<template #slot-name>
  <!-- Custom content -->
</template>
```

NOTE # 문자는 v-slot의 단축 구문이다.
앞으로 본문에서 template 태그에 v-slot을 적용할 때는 # 구문을 사용한다.

컴포넌트 태그에 v-slot을 사용할 때처럼 다음과 같이 슬롯 데이터에 접근할 수 있다.

```
<template #slot-name="mySlotProps">
  <!--<div> Slot data: {{ mySlotProps }}</div>-->
</template>
```

다시 [예제 3-23]으로 돌아가 **ProductItemList** 컴포넌트를 리팩터링해보자. 상품 아이템
의 커스텀 콘텐츠 섹션을 다음 형태로 렌더링할 것이다.

- 섬네일 이미지

- 장바구니 상품 추가 버튼

[예제 3-25]는 **template**과 **v-slot**을 활용해 이를 구현한다.

예제 3-25 ProductItemList 내부의 명명된 슬롯

```
<!-- ProductItemList.vue -->
<template>
    <ListLayout>
      <template #thumbnail="{ itcm }">
        <img
          v-if="item.thumbnail"
          class="list-layout__item__thumbnail"
          :src="item.thumbnail"
          :alt="item.name"
          width="200"
        />
      </template>
      <template #actions>
```

```
        <div class="list-layout__item__footer">
            <button class="list-layout__item__footer__button">Add to cart</
button>
        </template>
    </ListLayout>
  </div>
</template>
```

출력 결과는 [그림 3-19]와 같다.

그림 3-19 커스텀 슬롯 콘텐츠가 포함된 `ProductItemList` 출력 결과

이로써 슬롯을 활용해 UI 컴포넌트를 커스터마이징할 준비는 끝났다. 헤더와 푸터, 측면 패널 레이아웃, 대화 상자나 알림용 모달 컴포넌트 등 기본적인 재사용 레이아웃 요소들을 표준화된 슬롯 형태로 생성할 수 있다. 코드를 체계적으로 유지하고 재사용성을 높이는 데 슬롯이 얼마나 큰 역할을 하는지 머지않아 실감하게 될 것이다.

> **NOTE** 슬롯을 사용면 스타일도 영향을 받는다. 컴포넌트에 정의된 스타일은 슬롯 영역에 적용되지 않는다. 슬롯에 스타일을 적용하는 방법은 3.11.2절을 참고하기 바란다.

다음으로 refs를 이용해 컴포넌트 인스턴스나 DOM 엘리먼트에 접근하는 방법을 알아보자.

3.9 ref의 이해

Vue는 통상적으로 대부분의 DOM 상호작용을 알아서 처리한다. 그러나 일부 상황에서 DOM을 더 세밀하게 조작하기 위해 컴포넌트 DOM 엘리먼트에 직접 접근할 필요가 있다. 이를테면 사용자가 버튼을 클릭할 때 모달 대화 상자를 연다거나, 컴포넌트 마운트 직후 특정 입력 필드에 포커스를 두려 하는 상황이다. 이러한 경우 ref 속성을 통해 대상 DOM 엘리먼트 인스턴스에 접근할 수 있다.

ref는 Vue 내장 속성이며 DOM 엘리먼드 또는 마운팅된 자식 인스턴스의 직접 참조를 전달해준다. ref 속성이 참조하는 대상 엘리먼트는 template 섹션에 있으며, 대상 엘리먼트를 가리키는 참조 문자열을 ref 속성값으로 할당한다. [예제 3-26]은 DOM 엘리먼트 input을 참조하는 messageRef 생성 예시다.

예제 3-26 ref 속성에 messageRef를 할당한 입력 컴포넌트

```
<template>
  <div>
    <input type="text" ref="messageRef" placeholder="Enter a message" />
```

```
      </div>
    </template>
```

이제 script 섹션에서 this.$refs.messageRef 인스턴스 통해 messageRef에 접근하고 input 엘리먼트를 조작할 수 있다. messageRef는 참조 인스턴스로써 input 엘리먼트의 모든 프로퍼티와 메서드를 보유한다. 가령 this.$refs.messageRef.focus()를 실행하면 프로그램 방식으로 input 엘리먼트에 포커스를 지정할 수 있다.

> **CAUTION** ref 속성 접근
>
> ref 속성은 컴포넌트를 마운팅한 **이후**에 접근할 수 있다.

참조 인스턴스는 대상 DOM 엘리먼트 또는 자식 컴포넌트 인스턴스의 모든 프로퍼티와 메서드를 보유한다. 구체적인 종류는 대상 엘리먼트의 타입에 따라 다르다. 만일 v-for를 적용한 엘리먼트에 ref 속성을 지정하면 참조 인스턴스는 반복 엘리먼트 전체가 순서없이 나열된 배열이 된다.

[예제 3-27]은 ref 속성을 통해 tasks 데이터에 접근하고 전체 목록을 출력하는 예시 코드다.

예제 3-27 ref 속성에 tasksRef를 할당한 태스크 목록

```ts
<template>
  <div>
    <ul>
      <li v-for="(task, index) in tasks" :key="task.id" ref="tasksRef">
        {{title}} {{index}}: {{task.description}}
      </li>
    </ul>
  </div>
</template>
<script lang="ts">
```

```
import { defineComponent } from "vue";

export default defineComponent({
  name: "TaskListComponent",
  data() {
    return {
      tasks: [{
        id: 'task01',
        description: 'Buy groceries',
      },
      {
        id: 'task02',
        description: 'Do laundry',
      },
      {
        id: 'task03',
        description: 'Watch Moonknight',
      }],
      title: 'Task',
    };
  }
});
</script>
```

Vue가 **TaskListComponent**를 마운팅하면 3개의 **li** DOM 엘리먼드가 담긴 **tasksRef** 인스턴스가 **refs**의 프로퍼티로 지정된다. **tasksRef**는 [그림 3-20]처럼 Vue 데브툴에서 확인할 수 있다.

이제 **this.\$refs.tasksRef**를 통해 태스크 목록에 접근하고 원하는 대로 태스크를 추가하거나 수정할 수 있다.

> **NOTE** ref 앞에 : 문자를 붙이면(:ref) 문자열이 아닌 함수를 할당할 수 있다. 이 함수는 해당 엘리먼트의 참조 인스턴스를 파라미터로 입력받는다.

이번 절에서 배운 **ref** 속성은 다양한 실무에 많은 도움이 될 것이다. 특히 재사용 가능한 모달 시스템을 구축할 때 꼭 필요하다. 자세한 내용은 4.5.1절을 참고하기 바란다. 이어서 믹스인으로 컴포넌트 표준 설정을 생성하고 공유하는 방법을 살펴보자.

```
<TaskListComponent>    Q  Filter state...

  ▼ tasks: Array[3]
    ▶ 0: Reactive
    ▶ 1: Reactive
    ▶ 2: Reactive
    title: "Task"
  ▼ refs
    ▼ tasksRef: Array[3]
      ▶ 0: <li>
      ▶ 1: <li>
      ▶ 2: <li>
```

그림 3-20 Vue 데브툴에서 확인한 tasksRef 참조 인스턴스

3.10 믹스인과 컴포넌트 설정 공유

서로 다른 컴포넌트가 유사한 데이터와 행동을 공유하는 것은 그리 드문 일이 아니다. 카페 컴포넌트와 레스토랑 컴포넌트를 상상하면 이해하기 쉽다. 둘 모두 예약, 결제 로직을 공유하는 동시에 자신만의 고유한 기능도 필요하다. 이러한 경우 두 컴포넌트가 공유할 표준 기능성functionality을 mixins 프로퍼티로 생성해두면 좋다.

가령 [예제 3-28]은 DiningComponent와 CafeComponent라는 두 컴포넌트의 표준 기능성을 담은 restaurantMixin 객체를 생성한다.

예제 3-28 restaurantMixin 믹스인 객체

```
/** mixins/restaurantMixin.ts */
```

```
import { defineComponent } from 'vue'

export const restaurantMixin = defineComponent({
  data() {
    return {
      menu: [],
      reservations: [],
      payments: [],
      title: 'Restaurant',
    };
  },
  methods: {
    makeReservation() {
      console.log("Reservation made");
    },
    acceptPayment() {
      console.log("Payment accepted");
    },
  },
  created() {
    console.log(`Welcome to ${this.title}`);
  }
});
```

DiningComponent는 [예제 3-29]처럼 mixins 프로퍼티에서 restaurantMixin 객체를
사용할 수 있다.

예제 3-29 DiningComponent의 mixins 프로퍼티에서 restaurantMixin 사용하기

```
<template>
<!-- components/DiningComponent.vue -->
  <h1>{{title}}</h1>
  <button @click="getDressCode">getDressCode</button>
  <button @click="makeReservation">Make a reservation</button>
  <button @click="acceptPayment">Accept a payment</button>
```

```
</template>
<script lang='ts'>
import { defineComponent } from 'vue'
import { restaurantMixin } from '@/mixins/restaurantMixin'

export default defineComponent({
  name: 'DiningComponent',
  mixins: [restaurantMixin],
  data() {
    return {
      title: 'Dining',
      menu: [
        { id: 'menu01', name: 'Steak' },
        { id: 'menu02', name: 'Salad' },
        { id: 'menu03', name: 'Pizza' },
      ],
    };
  },
  methods: {
    getDressCode() {
      console.log("Dress code: Casual");
    },
  },
  created() {
    console.log('DiningComponent component created!');
  }
});
</script>
```

비슷한 방식으로 **CafeComponent**는 [예제 3-30]처럼 작성한다.

예제 3-30 CafeComponent의 mixins 프로퍼티에서 restaurantMixin 사용하기

```
<template>
<!-- components/CafeComponent.vue -->
```

```
  <h1>{{title}}</h1>
  <p>Open time: 8am - 4pm</p>
  <ul>
    <li v-for="menuItem in menu" :key="menuItem.id">
      {{menuItem.name}}
    </li>
  </ul>
  <button @click="acceptPayment">Pay</button>
</template>
<script lang='ts'>
import { defineComponent } from 'vue'
import { restaurantMixin } from '@/mixins/restaurantMixin'

export default defineComponent({
  name: 'CafeComponent',
  mixins: [restaurantMixin],
  data() {
    return {
      title: 'Cafe',
      menu: [{
        id: 'menu01',
        name: 'Coffee',
        price: 5,
      }, {
        id: 'menu02',
        name: 'Tea',
        price: 3,
      }, {
        id: 'menu03',
        name: 'Cake',
        price: 7,
      }],
    };
  },
  created() {
```

```
    console.log('CafeComponent component created!');
  }
});
</script>
```

컴포넌트가 생성되면 Vue 엔진은 믹스인 로직을 컴포넌트에 병합^{merge}한다. 컴포넌트의 데이터 정의와 믹스인이 상충할 경우 우선권은 데이터에 있다. [예제 3-29]와 [예제 3-30]에서 DiningComponent와 CafeComponent는 menu, reservations, payments, title 등의 프로퍼티를 동일하게 보유하지만 각각의 값은 다르다. 또한 restaurantMixin에 선언된 메서드와 훅은 두 컴포넌트에서 동일하게 사용할 수 있다. 이러한 작동 방식은 컴포넌트가 믹스인 훅의 행동을 오버라이드하지 않는다는 점을 제외하면 마치 상속 패턴과 비슷하다. 다만 Vue 엔진은 믹스인의 훅을 먼저 호출한 다음 컴포넌트 훅을 호출한다.

Vue가 DiningComponent를 마운팅하면 브라우저 콘솔에 [그림 3-21]처럼 로그가 출력된다.

```
Welcome to Dining                              restaurantMixin.ts:21
DiningComponent component created!          DiningComponent.vue:31
```

그림 3-21 DiningComponent의 콘솔 로그 출력 순서

마찬가지로 Vue가 CafeComponent를 마운팅하면 브라우저 콘솔에 [그림 3-22]처럼 로그가 출력이 표시된다.

```
Welcome to Cafe                                restaurantMixin.ts:21
CafeComponent component created!              CafeComponent.vue:42
```

그림 3-22 CafeComponent의 콘솔 로그 출력 순서

출력 결과를 보면 두 컴포넌트의 title값이 다르게 설정되었음을 알 수 있다. 또한 Vue는 restaurantMixin의 created 훅을 먼저 실행하고 각 컴포넌트에 선언된 훅을 이어서 실행했다.

Vue 데브툴에서 restaurantMixin는 확인할 수 없으며 [그림 3-23]과 [그림 3-24]처럼 DiningComponent 또는 CafeComponent의 데이터 프로퍼티만 보인다.

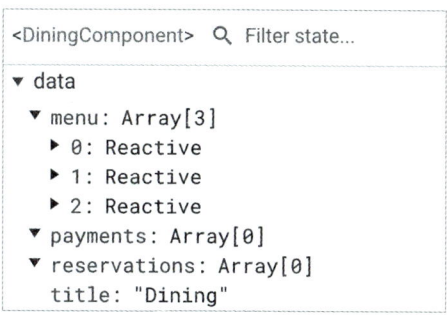

그림 3-23 Vue 데브툴에서 확인한 DiningComponent

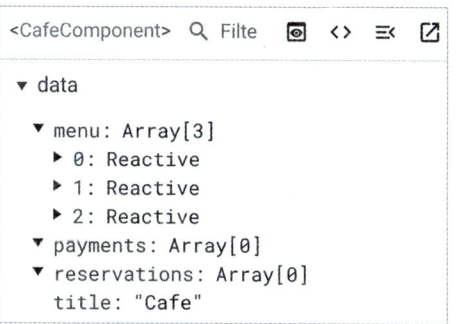

그림 3-24 Vue 데브툴에서 확인한 CafeComponent

믹스인은 컴포넌트 사이에 공통 로직을 공유하고 코드 조직화하는 데 큰 역할을 한다. 그러나 믹스인을 남발하면 다른 개발자가 코드를 읽거나 디버깅할 때 혼란을 야기하기 쉽다. 대부분의 경우 과도한 믹스인은 나쁜 습관으로 간주된다. 믹스인을 선택하기 전에 먼저 컴포지션 API(5장 참고) 등의 대안이 더 적합한 상황은 아닌지 검토해본다.

지금까지 template과 script 섹션의 고급 기능으로 컴포넌트의 로직을 구성하는 방법을 배웠다. 다음 차례는 style 섹션이다. Vue에 내장된 스타일링 기능으로 컴포넌트를 보기 좋게 꾸미는 방법을 알아보자.

3.11 컴포넌트 스타일과 적용 범위

일반 HTML 페이지 구조와 마찬가지로 SFC 컴포넌트 또한 <style> 태그로 CSS 스타일을 정의할 수 있다.

```
<style>
h1 {
  color: red;
}
</style>
```

<style> 섹션은 일반적으로 Vue SFC 컴포넌트에 마지막 순서로 등장한다. 복수의 섹션이 존재해도 무방하다. 컴포넌트가 DOM에 마운팅되면 Vue 엔진은 <style> 태그에 정의된 CSS 스타일을 애플리케이션 전체에 적용한다. 이때 적용 대상은 전체 엘리먼트 혹은 DOM 선택자selector와 일치하는 엘리먼트다. 다시 말해, 컴포넌트의 <style>에 작성된 CSS 규칙은 일단 마운팅된 이후 전역적으로 적용된다. 다음에 나올 [예제 3-31]은 h1 태그에 스타일이 적용된 HeadingComponent 코드다.

예제 3-31 <style> 태그를 사용한 HeadingComponent

```
<template>
  <h1 class="heading">{{title}}</h1>
  <p class="description">{{description}}</p>
</template>
<script lang='ts'>
```

```
export default {
  name: 'HeadingComponent',
  data() {
    return {
      title: 'Welcome to Vue Restaurant',
      description: 'A Vue.js project to learn Vue.js',
    };
  },
};
</script>
<style>
.heading {
  color: #178c0e;
  font-size: 2em;
}

.description {
  color: #b76210;
  font-size: 1em;
}
</style>
```

[예제 3-31]의 컴포넌트에서 h1과 p 엘리먼트는 각각 heading과 description이라는 CSS
클래스 선택자가 지정된다. Vue가 컴포넌트를 마운팅하면 브라우저는 지정된 스타일에 맞게
엘리먼트를 표현한다. 결과는 [그림 3-25]와 비슷하다.

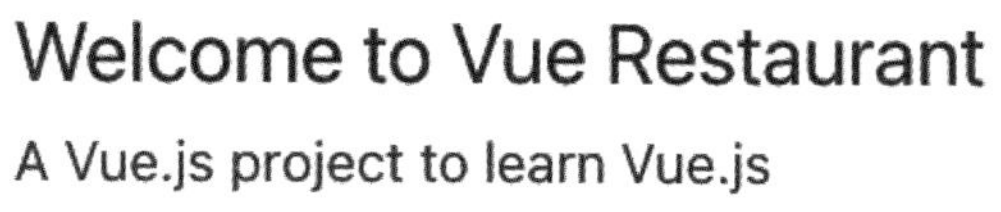

Welcome to Vue Restaurant

A Vue.js project to learn Vue.js

그림 3-25 스타일이 적용된 HeadingComponent

[예제 3-32]는 HeadingComponent의 부모 컴포넌트인 App.vue에 span 엘리먼트를 추가
하고 동일하게 heading 클래스 선택자를 지정한다.

```
<!-- App.vue -->
<template>
  <section class="wrapper">
    <HeadingComponent />
    <span class="heading">This is a span element in App.vue component</span>
  </section>
</template>
```

브라우저는 [그림 3-26]처럼 span 엘리먼트에 h1과 동일한 스타일을 적용한다.

Welcome to Vue Restaurant

A Vue.js project to learn Vue.js

This is a span element in App.vue component

그림 3-26 HeadingComponent의 h1과 동일한 CSS 스타일이 적용된 App.vue의 span 엘리먼트

그러나 HeadingComponent가 템플릿에 없거나 애플리케이션 런타임에 포함되기 전이라면 App.vue의 span 엘리먼트는 heading 클래스 선택자와 일치하는 CSS 규칙을 찾을 수 없다.

이러한 사고를 방지하려면 스타일 규칙과 선택자를 더욱 효과적으로 제어할 수 있어야 한다. 이를 위해 Vue는 scoped 속성이라는 고유한 기능을 제공한다. Vue는 <style scoped>의 CSS 규칙을 컴포넌트 내부 엘리먼트에 한해 적용하며 애플리케이션의 나머지 영역으로 유출 leak되지 않도록 조치한다. Vue의 이러한 메커니즘은 다음과 같은 과정으로 진행된다.

1 대상 엘리먼트 태그에 데이터 속성을 추가한다. 속성명은 data-v 접두어와 무작위 데이터를 연결한 문자열이다.

2 <style scoped> 태그에 정의된 CSS 선택자가 이 데이터 속성을 포함하도록 변환한다.

이 기능이 실제로 어떻게 작동하는지 살펴보자. 먼저 [예제 3-33]처럼 HeadingComponent 의 <style> 태그에 scoped 속성을 추가한다.

```
<!-- HeadingComponent.vue -->
<!--...-->
<style scoped>
.heading {
  color: #178c0e;
  font-size: 2em;
}

.description {
  color: #b76210;
  font-size: 1em;
}
</style>
```

이제 [예제 3-32]의 **App.vue**에 정의된 **span** 엘리먼트는 **HeadingComponent**의 **h1** 엘리먼트와 CSS 스타일이 다르다. 결과는 [그림 3-27]과 비슷하다.

Welcome to Vue Restaurant

A Vue.js project to learn Vue.js
This is a span element in App.vue component

그림 3-27 기본 색상으로 바뀐 App.vue의 span 엘리먼트

브라우저의 개발자 도구에서 Elements 또는 요소 탭을 열면 **h1**과 **p** 엘리먼트를 확인할 수 있다. 이들은 [그림 3-28]과 같이 **data-v-xxxx** 속성이 지정되어 있다.

```
▼ <section class="wrapper">
    <h1 data-v-6c9f22e5 class="heading">Welcome to Vue Restaurant</h1>
    <p data-v-6c9f22e5 class="description">A Vue.js project to learn Vue.js</p>
    <span class="heading">This is a span element in App.vue component</span>
  </section>
```

그림 3-28 HeadingComponent의 h1과 p 엘리먼트에 지정된 data-v-xxxx 속성

다음으로 h1 엘리먼트를 선택하고 오른쪽 패널에서 스타일 정보를 확인하면 [그림 3-29]와 같이 .heading 선택자가 .heading[data-v-xxxx]로 변환되었음을 알 수 있다.

```
.heading[data-v-9609386a]
{
    color:  ■#178c0e;
    font-size: 2rem;
}
```

그림 3-29 .heading[data-v-xxxx]로 변환된 .heading CSS 선택자

컴포넌트를 작성할 때는 처음부터 scoped 속성을 지정할 것을 권장한다. 프로젝트 성장에 따른 예기치 못한 CSS 버그를 방지하는 좋은 습관이다.

> **NOTE** 브라우저는 CSS 스펙[2]에 따라 스타일 적용 순서를 결정한다. 또한 Vue의 scoped 메커니즘은 컴포넌트 스타일에 속성 선택자 [data-v-xxxx]를 추가한다. 따라서 부모 컴포넌트에 .heading이 있다 해도 자식 컴포넌트의 .heading 선택자만으로 이를 오버라이딩할 수 없다.

3.11.1 scoped 스타일로 자식 컴포넌트에 CSS 적용하기

Vue 3.x 버전부터 :deep()이라는 의사 클래스^{pseudo-class}를 사용할 수 있다. 이 클래스는 부모의 scoped 스타일을 자식 컴포넌트의 스타일로 오버라이딩하거나 확장시키는 역할을 한다. [예제 3-34]는 부모 컴포넌트 App의 스타일을 HeadingComponent의 p 엘리먼트 스타일로 오버라이딩한다.

예제 3-34 부모 App의 스타일을 HeadingComponent 컴포넌트의 p 엘리먼트 스타일로 오버라이드

```
<!-- App.vue -->
<template>
```

---

2 https://oreil.ly/x4iOg

```
    <section class="wrapper">
      <HeadingComponent />
      <span class="heading">This is a span element in App.vue component</span>
    </section>
  </template>
  <style scoped>
  .wrapper :deep(p) {
    color: #000;
  }
  </style>
```

HeadingComponent의 p 엘리먼트는 #b76210 색이 아닌 scoped 스타일에 지정된 #000으로 표현된다. 결과는 [그림 3-30]과 같다.

Welcome to Vue Restaurant

A Vue.js project to learn Vue.js

This is a span element in App.vue component

그림 3-30 검정색으로 표현된 HeadingComponent의 p 엘리먼트

> **NOTE** 브라우저는 :deep(p)로 정의된 CSS 규칙을 App과 모든 자식 컴포넌트의 p 엘리먼트에 적용한다.

3.11.2 슬롯 콘텐츠에 scoped 스타일 적용하기

설계 의도상 `<style scoped>` 태그에 정의된 모든 스타일은 해당 컴포넌트의 기본 template만 관할한다. 따라서 Vue는 슬롯 콘텐츠에 **data-v-xxxx** 속성을 추가하지 않는다. 슬롯 콘텐츠에 스타일을 지정하려면 **:slotted([CSS 선택자])** 형태로 의사 클래스를 사용하거나 부모 선에서 슬롯 전용 **style** 섹션을 마련하고 체계적으로 관리해야 한다.

3.11.3 스타일 태그에서 v-bind()로 컴포넌트 데이터에 접근하기

컴포넌트 데이터에 접근해 값을 얻고 이를 CSS 프로퍼티에 대입해야 할 때가 종종 있다. 가령 애플리케이션은 사용자가 선택한 설정에 따라 다크 모드를 전환하거나 테마 색상을 변경해야 한다. 이런 경우는 의사 클래스 v-bind()를 사용할 수 있다.

v-bind()는 하나의 인수를 입력받으며, 인수 형태는 컴포넌트의 데이터 프로퍼티 또는 자바스크립트 표현식 문자열이다. 가령 [예제 3-35]는 titleColor 데이터 프로퍼티 값을 HeadingComponent의 h1 엘리먼트 색상으로 지정한다.

예제 3-35 h1 엘리먼트 색상으로 지정된 titleColor값

```
<!-- HeadingComponent.vue -->
<template>
  <h1 class="heading">{{title}}</h1>
  <p class="description">{{description}}</p>
</template>
<script lang='ts'>
export default {
  //...
  data() {
    return {
      //...
      titleColor: "#178c0e",
    };
  },
};
</script>
<style scoped>
.heading {
  color: v-bind(titleColor);
  font-size: 2em;
}
</style>
```

v-bind() 의사 클래스는 [그림 3-31]처럼 **titleColor** 데이터 프로퍼티 값을 인라인 해시 CSS 변수로 변환한다.

```
<h1 data-v-6c9f22e5 class="heading" style="--6c9f22e5-titleColor: #178c0e;">
Welcome to Vue Restaurant</h1>
<p data-v-6c9f22e5 class="description" style="--6c9f22e5-titleColor: #178c0e;
">A Vue.js project to learn Vue.js</p>
<span data-v-7a7a37b1 class="heading">This is a span element in App.vue
component</span>
```

그림 3-31 인라인 해시 CSS로 변환된 titleColor 데이터 프로퍼티 값

브라우저 개발자 도구에서 Elements 또는 요소 탭을 열고 스타일을 살펴보자. [그림 3-32] 와에서 알 수 있듯이 .heading 선택자의 color 프로퍼티는 정적인 값이다. 그러나 **title-Color**의 인라인 해시 CSS와 동일한 값이 지정됐음을 알 수 있다.

```
element.style {
    --9609386a-titleColor: ■#178c0e;
}
.heading[data-v-9609386a] {        <style>
    color: ■#178c0e;
    font-size: 2rem;
}
```

그림 3-32 titleColor의 해시 CSS 프로퍼티 값이 적용된 .heading 선택자의 color 프로퍼티

v-bind()는 컴포넌트에서 데이터를 기져와 CSS 프로퍼티에 동적으로 바인딩할 수 있는 편리한 도구다. 그러나 이 방식은 단방향 바인딩에 지나지 않는다. **template**에 정의된 CSS 스타일을 템플릿 엘리먼트에 바인딩하려면 이어서 다룰 CSS 모듈을 사용해야 한다.

3.12 CSS 모듈과 컴포넌트 스타일

컴포넌트 단위로 CSS 스타일의 범위를 지정하는 또 하나의 수단은 CSS 모듈[3]이다. CSS 모듈은 평범하게 작성한 CSS 스타일을 template 및 script 섹션에서 자바스크립트 객체(**모듈**) 형태로 소비[consume]할 수 있도록 해준다.

Vue SFC 컴포넌트에서 CSS 모듈을 사용하려면 [예제 3-36]처럼 HeadingComponent의 style 태그에 module 속성을 추가해야 한다.

예제 3-36 HeadingComponent의 CSS 모듈 설정

```
<!-- HeadingComponent.vue -->
<style module>
  .heading {
    color: #178c0e;
    font-size: 2em;
  }


.description {
  color: #b76210;
  font-size: 1em;
}
</style>
```

이제 컴포넌트의 $style 프로퍼티 객체 필드를 통해 CSS 선택자에 접근할 수 있다. 기존 template 섹션의 h1과 p는 heading과 description라는 정적 클래스가 지정되어 있다. 이들을 제거하고 [예제 3-37]처럼 엘리먼트의 클래스를 $style 객체 필드로 바인딩한다.

예제 3-37 $style 객체를 이용한 동적 클래스 바인딩

```
<!-- HeadingComponent.vue -->
<template>
```

---

3   CSS 모듈(https://oreil.ly/YQ6IJ)은 원래 리액트용 오픈 소스 프로젝트로 출발했다.

```
    <h1 :class="$style.heading">{{title}}</h1>
    <p :class="$style.description">{{description}}</p>
  </template>
```

브라우저 출력 결과는 [그림 3-27]과 여전히 동일하다. 그러나 브라우저 개발자 도구의 Elements 탭을 확인하면 [그림 3-33]처럼 Vue가 해시 클래스명 방식으로 스타일 적용 범위를 관리하고 있음을 알 수 있다.

```
<h1 class="_heading_e6bi0_2">Welcome to Vue Restaurant</h1>
<p class="_description_e6bi0_6">A Vue.js project to learn Vue.js
</p>
```
그림 3-33 해시 클래스명이 적용된 heading과 description

추가로 [예제 3-38]처럼 module 속성에 문자열을 할당하면 $style이라는 이름을 원하는 대로 바꿀 수 있다.

예제 3-38 CSS 스타일 객체 $style의 이름을 headerClasses로 변경

```
<!-- HeadingComponent.vue -->
<style module="headerClasses">
.heading {
  color: #178c0e;
  font-size: 2em;
}

.description {
  color: #b76210;
  font-size: 1em;
}
</style>
```

이제 template 섹션은 [예제 3-39]처럼 h1과 p 엘리먼트의 클래스를 headerClasses 객체에 바인딩할 수 있다.

예제 3-39 headerClasses 객체를 이용한 동적 클래스 바인딩

```
<!-- HeadingComponent.vue -->
<template>
  <h1 :class="headerClasses.heading">{{title}}</h1>
  <p :class="headerClasses.description">{{description}}</p>
</template>
```

> **NOTE** 컴포넌트에 <script setup> 또는 setup() 함수가 있다면 내부에서 useCssModule() 훅으로 스타일 객체 인스턴스에 접근할 수 있다. 이 함수는 스타일 객체명을 인수로 받는다.

이제 컴포넌트는 style 태그에 scoped 속성을 적용했을 때보다 한층 격리된^{isolated} 구조를 띤다. 코드는 더욱 체계화되었지만 외부에서 컴포넌트 스타일을 오버라이딩하기는 어려워졌다. Vue가 CSS 선택자에 무작위 해시를 대입하기 때문이다. 컴포넌트의 구조적 우위는 결국 프로젝트의 요구 사항에 달려있다. 때에 따라서는 원하는 결과를 얻기 위해 scoped 속성과 module 속성을 병용할 수도 있음을 명심하기 바란다.

정리

이번 장에서는 SFC 표준에 따라 Vue 컴포넌트를 생성하고 defineComponent()로 Vue 애플리케이션에 타입스크립트를 온전히 활성화시키는 방법을 배웠다. 또한 슬롯을 이용해 재사용 가능한 컴포넌트를 만들고 여러 콘텍스트에서 스타일을 격리했으며 믹스인 설정을 공유하는 방법도 배웠다. 또한 옵션 API를 탐색하며 컴포넌트 라이프사이클 훅, computed, methods, watch 프로퍼티 등으로 컴포넌트를 구성했다. 다음 장은 이러한 지식을 바탕으로 커스텀 이벤트를 생성하며 제공/주입 패턴을 따라 컴포넌트 간 상호작용을 개발할 것이다.

컴포넌트 상호작용

3장에서는 라이프사이클 훅, computed 프로퍼티, 와처, 메서드 등의 기능으로 컴포넌트를 구성하는 방법을 심도 있게 살펴봤다. 슬롯의 다재다능함을 체험하고 props를 통해 다른 컴포넌트로부터 외부 데이터를 수신하는 방법도 배웠다.

이러한 기초 지식을 발판 삼아 이번 장에서는 커스텀 이벤트와 제공/주입 패턴provide/inject pattern으로 컴포넌트 상호작용을 구축하는 방법을 알아볼 것이다. 또한 텔레포트 API Teleport API라는 편리한 기능을 선보인다. 텔레포트 API는 컴포넌트 내부에서 엘리먼트를 유지한 채 DOM 트리의 원하는 위치로 이동시킬 수 있는 도구다.

4.1 자식 컴포넌트의 데이터 흐름

Vue 컴포넌트는 내부에 다른 Vue 컴포넌트를 중첩nested시킬 수 있다. 이러한 특성을 이용해 사용자는 복잡한 UI 프로젝트를 작은 코드로 나누어 재사용성을 높이고 각 코드 조각을 효과적으로 관리할 수 있다. 이제부터 중첩 엘리먼트는 자식 컴포넌트로, 이들을 담고 있는 컴포넌트는 부모 컴포넌트로 지칭한다.

Vue 애플리케이션의 데이터 흐름은 기본적으로 단방향이다. 다시 말해, 부모 컴포넌트에서 자식 컴포넌트로 데이터를 전달하는 데 그 반대 방향으로 전달할 수는 없다. 2.3절에서 설명한 props는 부모가 자식 컴포넌트에 데이터를 전달하는 수단이다. 자식 컴포넌트는 커스텀 이벤트를 emits에 담아 부모 컴포넌트로 이벤트를 발산[emit]한다. [그림 4-1]은 컴포넌트 사이의 데이터 흐름을 나타낸다.

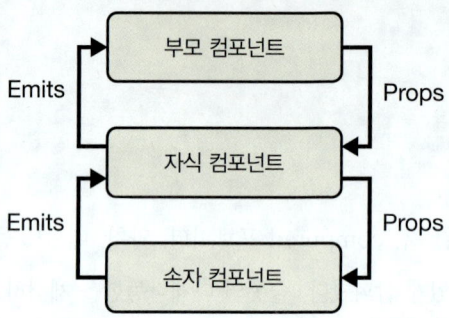

그림 4-1 Vue 컴포넌트의 단방향 데이터 흐름

CAUTION **props의 함수 전달**

여타 프레임워크와 달리 Vue는 함수 형태로 자식 컴포넌트에 prop을 전달할 수 없다. 함수를 전달하려면 커스텀 이벤트 형태로 이미터[emitter]에 바인딩해야 한다(4.2절 참고).

4.1.1 props를 통한 컴포넌트 데이터 전달

Vue 컴포넌트의 props 필드는 객체 또는 배열 형태로 정의한다. props는 부모 엘리먼트로부터 수신할 모든 데이터 프로퍼티를 담고 있으며 각 프로퍼티는 대상 컴포넌트의 prop와 대응된다. [예제 4-1]처럼 컴포넌트 옵션 객체에 props 필드를 선언하면 부모로부터 데이터를 수신할 수 있다.

예제 4-1 ChildComponent 컴포넌트 props 정의

```
export default {
  name: 'ChildComponent',
  props: {
    name: String
  }
}
```

[예제 4-1]에서 name prop은 **String** 타입이다. 부모 컴포넌트는 [예제 4-2]처럼 name prop을 통해 자식 컴포넌트에 데이터를 전달할 수 있다.

예제 4-2 정적 데이터를 자식 컴포넌트의 props로 전달

```
<template>
  <ChildComponent name="Red Sweater" />
</template>
<script lang="ts">
import ChildComponent from './ChildComponent.vue'
export default {
  name: 'ParentComponent',
  components: {
    ChildComponent
  },
}
</script>
```

[예제 4-2]는 정적 문자열 'Red Sweater'를 **ChildComponent**에 name값으로 전달한다. 동적 데이터 변수를 넘기려면 **v-bind** 속성 또는 : 문자를 사용하면 된다. [예제 4-3]은 children 배열의 첫 번째 값을 name으로 전달한다.

```html
<template>
  <ChildComponent :name="children[0]" />
</template>
<script lang="ts">
import ChildComponent from './ChildComponent.vue'
export default {
  //...
  data() {
    return {
      children: ['Red Sweater', 'Blue T-Shirt', 'Green Hat']
    }
  }
}
</script>
```

[예제 4-3]의 출력 결과는 정적 문자열 'Red Sweater'를 **name** prop에 전달했을 때와 동일하다.

> **NOTE** v-bind 속성(또는 :)으로 정적 데이터를 자식 컴포넌트에 전달할 때는 따옴표로 값을 감싼다. `name` prop가 `String` 타입이 아닌 경우에도 마찬가지다. 예를 들어 불리언값은 `:name="true"`, 배열은 `:name="['hello', 'world']"`와 같이 표현한다.

[예제 4-3]에서 **children[0]**의 값이 변경될 때마다 Vue는 **ChildComponent**의 **name** prop을 업데이트하고, 자식 컴포넌트는 필요에 따라 콘텐츠를 다시 렌더링한다.

자식 컴포넌트에 둘 이상의 prop가 있어도 같은 방식으로 각각의 데이터를 prop에 전달할 수 있다. [예제 4-4]는 **name**과 **price**를 **ProductComp** 컴포넌트에 전달하는 예시다.

예제 4-4 자식 컴포넌트에 여러 props를 전달

```
/** components/ProductList.vue */
<template>
```

```
    <ProductComp :name="product.name" :price="product.price" />
  </template>
  <script lang="ts">
  import ProductComp from './ProductComp.vue'
  export default {
    name: 'ProductList',
    components: {
      ProductComp
    },
    data() {
      return {
        product: {
          name: 'Red Sweater',
          price: 19.99
        }
      }
    }
  }
  </script>
```

ProductComp 컴포넌트는 [예제 4-5]와 같이 정의할 수 있다.

예제 4-5 여러 props가 정의된 ProductComp 컴포넌트

```
  <template>
    <div>
      <p>Product: {{ name }}</p>
      <p>Price: {{ price }}</p>
    </div>
  </template>
  <script lang="ts">
  export default {
    name: 'ProductComp',
    props: {
      name: String,
```

```
      price: Number
    }
  }
</script>
```

출력 결과는 다음과 같다

```
Product: Red Sweater
Price: 19.99
```

또한 다음과 같이 **v-bind**를 사용하면 **product** 객체를 한 번에 전달하고 각 프로퍼티를 자식 컴포넌트의 props에 바인딩할 수 있다. 이 경우 : 문자로 축약하지 않는다.

```
<template>
  <ProductComp v-bind="product" />
</template>
```

자식 컴포넌트는 자신이 정의한 props만 전달받는다. 따라서 부모 컴포넌트에 **product.description**이라는 필드가 있다 해도 자식 컴포넌트에서 이 필드에 접근할 수 없다.

> **NOTE** 컴포넌트의 props는 문자열 배열로 선언하는 방법도 있다. **props: ["name", "price"]**와 같이 선언하면 배열 원소가 각 prop의 이름이 된다. 이러한 방식은 컴포넌트의 프로토타입을 재빨리 만들어야 할 때 효과적이다. 그러나 코드 가독성을 높이고 버그를 예방하는 데는 방해가 된다. 되도록이면 항상 props 객체 형식을 고수하고 모든 prop에 타입을 지정할 것을 권장한다.

props를 선언하고 타입을 지정하는 방법은 배웠다. 그렇다면 자식 컴포넌트 props로 전달된 데이터의 유효성은 어떻게 검증해야 할까? 또한 값이 전달되지 않았을 때 사용할 폴백fall-back값은 어떻게 설정할 수 있을까? 이어서 알아보자.

4.1.2 prop 타입 유효성 검사 및 기본값

[예제 4-1]은 **name** prop을 String 타입으로 선언했다. 런타임 도중 부모 컴포넌트가 name prop에 문자열이 아닌 값을 전달하면 Vue는 경고를 보낸다. 이러한 Vue의 타입 검사 기능을 온전히 활용하려면 다음과 같은 전체 선언 구문을 살펴봐야 한다.

```
{
  type: String | Number | Boolean | Array | Object | Date | Function | Symbol,
  default?: any,
  required?: boolean,
  validator?: (value: any) => boolean
}
```

다음은 선언 구문의 각 항목에 대한 설명이다.

- **type**: prop의 타입. 내장 타입 혹은 생성자 함수(또는 커스텀 클래스)를 지정할 수 있다.

- **default**: 값이 전달되지 않았을 때 prop의 기본값. 기본값이 `Object`, `Function`, `Array` 타입일 경우 초깃값을 반환하는 함수 형태로 정의한다.

- **required**: prop의 필수 여부를 나타내는 불리언값. `required`가 `true`이면 부모 컴포넌트는 prop에 값을 반드시 전달해야 한다. 그렇지 않은 경우 prop을 생략할 수 있다.

- **validator**: prop에 전달된 값을 검증하는 함수. 개발 디버깅에 활용하면 편리하다.

[예제 4-6]은 기본값을 포함해 **name** prop을 너욱 구체적으로 선언한다.

예제 4-6 기본값이 지정된 문자열 prop

```
export default {
  name: 'ChildComponent',
  props: {
    name: {
      type: String,
      default: 'Child component'
```

```
      }
    }
  }
```

부모 컴포넌트가 값을 전달하지 않으면 자식 컴포넌트는 name prop의 기본값인 **Child component**로 대체된다.

또한 [예제 4-7]과 같이 name을 자식 컴포넌트의 필수 프로퍼티로 설정하고 전달 데이터 유효성 검사기를 추가할 수 있다.

예제 4-7 name prop의 필수값 설정과 유효성 검사기 정의

```
export default {
  name: 'ChildComponent',
  props: {
    name: {
      type: String, required: true,
      validator: value => value !== "Child component"
    }
  }
}
```

이 예제에서 부모 컴포넌트가 name prop에 값을 전달하지 않거나 전달된 값이 **Child component**와 일치할 경우 Vue는 개발 모드에서 [그림 4-2]처럼 경고를 표시한다.

```
⚠ ▶ [Vue warn]: Invalid prop: custom    runtime-core.esm-bundler.js:40
   validator check failed for prop "name".
     at <ChildComponent name="Child component" >
     at <ParentComponent>
     at <App>
```

그림 4-2 prop 유효성 오류 콘솔 출력

내장 타입은 Vue가 기본적으로 유효성을 검사한다. 추가로, 자바스크립트 **Class** 또는 함수 생성자에 타입스크립트를 가미하면 커스텀 prop 타입을 만들고 유효성을 검사할 수 있다. 이어서 자세히 알아보자.

4.1.3 커스텀 prop 타입 검사

`Array`, `String`, `Object` 등의 기본 타입만 있어도 대부분의 사용 요건에 대응할 수 있다. 그러나 애플리케이션이 성장하면 컴포넌트도 복잡해기 마련이며, 기본 타입만으로 타입 안전성을 지키기 힘든 상황이 벌어지기도 한다. `PizzaComponent`에 담긴 다음과 같은 템플릿 코드를 살펴보자.

```
<template>
  <header>Title: {{ pizza.title }}</header>
  <div class="pizza--details-wrapper">
    <img :src="pizza.image" :alt="pizza.title" width="300" />
    <p>Description: {{ pizza.description }}</p>
    <div class="pizza--inventory">
      <div class="pizza--inventory-stock">Quantity: {{pizza.quantity}}</div>
      <div class="pizza--inventory-price">Price: {{pizza.price}}</div>
    </div>
  </div>
</template>
```

이 컴포넌트는 `pizza`의 세부 정보가 담긴 필수 prop가 있으며 타입은 `Object`다.

```
export default {
  name: 'PizzaComponent',
  props: {
    pizza: {
      type: Object,
      required: true
    }
  }
}
```

간단 명료한 구조다. 그러나 `pizza`를 `Object` 타입으로 선언하는 배경에는 부모가 올바른 오브젝트를 전달한다는 가정이 깔려 있다. 다시 말해, `pizza`를 렌더링하기 위해 필요한 `title`, `image`, `description`, `quantity`, `price` 등의 필드가 오브젝트 안에 존재해야 한다.

이러한 가정은 문제의 소지가 있다. `pizza`는 `Object` 타입 데이터를 조건 없이 수용하므로, **PizzaComponent**를 사용하는 모든 컴포넌트는 `pizza`에 필요한 필드가 누락된 오브젝트 데이터를 prop로 전달할 수 있다. [예제 4-8]을 살펴보자.

예제 4-8 잘못된 데이터가 전달된 피자 컴포넌트

```
<template>
  <div>
    <h2>Bad usage of Pizza component</h2>
    <pizza-component :pizza="{ name: 'Pinia', description: 'Hawaiian pizza' }"
/>
  </div>
</template>
```

이대로 코드를 실행하면 **PizzaComponent**의 UI 화면이 [그림 4-3]처럼 보인다. `description`을 제외한 나머지 필드는 공란이며 이미지도 보이지 않는다.

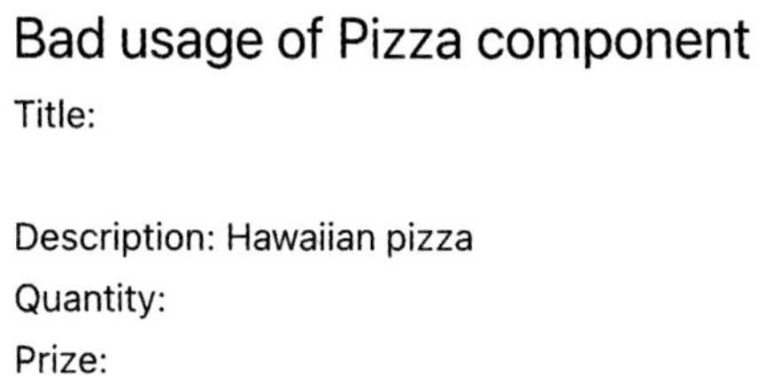

Bad usage of Pizza component

Title:

Description: Hawaiian pizza
Quantity:
Prize:

그림 4-3 이미지가 없고 각종 필드가 누락된 UI

타입스크립트는 이러한 데이터 타입 불일치를 감지할 수 없다. `pizza` 타입 선언에 따라 데이터가 일반적인 `Object`인지만 확인하기 때문이다. 더 큰 문제는, 잘못된 중첩 프로퍼티 형식으로 `pizza` 전달하면 앱이 중단될 위험이 있다는 점이다. 따라서 이러한 사고를 방지하려면 커스텀 타입을 선언해야 한다.

[예제 4-9]는 `Pizza` 클래스를 정의하고 `pizza` prop을 `Pizza` 타입으로 선언한다.

예제 4-9 Pizza 커스텀 타입 선언

```
class Pizza {
  title: string;
  description: string;
  image: string;
  quantity: number;
  price: number;

  constructor(
    title: string,
    description: string,
    image: string,
    quantity: number,
    price: number
  ) {
    this.title = title
    this.description = description
    this.image = image this.quantity = quantity this.price = price
```

```
      }
    }

  export default {
    name: 'PizzaComponent',
    props: {
      pizza: {
        type: Pizza, ❶
        required: true
      }
    }
  }
```

❶ pizza prop 타입을 Pizza로 직접 선언

클래스 대신 타입스크립트의 **interface**나 **type**으로 커스텀 타입을 정의하는 방법도 있다. 그러나 이 경우 vue 패키지의 **PropType**을 통해 선언할 타입과 대상 prop을 매핑해야 한다. 매핑 문법은 다음과 같다.

```
type: Object as PropType<Your-Custom-Type>
```

[예제 4-10]은 **Pizza** 클래스 대신 **interface**로 타입을 선언한 코드다.

예제 4-10 타입스크립트 interface API를 이용한 Pizza 커스텀 타입 선언

```
import type { PropType } from 'vue'

interface Pizza {
  title: string;
  description: string;
  image: string;
  quantity: number;
  price: number;
```

```
  }

  export default {
    name: 'PizzaComponent',
    props: {
      pizza: {
        type: Object as PropType<Pizza>, ❶
        required: true
      }
    }
  }
```

❶ PropType을 통해 pizza prop 타입을 Pizza 인터페이스로 선언한다.

이제 PizzaComponent에 잘못된 데이터 타입을 전달하면 타입스크립트가 이를 정확하게 감지하고 에러를 일으킨다.

> **NOTE** Vue는 런타임 동안 타입 유효성을 검사하고 타입스크립트는 컴파일 과정에서 타입을 검사한다. 따라서 Vue의 검사와 타입스크립트의 검사를 병행하며 코드 버그를 검수할 수 있다.

4.1.4 defineProps()와 withDefaults()를 이용한 prop 선언

3.3.1절에서 언급했다시피, Vue 3.x부터 기존의 옵션 API 없이 <script setup> 구문으로 기능성 컴포넌트functional component를 선언할 수 있다. [예제 4–11]은 <script setup> 블록에서 defineProps()를 통해 props를 선언한다.

예제 4-11 <script setup>에서 defineProps()로 props 선언하기

```
<script setup>
import { defineProps } from 'vue'
```

```
const props = defineProps({
  name: {
    type: String,
    default: "Hello from the child component."
  }
})
</script>
```

타입스크립트를 활용하면 [예제 4-12]처럼 컴포넌트별 타입을 선언할 수 있다. 이를 defineProps()로 전달하면 컴파일 과정에서 유효성을 검사한다.

예제 **4-12** defineProps()와 type으로 props 선언하기

```
<script setup >
import { defineProps } from 'vue'

type ChildProps = {
  name?: string
}


const props = defineProps<ChildProps>()
</script>
```

이 상태에서 name prop의 기본값을 선언하려면 [예제 4-13]처럼 defineProps()를 with-Defaults()로 감싸면 된다.

예제 **4-13** defineProps()와 withDefaults()로 props 선언하기

```
import { defineProps, withDefaults } from 'vue'

type ChildProps = {
  name?: string
}
```

```
const props = withDefaults(defineProps<ChildProps>(), {
  name: 'Hello from the child component.'
})
```

> **CAUTION** 타입스크립트의 유효성 검사와 defineProps()
>
> withDefaults()를 쓰면 props 타입의 런타임 검사와 컴파일타임 검사가 동시에 작동하지 않는다. 가급적
> [예제 4-11] 방식으로 defineProps()를 사용하면서 코드 가독성을 높이고 Vue와 타입스크립트의 유효성
> 검사를 병행하기 바란다.

지금까지 Vue 컴포넌트에 props를 선언하고 원시 데이터$^{raw\ data}$를 전달할 때 타입과 유효성을 검사하는 방법을 배웠다. 다음으로 커스텀 이벤트 이미터^{emitter} 함수를 작성하고 자식 컴포넌트에 전달하는 방법을 살펴보자.

4.2 커스텀 이벤트와 컴포넌트 간 통신

Vue는 props를 통해 자식 컴포넌트로 전달된 데이터를 읽기 전용 원시 데이터로 취급한다. 데이터가 단방향 흐름을 따르는 이상 데이터 prop을 업데이트할 수 있는 유일한 경로는 부모 컴포넌드뿐이나. 그러나 가끔 특정 데이터 prop을 업데이트하고 이를 부모 컴포넌트와 동기화해야 하는 경우가 있다. 이럴 때는 컴포넌트 옵션의 emits 필드에 커스텀 이벤트를 선언한다.

[예제 4-14]는 할 일 목록을 나열하는 ToDoList 컴포넌트다. ToDoList는 자식 컴포넌트인 ToDoItem으로 task 목록을 렌더링한다.

예제 4-14 ToDoList 컴포넌트

```
<template>
  <ul style="list-style: none;">
```

```
    <li v-for="task in tasks" :key="task.id">
      <ToDoItem :task="task" />
    </li>
  </ul>
</template>
<script lang="ts">
import { defineComponent } from 'vue'
import ToDoItem from './ToDoItem.vue'
import type { Task } from './ToDoItem'

export default defineComponent({
  name: 'ToDoList',
  components: {
    ToDoItem
  },
  data() {
    return {
      tasks: [
        { id: 1, title: 'Learn Vue', completed: false },
        { id: 2, title: 'Learn TypeScript', completed: false },
        { id: 3, title: 'Learn Vite', completed: false },
      ] as Task[]
    }
  }
})
</script>
```

ToDoItem은 task prop을 수신하며, 완료 여부 체크박스를 렌더링하는 컴포넌트다. input 엘리먼트의 checked 속성 초기값에 task.completed를 지정한다. [예제 4-15]를 살펴보자.

예제 4-15 ToDoItem 컴포넌트

```
<template>
  <div>
    <input
```

```
      type="checkbox"
      :checked="task.completed"
    />
    <span>{{ task.title }}</span>
  </div>
</template>
<script lang="ts">
import { defineComponent, type PropType } from 'vue'

export interface Task {
  id: number;
  title: string;
  completed: boolean;
}

export default defineComponent({
  name: 'ToDoItem',
  props: {
    task: {
      type: Object as PropType<Task>,
      required: true,
    }
  },
})
</script>
```

사용자가 **input** 체크박스를 토글[toggle]하면 **task-completed-toggle**이라는 이벤트를 발생시키고, 해당 task의 **task.completed** 값을 부모 컴포넌트에 알릴 것이다. 먼저 [예제 4-16]처럼 컴포넌트 옵션의 **emits** 필드에 이벤트를 선언한다.

예제 4-16 ToDoItem 컴포넌트의 emits

```
/** ToDoItem.vue */
export default defineComponent({
```

```
//...
emits: ['task-completed-toggle']
})
```

다음으로 **onTaskCompleted**라는 메서드를 생성하고 내부에서 **task-completed-toggle** 이벤트를 발생시킨다. 이 이벤트는 체크박스의 **task.completed**값과 **task.id**를 이벤트 페이로드payload로 전달한다.

예제 4-17 task-completed-toggle 이벤트를 발생시키는 ToDoItem 컴포넌트

```
/** ToDoItem.vue */
export default defineComponent({
  //...
  methods: {
    onTaskCompleted(event: Event) {
      this.$emit("task-completed-toggle", {
        ...this.task,
        completed: (event.target as HTMLInputElement)?.checked,
      });
    },
  }
})
```

> **NOTE** defineComponent로 컴포넌트 옵션을 감싸면 타입스크립트 친화적인 컴포넌트가 된다. 아주 단순한 컴포넌트까지 이렇게 할 필요는 없다. 그러나 컴포넌트 내부의 메서드, 훅, computed 프로퍼티 안에서 this를 사용하려면 defineComponent가 필요하다. 그렇지 않으면 타입스크립트에서 에러를 일으킨다.

다음으로 [예제 4-18]과 같이 **onTaskCompleted** 메서드를 **input** 엘리먼트의 **change** 이벤트에 바인딩한다.

```
<div>
  <input
    type="checkbox"
    :checked="task.completed"
    @change="onTaskCompleted"
  />
  <span>{{ task.title }}</span>
</div>
```

이제 ToDoItem의 부모 컴포넌트인 <ToDoList>에서 이벤트를 바인딩할 차례다. [예제 4-19]는 @ 표기법으로 task-completed-toggle 이벤트에 메서드를 바인딩하는 템플릿 이다.

예제 **4-19** ToDoList 컴포넌트 템플릿

```
<template>
  <ul style="list-style: none;">
    <li v-for="task in tasks" :key="task.id">
      <ToDoItem
        :task="task"
        @task-completed-toggle="onTaskCompleted"
      />
    </li>
  </ul>
</template>
```

부모 컴포넌트 <ToDoList>의 onTaskCompleted 메서드는 task-completed-toggle 이 벤트 페이로드를 수신한다. 이 정보를 이용해 [예제 4-20]처럼 tasks 배열의 특정 task에서 task.completed 값을 업데이트한다.

예제 4-20 ToDoList 컴포넌트의 task-completed-toggle 이벤트 처리 메서드 스크립트

```
//...

export default {
  //...
  methods: {
    onTaskCompleted(payload: { id: number; completed: boolean }) {
      const index = this.tasks.findIndex(t => t.id === payload.id)

      if (index < 0) return

      this.tasks[index].completed = payload.completed
    }
  }
}
```

이 예제가 렌더링하는 결과 화면은 [그림 4-4]와 같다.

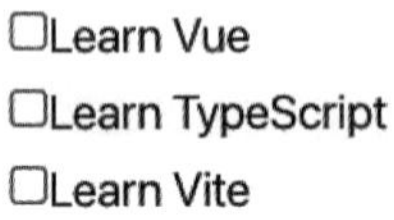
Learn Vue
Learn TypeScript
Learn Vite

그림 4-4 세 가지 task가 있는 ToDoList 컴포넌트

Vue는 **ToDoList**의 데이터를 알맞게 업데이트하고 그에 따라 **ToDoItem** 컴포넌트 인스턴스를 렌더링한다. 사용자는 체크박스를 토글하며 각 항목을 완료로 표시할 수 있다. [그림 4-5]는 Vue 데브툴에서 컴포넌트 이벤트를 감지하고 확인하는 화면이다

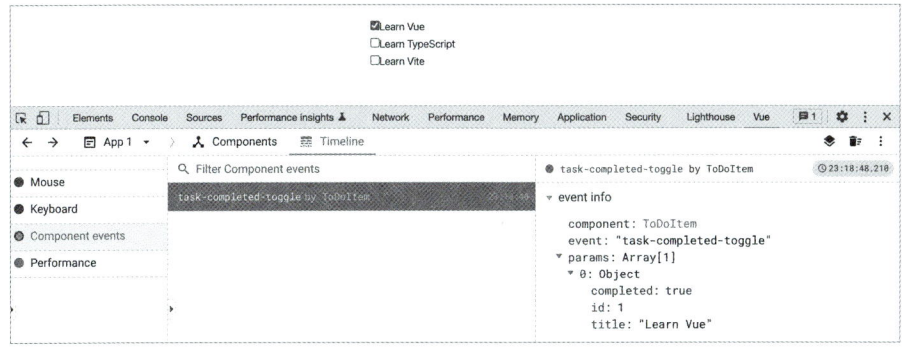

그림 4-5 체크박스 토글 이벤트를 디버깅하는 Vue 데브툴 화면

4.3 defineEmits()를 이용한 커스텀 이벤트 정의

4.1.4절에서 배운 props 정의와 비슷한 방식으로, 커스텀 이벤트는 `<script setup>` 코드 블록에서 defineEmits()로 정의한다. defineEmits() 함수의 입력 파라미터 타입은 앞서 배웠던 emits와 동일하다.

```
const emits = defineEmits(['component-event'])
```

defineEmits()가 반환하는 함수 인스턴스를 통해 다음과 같이 특정 이벤트를 호출할 수 있다.

```
emits('component-event', [...arguments])
```

[예제 4-21]는 이벤트를 정의한 ToDoItem의 스크립트 섹션이다.

예제 4-21 defineEmits()로 커스텀 이벤트를 정의한 ToDoItem 컴포넌트

```
<script lang="ts" setup>
//...
```

```
const props = defineProps({
  task: {
    type: Object as PropType<Task>,
    required: true,
  }
});

const emits = defineEmits(['task-completed-toggle'])

const onTaskCompleted = (event: Event) => {
  emits("task-completed-toggle", {
    id: props.task.id,
    completed: (event.target as HTMLInputElement)?.checked,
  });
}
</script>
```

이 예시는 <script setup> 코드 블록에서 this 인스턴스를 사용하지 않으므로 define-Component를 적용할 필요가 없다.

단일 문자열 대신 특정 타입^{type-only}으로 task-completed-toggle 이벤트를 선언하면 타입 유효성을 효과적으로 검증할 수 있다. [예제 4-22]는 EmitEvents 타입을 만들어 emits 선 언부를 개선한다.

예제 4-22 defineEmits()로 전용 타입을 선언한 커스텀 이벤트

```
// emit 타입 선언
type EmitEvents = {
  (e: 'task-completed-toggle', task: Task): void;
}

const emits = defineEmits<EmitEvents>()
```

이렇게 하면 반드시 이벤트에 알맞은 메서드가 바인딩되도록 보장할 수 있다. 이제 모든 이벤트는 task-complete-toggle처럼 다음과 같은 선언 패턴을 따라야 한다.

```
(e: 'component-event', [...arguments]): void
```

이 문법에서 e는 이벤트명이며 arguments는 이벤트 이미터에 전달될 모든 입력 인수다. task-complete-toggle 이벤트의 경우, 인수는 task이며 타입은 Task다.

emits는 Vue의 데이터 흐름 메커니즘을 거스르지 않고 부모와 자식 컴포넌트 사이에 양방향 통신을 가능케 하는 강력한 기능이다. 그러나 props와 emits는 부모 자식 간 직접적인 데이터 통신에 한해 사용할 수 있다.

컴포넌트 데이터를 손자 또는 그보다 하위 컴포넌트로 전달하려면 다른 방식으로 문제에 접근해야 한다. 이어서 provide와 inject API를 통해 부모 컴포넌트에서 자식 또는 손자 컴포넌트로 데이터를 전달하는 방법을 알아보자.

4.4 제공/주입 패턴을 이용한 컴포넌트 통신

provide/inject API는 조상 컴포넌트에서 자손으로 데이터 통신을 수립하는 최적의 수단이다. provide 필드는 조상의 데이터를 전달하고, inject는 제공된 데이터를 모든 대상 자손에게 주입하는 역할을 한다.

4.4.1 provide와 데이터 전달

컴포넌트의 옵션의 provide 필드는 데이터 객체 또는 함수 형식으로 지정할 수 있다.

provide가 데이터 객체일 때, 객체의 각 프로퍼티는 키와 값 형태로 데이터 타입을 표현한다. [예제 4-23]에서 ProductList는 모든 자손에게 값이 [1]인 selectedIds 데이터를 제공한다.

예제 4-23 ProductList 컴포넌트에서 provide로 selectedIds 전달하기

```
export default {
  name: 'ProductList',
  //...
  provide: {
    selectedIds: [1]
  },
}
```

provide에 함수가 지정되면 자손에 주입할 데이터 객체를 반환해야 한다. 이 방식의 이점은 this 인스턴스로 동적 데이터나 컴포넌트 메서드를 반환 객체 필드와 매핑할 수 있다는 것이다. [예제 4-24]는 [예제 4-23]의 provide 필드를 함수 형태로 고친 코드다.

예제 4-24 함수 형식으로 selectedIds를 전달하는 ProductList 컴포넌트

```
export default {
  //...
  provide() { return {
    selectedIds: [1]
  }
},
  //...
}
</script>
```

> **NOTE** props와 달리 provide 필드에 함수를 지정하면 자손 컴포넌트에서 호출할 수 있다. 이 특성을 이용하면 부모 컴포넌트를 향해 데이터를 되돌려 보내는 것이 가능하다. 그러나 Vue는 이러한 사용 방식을 안티 패턴으로 간주하므로 주의해서 사용해야 한다.

지금까지 배운 부분은 ProductList에서 provide를 통해 특정 데이터값을 자손에게 전달하는 방법이었다. 다음으로 이렇게 전달된 값을 자손에 주입하고 작동시키는 방법을 알아보자.

4.4.2 inject와 데이터 수신

props와 마찬가지로 inject 필드는 문자열 배열(inject: [selectedId]) 또는 객체를 지정한다. 배열의 각 문자열은 provide에 지정된 데이터 키를 가리킨다.

inject에 객체를 지정할 경우, 객체의 각 프로퍼티는 로컬 데이터 키가 된다. 해당 객체는 다음과 같은 필드 구조를 따라야 한다.

```
{
  from?: string;
  default: any
}
```

로컬 프로퍼티 키가 조상에서 제공된 데이터 키와 동일할 때는 from을 생략할 수 있다. [예제 4-23]에서 ProductList는 selectedIds 데이터를 자손에 제공하며, [예제 4-25]의 ProductComp 컴포넌트는 이 데이터를 수신하고 currentSelectedIds로 로컬 이름을 바꾸어 사용한다.

예제 4-25 제공된 데이터가 주입된 ProductComp 컴포넌트

```
<script lang='ts'>
export default {
  //...
  inject: {
    currentSelectedIds: {
      from: 'selectedIds',
      default: []
```

```
      },
    },
  }
</script>
```

이 코드에서 Vue는 주입된 `selectedIds`값을 가져와 로컬 데이터 필드인 `currentSelec-tedIds`에 할당한다. 주입된 값이 없을 경우 기본값으로 `[]`이 지정된다.

[그림 4-6]은 브라우저 개발자 도구의 Vue 탭에서 Components 섹션을 조회한 화면이다. 왼쪽 패널의 컴포넌트 트리에서 `ProductComp`를 선택하면 오른쪽 패널에서 `injected` 데이터의 이름이 변경된 것을 확인할 수 있다.

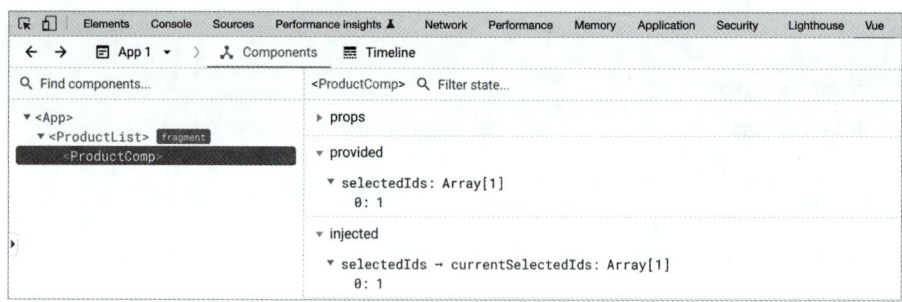

그림 4-6 Vue 데브툴의 provided, injected 데이터 디버깅 화면

NOTE provide/inject에 대응하는 컴포지션 API의 훅은 각각 provide()와 inject()다.

`provide`와 `inject`를 적절히 활용하면 `props`를 드릴링drilling하지 않고도 컴포넌트 사이에서 효율적으로 데이터를 전달할 수 있다. 다음으로 엘리먼트의 특정 콘텐츠 섹션을 DOM의 특정 위치로 렌더링할 수 있는 `<Teleport>` 컴포넌트를 살펴보자.

4.5 텔레포트 API

컴포넌트를 구현하다 보면 가끔 스타일 제약 조건에 맞추어 엘리먼트를 모아 두어야 하는 경우가 있다. 이러한 엘리먼트는 컴포넌트 단위가 아닌 전체 화면 효과를 기준으로 DOM의 특정 위치에 렌더링해야 한다. 이렇듯 일부 엘리먼트를 원하는 위치로 '순간이동'시키는 기능은 대체로 구현하기 복잡하다. 개발 난도가 높고 시간도 오래 걸릴 뿐만 아니라 성능에도 좋지 않은 영향을 미친다. 이러한 순간이동 난제에 대한 해답으로 Vue는 `<Teleport>` 컴포넌트를 제시한다.

`<Teleport>` 컴포넌트는 to라는 속성으로 이동 대상 컴포넌트를 가리킨다. 이 속성은 쿼리 선택자 또는 실제 HTML 엘리먼트를 담고 있다. [예제 4–26]은 **Sky and clouds**라는 영역을 지닌 **House** 컴포넌트다. Vue 엔진은 이 부분을 #sky로 지정된 DOM 엘리먼트로 이동시킨다.

예제 4-26 House 컴포넌트의 `Teleport`

```
<template>
  <div>
    This is a house
  </div>
  <Teleport to="#sky">
    <div>Sky and clouds</div>
  </Teleport>
</template>
```

App.vue는 [예제 4–27]과 같이 **House** 컴포넌트를 사용한다. 여기에 텔레포트 목적지인 section 엘리먼트를 추가하고 id를 sky로 지정한다.

```
<template>
  <section id="sky" />
  <section class="wrapper">
    <House />
  </section>
</template>
```

화면 출력 결과는 [그림 4-7]과 같다.

Sky and clouds

This is a house

그림 4-7 Teleport 컴포넌트의 실제 출력 순서

브라우저 개발자 도구에서 요소 또는 Elements 탭을 열고 DOM 트리를 확인하면 [그림 4-8]처럼 보인다. Sky and clouds 영역이 `<section id="sky">` 내부로 이동했음을 알 수 있다.

```
▼<div id="app" data-v-app>
  ▼<section data-v-7a7a37b1 id="sky">
      <div>Sky and clouds</div>
    </section>
  ▼<section data-v-7a7a37b1 class="wrapper">
      <div> This is a house </div>
      <!--teleport start-->
      <!--teleport end-->
    </section>
```

그림 4-8 Teleport 컴포넌트가 작동한 실제 DOM 트리의 모습

`<Teleport>` 컴포넌트의 **disabled** 속성에 불리언값을 지정하면 컴포넌트를 이동시킬지 말지 동적으로 제어할 수 있다. 이러한 컴포넌트는 DOM 트리를 보존하면서 필요한 순간에 원하는 콘텐츠만 대상 위치로 이동시키는 편리한 도구다. 다음 절은 `Teleport`의 가장 일상적인 사용처인 모달 기능을 구현할 것이다.

> **CAUTION** **두 섹션이 하나의 부모 엘리먼트 하위에 있을 때**
>
> 텔레포트의 목적지 컴포넌트는 `<Teleport>`가 마운팅되기 이전에 DOM 안에 존재해야 한다. [예제 4-27]
> 에서 두 section이 모두 하나의 main 엘리먼트 안에 있다면 `<Teleport>` 컴포넌트가 제대로 작동하지 않
> 는다. 자세한 내용은 4.5.2절을 참고하기 바란다.

4.5.1 Teleport와 〈dialog〉 엘리먼트를 이용한 모달 구현

모달은 화면에서 가장 전면에 나타나는 대화 상자를 일컫는다. 또한 모달은 사용자와 메인 페이지의 상호작용을 차단한다. 사용자는 모달 상호작용을 먼저 처리하고 창을 닫아야 메인 페이지로 돌아갈 수 있다.

모달은 사용자의 주의를 온전히 집중시켜야 할 중요한 알림을 단 한 번만 표시하려고 할 때 매우 편리하다.

[그림 4-9]처럼 기본적인 모달을 설계해보자. 일반적인 대화 상자와 비슷하게 모달은 다음과 같은 요소를 포함한다.

* 전체 화면을 덮는 배경backdrop은 현재 페이지와 사용자의 상호작용을 차단하는 역할을 한다.
* 제목과 닫기 버튼이 있는 header, 콘텐츠가 담긴 main, 통상적인 닫기 버튼이 있는 footer 섹션 등은 모두 슬롯을 이용해 커스터마이징한다.

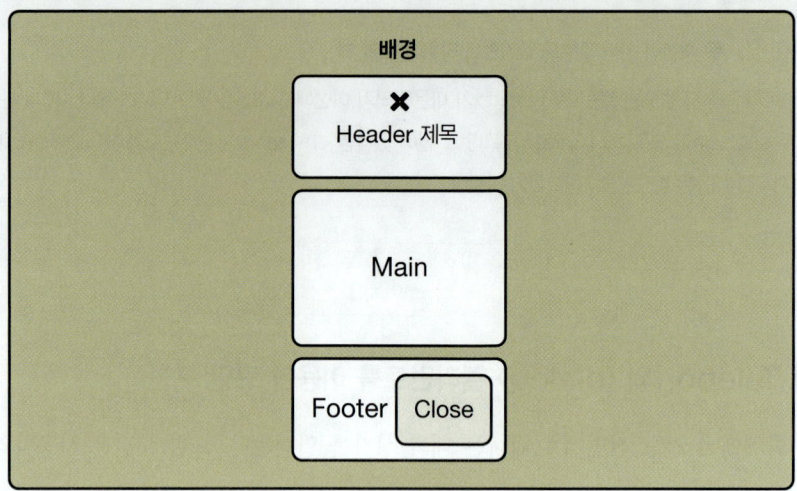

그림 4-9 기본적인 모달 설계

이러한 설계에 따라 [예제 4-28]과 같이 `<dialog>` HTML 엘리먼트에 `Modal` 컴포넌트 템플릿을 구현한다.

예제 4-28 Modal 컴포넌트

```
<template>
  <dialog :open="open">
    <header>
      <slot name="m-header">    ❶
      <h2>{{ title }}</h2>
      <button>X</button>
      </slot>
    </header>
    <main>
      <slot name="m-main" />    ❷
    </main>
    <footer>
      <slot name="m-footer">    ❸
        <button>Close</button>
      </slot>
```

```
      </footer>
    </dialog>
  </template>
```

이 템플릿에서 사용자는 다음과 같이 세 개의 슬롯을 커스터마이징할 수 있다.

❶ 모달 헤더(m-header)

❷ 메인 콘텐츠(m-main)

❸ 모달 푸터(m-footer)

<dialog> 엘리먼트는 open 속성으로 모달의 가시성^{visibility}(표시/숨김)을 제어한다. 이 속성은 데이터 prop인 open에 바인딩한다. 또한 모달의 기본 제목으로 렌더링할 title prop도 추가한다. [예제 4-29]는 open과 title이라는 두 prop을 추가한 Modal 컴포넌트 옵션이다.

예제 4-29 Modal 컴포넌트에 prop 추가하기

```ts
<script lang="ts">
import { defineComponent } from 'vue'

export default defineComponent({
  name: 'Modal',
  props: {
    open: {
      type: Boolean,
      default: false,
    },
    title: {
      type: String,
      default: 'Dialog',
    },
  },
})
</script>
```

사용자가 닫기 버튼이나 헤더의 X 버튼을 클릭하면 모달이 닫혀야 한다. 모달의 가시성은 open prop으로 제어하므로 Modal의 부모 컴포넌트에서 open값을 변경하고 closeDialog 이벤트를 발생시켜야 한다. [예제 4-30]은 이러한 이벤트를 발생시키는 emits와 close 메서드를 선언한다.

예제 4-30 Modal에서 발생시킬 closeDialog 이벤트 선언

```ts
<script lang="ts">
/** Modal.vue */
import { defineComponent } from 'vue'

export default defineComponent({
  name: 'Modal',
  //...
  emits: ["closeDialog"],    ❶
  methods: {
    close() {  ❷
      this.$emit("closeDialog", false);
    },
  },
})
</script>
```

❶ closeDialog라는 하나의 이벤트를 emits로 선언한다.

❷ close 메서드에서 closeDialog 이벤트를 발생시키며 open에 false를 전달한다.

이제 [예제 4-31]처럼 <dialog>의 닫기 엘리먼트들에 @ 표기법으로 이벤트를 바인딩한다

예제 4-31 클릭 이벤트 리스너 바인딩

```
<template>
  <dialog :open="open" >
    <header>
```

```
      <slot name="m-header" >
        <h2>{{ title }}</h2>
        <button @click="close" >X</button>  ❶
      </slot>
    </header>
    <main>
      <slot name="m-main" />
    </main>
    <footer>
      <slot name="m-footer" >
        <button @click="close" >Close</button>  ❷
      </slot>
    </footer>
  </dialog>
</template>
```

❶ 헤더 X 버튼의 @click 이벤트 핸들러

❷ 푸터 닫기 버튼의 @click 이벤트 핸들러

다음으로 **dialog** 엘리먼트를 **<Teleport>** 컴포넌트로 감싸고 부모 컴포넌트의 DOM 트리 밖으로 이동시켜야 한다. 이동 위치는 id가 **modal**인 HTML 엘리먼트이며, 이 정보를 **<Teleport>** 컴포넌트에 **to** prop로 지정한다. 마지막으로, Vue가 모달 콘텐츠 이동 여부를 제어할 수 있도록 [예제 4-32]처럼 **disabled** prop와 컴포넌트의 **open**값을 바인딩한다.

예제 4-32 <Teleport> 컴포넌트 사용

```
<template>
  <teleport  ❶
    to="#modal"  ❷
      :disabled="!open"  ❸
  >
    <dialog ref="dialog" :open="open" >
      <header>
```

```
        <slot name="m-header">
          <h2>{{ title }}</h2>
          <button @click="close" >X</button>
        </slot>
      </header>
      <main>
        <slot name="m-main" />
      </main>
      <footer>
        <slot name="m-footer">
          <button @click="close" >Close</button>
        </slot>
      </footer>
    </dialog>
  </teleport>
</template>
```

❶ <Teleport> 컴포넌트

❷ 이동 위치인 #modal을 to prop에 지정

❸ open값을 반전시켜 disabled prop로 지정

이제 [예제 4-33]처럼 WithModalComponent를 만들어 Modal 컴포넌트를 확인해보자.

예제 4-33 WithModalComponent에서 모달 컴포넌트 사용

```
<template>
  <h2>With Modal component</h2>
  <button @click="openModal = true">Open modal</button>
  <Modal :open="openModal" title="Hello World" @closeDialog="toggleModal"/>
</template>
<script lang="ts">
import { defineComponent } from "vue";
import Modal from "./Modal.vue";
```

```
export default defineComponent({
  name: "WithModalComponent",
  components: {
    Modal,
  },
  data() {
    return {
      openModal: false,
    };
  },
  methods: {
    toggleModal(newValue: boolean) {
      this.openModal = newValue;
    },
  },
});
</script>
```

마지막으로 index.html 파일의 body 엘리먼트에 `<div>` 엘리먼트를 추가하고 id를 modal
로 지정한다.

```
<body>
  <div id="app"></div>
  <div id="modal"></div>   ❶
  <script type="module" src="/src/main.ts"></script>
</body>
```

❶ id가 modal인 div 엘리먼트

id가 **modal**인 **div**는 텔레포트 목적지 엘리먼트다. **open** prop가 **true**로 바뀔 때마다 Vue
는 이 **div**에 **Modal** 텔레포트 컴포넌트를 렌더링한다. [그림 4-10]은 이를 개발자 도구에서
확인한 결과다.

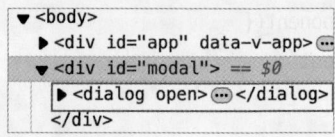

그림 4-10 modal div 안에 렌더링된 모달 컴포넌트

[그림 4-11]은 화면 출력 결과다.

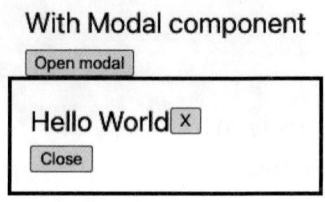

그림 4-11 WithModalComponent의 모달 컴포넌트 출력

open prop이 false일 때 modal div는 [그림 4-12]처럼 내부가 비어 있으며 [그림 4-13] 와 같이 화면에서 모달이 사라진다.

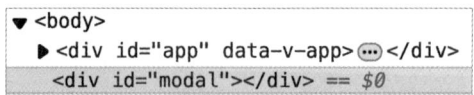

그림 4-12 모달 컴포넌트가 사라진 modal div

With Modal component

[Open modal]

그림 4-13 모달 컴포넌트가 사라진 화면

모달 컴포넌트가 작동하기 시작했지만 모달의 시각적 효과는 아직 부족한 면이 있다. 모달이 나타날 때 메인 페이지 콘텐츠에는 어두운 오버레이가 깔려야 한다. 이 문제는 CSS 스타일로 해결할 수 있다. 모달 엘리먼트의 <style> 섹션에 다음과 같이 ::backdrop 선택자를 추가 해보자.

```
<style scoped>
  dialog::backdrop {
    background-color: rgba(0, 0, 0, 0.5);
  }
</style>
```

그러나 이렇게 스타일만 추가해서는 모달 배경이 바뀌지 않는다. 브라우저는 `dialog.show-Modal()` 메서드로 모달을 열었을 때만 `::backdrop` 선택자를 적용하기 때문이다. 브라우저의 이러한 작동은 **open** 속성값의 영향을 받지 않는다. 따라서 스타일이 작동하게 하려면 다음과 같이 **Modal** 컴포넌트를 수정해야 한다.

- `<dialog>` 엘리먼트를 직접 참조할 수 있도록 **ref** 속성에 `"dialog"`를 할당한다.

```
<dialog :open="open" ref="dialog">
  <!--...-->
</dialog>
```

- **watch**에 **open** prop을 추가하고, 값이 바뀔 때마다 `$refs.dialog.showModal()` 또는 `$refs.dialog.close()`를 알맞게 호출한다.

```
watch: {
  open(newValue) {
    const element = this.$refs.dialog as HTMLDialogElement;
    if (newValue) {
      element.showModal();
    } else {
      element.close();
    }
  },
},
```

- <dialog> 엘리먼트에서 open 속성의 기존 바인딩을 제거한다.

```
<dialog ref="dialog">
  <!--...-->
</dialog>
```

- <teleport> 컴포넌트에서 disabled 속성을 제거한다.

```
<teleport to="#modal">
  <!--...-->
</teleport>
```

dialog 엘리먼트의 내장 메서드인 showModal()로 모달을 열면 브라우저는 DOM의 실제 <dialog> 엘리먼트에 ::backdrop 가상 선택자를 추가한다. [예제 4-32] 방식처럼 엘리먼트를 동적으로 목적지에 옮기면 브라우저의 이러한 기능이 작동하지 않고 ::backdrop 스타일도 적용되지 않는다.

다음은 모달 위치를 페이지 중앙에 고정하고 가장 전면에 노출되도록 순서를 재배치하는 CSS 규칙이다.

```
dialog {
  position: fixed; z-index: 999;
  inset-block-start: 30%;
  inset-inline-start: 50%; width: 300px;
  margin-inline-start: -150px;
}
```

이렇게 설정된 모달은 [그림 4-14]처럼 보인다.

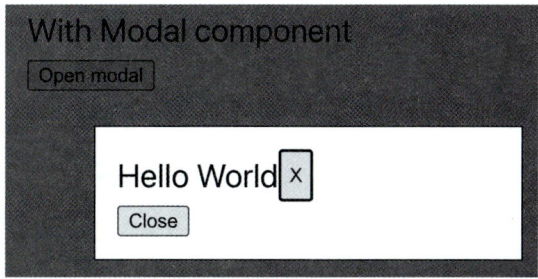

그림 4-14 backdrop과 화면 스타일이 적용된 모달 컴포넌트

지금까지 Teleport로 재사용 Modal 컴포넌트를 구현하고 〈dialog〉 엘리먼트의 내장 기능과 다양한 활용법을 살펴봤다. 또한 ::backdrop CSS 선택자로 모달 배경 스타일을 지정하는 방법도 배웠다.

지금까지 모달을 표시할 대상 div는 body의 자식 엘리먼트인 동시에 Vue 앱의 엔트리 엘리먼트인 <div id="app"> 외부에 있었다. 그렇다면 모달의 대상 div를 App.vue 엔트리 컴포넌트 내부로 옮기면 무슨 일이 벌어질까? 이어서 확인해보자.

4.5.2 텔레포트의 렌더링 제한

App.vue의 자식 컴포넌트에서 Teleport로 모달을 렌더링하려 시도하면 문제가 발생한다. 기존에 index.html에 있던 <div id="modal"></div>를 다음과 같이 App.vue의 With-ModalComponent 섹션 밑으로 이동시켜보자.

```
<template>
  <section class="wrapper">
    <WithModalComponent />
  </section>
  <div id="modal"></div>
</template>
```

이 애플리케이션을 실행하면 Open modal 버튼을 아무리 클릭해도 브라우저가 모달을 렌더링하지 않는다. 또한 다음과 비슷한 에러가 콘솔에 출력될 것이다.

```
⊗ ▶Uncaught (in promise) TypeError: Cannot read properties of null (reading
  'insertBefore')
      at insert (runtime-dom.esm-bundler.js:10:16)
      at move (runtime-core.esm-bundler.js:6094:13)
      at moveTeleport (runtime-core.esm-bundler.js:6555:17)
```

그림 4-15 App.vue에서 모달을 렌더링할 때 나타나는 콘솔 에러

Vue의 렌더링 순서 메커니즘에 따르면, 부모 컴포넌트는 자식 컴포넌트를 발견하면 자식의 렌더링이 끝날 때까지 대기하다가 완료되고 나서야 자신을 계속 렌더링한다. 또한 자식 엘리먼트는 부모의 template 섹션에 등장하는 순서대로 렌더링된다. 방금 예시에서 Vue는 WithModalComponent를 렌더링하며 <dialog>를 부모 컴포넌트에 있는 목적지로 텔레포트하려 시도한다. 그러나 부모 컴포넌트는 WithModalComponent가 렌더링을 완료할 때까지 기다리고 있으므로 <div id="modal"> 엘리먼트는 아직 DOM에 존재하지 않는다. 결과적으로 Vue는 목적지인 <div id="modal">로 <dialog>를 올바르게 이동시킬 수 없으며 에러가 발생한다.

다음과 같이 <div id="modal">을 WithModalComponent보다 앞에 두면 이러한 문제를 우회적으로 해결할 수 있다.

```
<template>
  <div id="modal"></div>
  <section class="wrapper">
    <WithModalComponent />
  </section>
</template>
```

이 방식은 Vue가 Modal 엘리먼트를 렌더링하고 내용을 이동시키기 이전에 반드시 목적지 div가 존재하도록 보장하는 방법이다. 또 다른 방안으로 disabled 속성을 이용해 이동 시

점을 연기하는 방법도 있다. 이 방식은 사용자가 `Open modal` 버튼을 클릭할 때만 텔레포트가 작동한다. 양쪽 모두 장단점이 있으므로 상황에 따라 적합한 방식을 선택하기 바란다.

가장 일반적인 해결책은 대상 엘리먼트를 `body` 엘리먼트의 직속으로 배치함으로써 Vue 렌더링 콘텍스트로부터 대상을 완전히 격리하는 것이다.

`<Teleport>`를 응용하면 전체 화면 모드, 모달, 사이드바 등의 각종 시각 효과를 극대화할 수 있다. 그와 동시에 코드 체계, 컴포넌트 격리 구조, 가독성 등의 특성은 고스란히 유지할 수 있다는 점은 `<Teleport>`의 큰 장점이다.

정리

이번 장에서는 Vue에 내장된 `props`, `emites`, `provide/inject` 등의 기능과 컴포넌트 통신의 다양한 개념을 살펴보았다. Vue의 데이터 흐름 메커니즘을 거스르지 않으면서 컴포넌트 간 데이터와 이벤트를 전달하는 방법도 배웠다. 또한 부모 컴포넌트의 `<template>` 구조를 유지하면서 텔레포트 API로 DOM 트리 외부에 엘리먼트를 렌더링할 수 있었다. `<Teleport>`는 팝업, 대화 상자, 모달처럼 메인 페이지 엘리먼트와 나란히 표시할 요소를 컴포넌트로 구성할 때 필수적이다.

다음 장에서는 컴포지션 API를 자세히 알아보고 이를 이용해 Vue 컴포넌트를 구성하는 방법을 살펴볼 것이다.

컴포지션 API

이전 장들에서 기존의 옵션 API로 Vue 컴포넌트를 구성하는 방법을 자세히 배웠다. 옵션 API는 Vue 2가 등장한 이래 Vue 컴포넌트를 구성하는 가장 보편적인 도구였다. 그러나 한편으로 옵션 API는 컴포넌트 코드 규모가 커질수록 필요 이상으로 복잡해지고, 로직 가독성과 재사용성을 저해하는 요인이 되기도 한다. 이번 장에서는 옵션 API의 대안으로 Vue가 새로이 제시한 컴포지션 API^Composition API를 소개한다.

이번 장에서 배우는 다양한 컴포지션 훅으로 Vue의 기능성^functional, 상태형^stateful 엘리먼트를 생성할 수 있다. 또한 옵션 API와 컴포지션 API를 조합함으로써 반응성 제어 수준을 높이고, 애플리케이션에 필요한 재사용 컴포저블^composable을 구성하는 방법도 배울 것이다.

5.1 컴포지션 API를 통한 컴포넌트 설정

Vue 컴포넌트를 구성할 때는 통상적으로 옵션 API를 사용한다. 그러나 데이터와 메서드가 중복될 염려 없이 컴포넌트 로직 일부를 재사용한다면 옵션 API만으로는 역부족이다. 컴포지션 API는 믹스인[1]을 접목할 수 있어 이러한 요건에 부합하며 가독성과 체계성도 더 좋다.

---

[1] 믹스인을 이용해 새로운 컴포넌트 설정을 작성할 수 있다.

Vue 3.0부터 도입된 컴포지션 API는 `setup()` 혹(3.3.1절 참고) 또는 `<script setup>` 태그로 상태형 및 반응형 컴포넌트를 구성한다. `setup()` 혹은 컴포넌트 옵션 객체의 일부이며 컴포넌트 인스턴스 최초 생성 이전(`beforeCreate()` 혹)에 **한 번** 실행된다.

컴포지션 API 함수 또는 컴포저블(5.6절 참고)은 `setup()` 혹 또는 그에 상응하는 `<script setup>` 태그 안에서만 사용된다. 이러한 방식으로 상태형 기능 컴포넌트를 생성하거나 컴포넌트의 반응형 상태와 메서드를 편리하게 정의할 수 있다. 또한 더욱 간결하고 읽기 쉬운 코드로 라이프사이클 혹(5.3절 참고)을 작성할 수 있다.

컴포지션 API의 위력을 확인하기 위해 컴포넌트의 반응형 데이터를 처리하는 `ref()`와 `reactive()`를 먼저 살펴보자.

5.2 ref()와 reactive()로 데이터 처리하기

2장에서는 옵션 API에 `data()` 함수 프로퍼티를 선언하고 컴포넌트의 초기 데이터를 설정하는 방법을 배웠다. `data()`가 반환한 객체의 모든 데이터 프로퍼티는 반응형이다. 다시 말해, Vue 엔진은 이러한 데이터 프로퍼티의 변화를 자동으로 감지한다. 그러나 정적 데이터 프로퍼티가 많아지면 Vue 엔진이 이들을 관찰하는 와처도 늘어나므로 컴포넌트에 불필요한 오버헤드가 발생할 위험이 있다. 이렇듯 과도한 데이터 와처를 제한하고 관찰 데이터 프로퍼티를 더 효율적으로 제어하기 위해 Vue는 `ref()`와 `reactive()` 함수를 컴포지션 API에 도입했다.

5.2.1 ref()

`ref()`는 하나의 인수를 초기값으로 받아 반응형 객체를 반환하는 함수다. 이러한 반환 객체를 ref 객체라 부른다.

```
import { ref } from 'vue'

export default {
  setup() {
    const message = ref("Hello World")
    return { message }
  }
}
```

방금 코드를 <script setup>에 작성하면 다음과 같다.

```
<script setup>
import { ref } from 'vue'

const message = ref("Hello World")
</script>
```

반환 객체의 현재 값은 script 섹션에서 value라는 프로퍼티로 접근할 수 있다. 가령 [예제 5-1]은 초기값이 Hello World인 반응형 객체를 생성한다.

예제 5-1 ref() 객체의 초기값이 Hello World인 반응형 메시지

```
import { ref } from 'vue'

const message = ref("Hello World")

console.log(message.value) // Hello World
```

NOTE setup() 혹과 옵션 API를 사용할 때는 컴포넌트에서 .value 없이 message에 접근할 수 있다. 즉, message만 쓰면 된다.

그러나 template 태그 안에서는 value 프로퍼티 없이 해당 값을 직접 사용할 수 있다. 예를 들어 [예제 5-2]의 코드는 [예제 5-1]과 동일한 message를 브라우저에 출력한다.

예제 5-2 template 섹션에서 message값에 접근하기

```
<template>
    <div>{{ message }}</div>
</template>
<script lang="ts" setup>
import { ref } from 'vue'

const message = ref("Hello World")
</script>
```

> **NOTE** ref() 함수는 전달받은 초기값에서 반환 객체의 타입을 추론한다. 반환 객체의 타입을 명시적으로 정의하려면 ref<string>()처럼 타입스크립트의 ref<type>() 구문으로 함수를 실행해야 한다.

ref 객체는 반응형이며 value 프로퍼티에 값을 할당하는 방식으로 변경할 수 있다. 변화를 감지한 Vue 엔진은 객체의 와처를 실행하고 컴포넌트를 업데이트한다.

[예제 5-3]은 사용자 입력을 받아 출력 메시지를 변경하는 MyMessageComponent 컴포넌트다. 옵션 API를 사용했던 [예제 3-3]과 기능은 동일하다.

예제 5-3 ref()로 반응형 MyMessageComponent 생성하기

```
<template>
    <div>
        <h2 class="heading">{{ message }}</h2>
        <input type="text" v-model="message" />
    </div>
</template>
<script lang="ts" setup>
```

```
import { ref } from 'vue'

const message = ref("Welcome to Vue 3!")
</script>
```

input 필드값을 고치면 [그림 5-1]처럼 브라우저에 표시되는 message도 똑같이 바뀐다.

My name is
My name is

그림 5-1 input 필드의 값을 변경하면 브라우저 표시값도 변경된다

브라우저 개발자 도구 Vue 탭에서 setup 항목을 보면 [그림 5-2]처럼 ref 객체의 message 가 나열되고 Ref라는 표시가 붙는다.

```
<MyMessageComponent>    Q  Filter state...
▼ setup
     message: "Welcome to Vue 3!" (Ref)
```

그림 5-2 setup란에 나열된 ref 객체의 message

[예제 5-4]는 title이라는 정적 데이터를 컴포넌트에 추가했다. Vue 데브툴을 보면 [그림 5-4]처럼 title 프로퍼티가 추가됐지만 Ref 표시는 없다.

예제 5-4 MyMessageComponent에 정적 데이터 title 추가하기

```
<template>
    <div>
        <h1>{{ title }}</h1>
        <h2 class="heading">{{ message }}</h2>
        <input type="text" v-model="message" />
    </div>
</template>
<script lang="ts" setup>
```

```
import { ref } from 'vue'

const title = "My Message Component"
const message = ref("Welcome to Vue 3!")
</script>
```

```
<MyMessageComponent>    Q  Filter state...

▼ setup
    message: "Welcome to Vue 3!" (Ref)
    title: "My Message Component"
```

그림 5-3 Ref 표시가 없는 title 데이터 프로퍼티

[예제 5-5]는 [예제 5-4]를 setup() 훅 방식으로 동일하게 작성한 코드다.

예제 5-5 setup() 훅으로 작성한 반응형 MyMessageComponent

```
<template>
    <div>
        <h2 class="heading">{{ message }}</h2>
        <input type="text" v-model="message" />
    </div>
</template>
<script lang="ts">
import { ref } from 'vue'

export default {
    setup() {
        const message = ref("Welcome to Vue 3!")
        return {
            message
        }
    }
}
</script>
```

string, number, boolean, null, undefined 등의 모든 원시 타입^primitive type^은 ref() 함수로 반응형 객체를 생성할 수 있다. 그러나 배열이나 객체를 반환할 때는 ref()가 특히 강한^intensely^ 반응형 객체를 생성한다. ref 객체에 소속된 프로퍼티가 반응형으로 설정된다는 뜻이다. [예제 5-6]을 살펴보자.

예제 5-6 ref()가 반환하는 심층 반응형 객체

```
import { ref } from 'vue'

const user = ref({
    name: "Maya",
    age: 20
})

user.value.name = "Rachel"
user.value = {
    name: "Samuel",
    age: 20
}

console.log(user.value) // { name: "Samuel", age: 20 }
```

[예제 5-6]은 user의 name 프로퍼티를 변경하고 이어서 user 객체 전체를 교체한다. 이러한 사용 방식을 Vue에서는 **나쁜 사용 관행**으로 간주한다. 대규모 데이터 구조의 성능을 저하시키며 예상치 못한 작동 결과를 초래할 위험이 있다. 이러한 상황에 처하지 않으려면 다음 원칙에 따라 shallowRef()나 reactive() 함수를 활용하는 것이 좋다.

- 객체 타입 반응형 데이터를 생성하고 **추후 새로운 객체로 교체**하려면 shallowRef()를 사용한다. 라이프사이클 컴포지션 훅에서 비동기 데이터를 가져와 컴포넌트에 통합하는 [예제 5-7]이 좋은 예다.
- 객체 타입 반응형 데이터를 생성하고 **내부 프로퍼티만 업데이트**하려면 reactive()를 사용한다. 이는 5.2.2 절에서 설명할 것이다.

```ts
<script lang="ts" setup>
import { shallowRef } from "vue";

type User = {
    name: string;
    bio: string;
    avatar_url: string;
    twitter_username: string;
    blog: string;
};

const user = shallowRef<User>({        ❶
    name: "",
    bio: "",
    avatar_url: "",
    twitter_username: "",
    blog: "",
});

const error = shallowRef<Error | undefined>();   ❷

const fetchData = async () => {
    try {
        const response = await fetch("https://api.github.com/users/
mayashavin");

        if (response.ok) {
            user.value = (await response.json()) as User;   ❸
        }
    } catch (e) {
        error.value = e as Error;   ❹
    }
};
```

```
fetchData();
</script>
```

❶ shallowRef에 초기 데이터를 전달해 User 타입의 반응형 변수 user를 만든다.

❷ shallowRef로 undefined 또는 Error 타입의 반응형 변수 error를 만든다.

❸ 응답 데이터를 User 타입으로 간주하고 user값을 교체한다.

❹ 에러가 발생하면 error값을 업데이트한다.

5.2.2 reactive()

reactive() 함수는 ref() 함수와 비슷하지만 다음과 같이 두 가지 차이점이 있다.

- 객체 타입 데이터를 인수로 받는다.
- value나 프로퍼티를 통하지 않고 반응형 반환 객체에 직접 접근할 수 있다.

reactive() 반환 객체는 내부 프로퍼티 값만 변경할 수 있다. 반환 객체 자체를 교체하거나 value 프로퍼티를 사용하려고 하면 다음과 같이 에러가 발생한다.

```
import { reactive } from 'vue'

const user = reactive({
    name: "Maya",
    age: 20
})

/*
TypeScript error - property 'value' does not exist
on type '{ name: string; age: number; }'
*/
user.value = {
```

```
    name: "Samuel",
    age: 20
}

/*
TypeScript error - cannot reassign a read-only variable
*/
user = {
    name: "Samuel",
    age: 20
}
```

반면 user 객체 프로퍼티인 name과 age는 다음과 같이 변경할 수 있다.

```
import { reactive } from 'vue'

const user = reactive({
    name: "Maya",
    age: 20
})

user.name = "Rachel"
user.age = 30
```

NOTE ref()는 내부에서 reactive()를 실행한다.

한 가지 중요한 점은 reactive() 함수가 반응형 프록시 객체를 만들어 반환한다는 것이다. 따라서 [예제 5-8]처럼 반응형 반환 객체를 변경하면 원본 객체에 반영되며 그 반대도 마찬가지다.

예제 5-8 동시에 변경되는 원본 객체와 반응형 객체

```
import { reactive } from 'vue'

const defaultUser = {
    name: "Maya",
    age: 20
}

const user = reactive(defaultUser)

user.name = "Rachel"
user.age = 30

console.log(defaultUser) // { name: "Rachel", age: 30 }

defaultUser.name = "Samuel"

console.log(user) // { name: "Samuel", age: 30 }
```

이 예제에서 **defaultValue**나 **user**의 프로퍼티를 변경하면 나머지 한 쪽의 프로퍼티도 변경된다. 반대로 해도 결과는 같다. **reactive()** 함수를 사용할 때는 이러한 특성에 각별히 주의를 기울이는 것이 좋다. **reactive()**에 객체를 전달할 때 [예제 5-9]처럼 처음부터 전개spread 구문(...)으로 새로운 객체를 생성하는 방법도 있다.

예제 5-9 전개 구문과 reactive()

```
import { reactive } from 'vue'

const defaultUser = {
    name: "Maya",
    age: 20
}

const user = reactive({ ...defaultUser })
```

```
user.name = "Rachel"
user.age = 30

console.log(defaultUser) // { name: "Maya", age: 20 }

defaultUser.name = "Samuel"

console.log(user) // { name: "Rachel", age: 30 }
```

> **NOTE** reactive() 함수를 사용하면 초기 객체에 심층적인profound 반응성이 부여된다. 따라서 대규모 데이터 구조에서 의도치 않게 성능이 저하될 위험이 있다. 객체 최상위 프로퍼티만 관찰하고 그 이하를 볼 필요가 없을 때는 shallowReactive() 함수를 사용하는 것이 좋다.

ref()나 reactive() 안에서 둘을 다시 호출하는 것도 가능하지만 매우 복잡해질 뿐만 아니라 반응성 언래핑 메커니즘까지 고려해야 하므로 권장하지 않는다. 반응형 객체를 이용해 또 다른 반응형 객체를 생성하려 할 때는 computed()를 사용하는 것이 좋다(5.5절 참고).

[표 5-1]에 ref(), reactive(), shallowRef(), shallowReactive() 각각이 필요한 사례를 정리해두었다.

표 5-1 ref(), active(), shallowRef(), shallowReactive() 사용 사례

훅	사용 예
ref()	원시 데이터 타입을 다루는 일반적인 상황. 또는 자신과 프로퍼티를 모두 재할당할 수 있는 객체 타입이 필요할 때
shallowRef()	프로퍼티를 관찰할 필요가 없고 재할당이 예정된 자리표시자 객체가 필요할 때
reactive()	객체 타입 데이터의 프로퍼티와 중첩 프로퍼티를 모두 관찰해야 할 때
shallowReactive()	객체 타입 데이터의 프로퍼티를 관찰하지만 중첩 프로퍼티는 관찰할 필요가 없을 때

다음으로 라이프사이클 컴포지션 훅과 각각의 기능을 살펴보자.

5.3 라이프사이클 훅

3.3절에서 컴포넌트의 라이프사이클 훅을 배우고 각 훅이 컴포넌트 옵션 객체의 프로퍼티 형태로 표현되는 모습을 확인했다. 컴포지션 API에서 라이프사이클 훅은 vue 패키지에서 임포트하는 개별 함수다. 각각의 함수에 실행 로직을 등록하면 해당하는 컴포넌트 라이프사이클 시점에 실행된다.

컴포지션 API의 라이프사이클 훅은 on이라는 접두어가 붙는다는 점을 제외하면 옵션 API의 훅과 거의 비슷하다. 가령 mounted는 컴포지션 API에서 onMounted에 해당한다. [표 5-2]에서 옵션 API와 컴포지션 API의 주요 라이프사이클 훅을 비교 정리한 결과를 볼 수 있다.

표 5-2 옵션 API와 컴포지션 API의 라이프사이클 훅

옵션 API	컴포지션 API	설명
beforeMount()	onBeforeMount()	컴포넌트의 최초 렌더링 이전에 호출한다.
mounted()	onMounted()	Vue가 컴포넌트를 렌더링하고 DOM에 마운팅한 이후에 호출한다.
beforeUpdate()	onBeforeUpdate()	컴포넌트의 업데이트 프로세스가 시작된 이후에 호출한다.
updated()	onUpdated()	업데이트된 컴포넌트를 DOM에 렌더링한 이후에 호출한다.
beforeUnmount()	onBeforeUnmount()	컴포넌트를 언마운팅하기 전에 호출한다.
unmounted()	onUnmounted()	컴포넌트 인스턴스를 제거하고 파괴한 이후에 호출한다.

표를 잘 보면 옵션 API의 모든 라이프사이클 훅이 나열되지 않았음을 알 수 있다. 옵션 API의 beforeCreate()와 created()에 해당하는 훅은 컴포지션 API에 없다. 대신 컴포지션 API는 setup() 또는 <script setup>으로 동일한 효과를 내며 컴포넌트의 로직을 더욱 체계적으로 정의할 수 있다.

컴포지션 API의 라이프사이클 훅은 하나의 함수를 인수로 받는다. Vue는 이 함수를 콜백으로 등록했다가 알맞은 시점에 실행한다. 예를 들어 beforeMount() 훅의 콜백은 다음과

같이 등록할 수 있다.

```
<script setup lang="ts">
import { onBeforeMount } from 'vue'

onBeforeMount(() => {
    console.log('beforeMount triggered')
})
</script>
```

Vue는 **setup()**을 컴포넌트 인스턴스 생성 전에 실행하므로 **setup()** 또는 그 안에서 등록된 콜백에서 **this** 인스턴스에 접근할 수 없다. 따라서 다음 코드를 실행하면 [그림 5-4]처럼 **undefined**가 출력된다.

```
import { onMounted } from 'vue'
onMounted(() => {
    console.log('component instance: ', this)
})
```

```
component instance:   undefined

>
```

그림 5-4 컴포지션 라이프사이클 훅에서 this에 접근하지 못해 undefined가 출력된다

그러나 **ref()**와 **ref** 디렉티브를 응용하면 마치 옵션 API의 **this.$el**과 비슷하게 컴포넌트 DOM 인스턴스에 접근할 수 있다. **inputRef**를 정의하는 다음 코드를 살펴보자.

```
import { ref } from 'vue'

const inputRef = ref(null)
```

템플릿은 다음과 같이 ref 디렉티브를 바인딩한다.

```
<template>
    <input
        ref="inputRef"
        v-model="message" type="text" placeholder="Enter your name"
    />
</template>
```

최종적으로 onMounted() 또는 onUpdated() 훅에서 다음과 같이 DOM 인스턴스에 접근할 수 있다.

```
import { onUpdated, onMounted } from 'vue'

onMounted(() => {
    console.log('DOM instance: ', inputRef.value)
})

onUpdated(() => {
    console.log('DOM instance after updated: ', inputRef.value)
})
```

컴포넌트가 마운팅되면 inputRef는 input 엘리먼트에 해당하는 DOM 인스턴스를 참조하게 된다. 사용자가 input 필드를 변경할 때마다 Vue는 onUpdated() 훅을 실행하고 그에 따라 DOM 인스턴스가 업데이트된다. [그림 5-5]는 마운트 이후 사용자가 input 필드에 타이핑할 때의 콘솔 로그 화면이다.

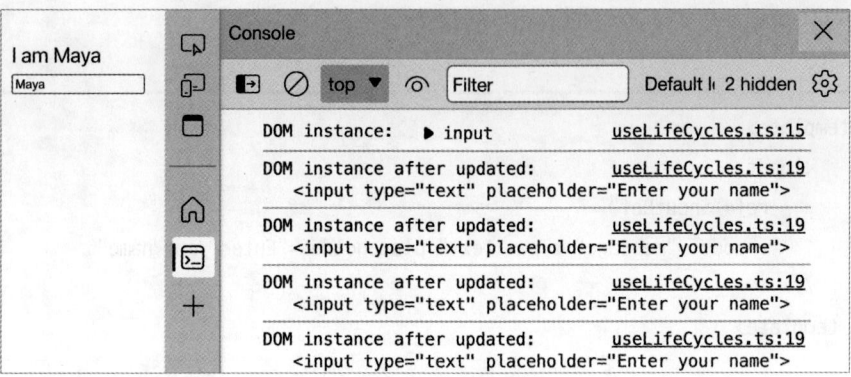

그림 5-5 마운트 이후 사용자가 입력 필드를 변경할 때의 콘솔 로그

컴포지션 API의 라이프사이클 훅은 옵션 API 훅에 비해 활용 범위가 넓다. 특히 기능성 컴포넌트의 로직을 간결하고 체계적으로 유지하는 데 막대한 도움을 준다. 더 나아가 라이프사이클 훅을 조합해 한층 복잡한 로직을 만들고 자신만의 재사용 커스텀 훅을 만드는 것도 가능하다. 이에 대한 자세한 설명은 5.6절을 참고하기 바란다. 이어서 watch()를 필두로 핵심적인 컴포지션 API 훅을 살펴보자.

5.4 컴포지션 API의 와처

옵션 API의 watch()와 마찬가지로 컴포지션 API의 watch() 혹은 반응형 데이터의 변화를 관찰하고 콜백을 호출하는 용도로 사용한다. watch()는 세 개의 인수를 받고 문법은 다음과 같다.

```
watch(
    sources: WatchSource,
    cb: (newValue: T, oldValue: T, cleanup: (func) => void)) => any,
    options?: WatchOptions
): WatchStopHandle
```

- sources는 Vue가 관찰할 반응형 데이터다. 데이터 일부 조각 또는 반응형 데이터를 반환하는 getter 함수이며, 이들을 배열로 지정할 수 있다.

- cb는 sources가 변경될 때 Vue가 실행할 콜백 함수다. 이 함수의 핵심 인수는 newValue와 oldValue다. 다음 번 호출에 대비해 부수 효과를 정리하려면 cleanup 함수를 추가로 지정한다.

- options는 watch() 훅의 선택적 설정 옵션이며 필드 목록은 [표 5-3]에 나열되어 있다.

표 5-3 watch() 옵션 필드

프로퍼티	설명	허용 타입	기본값	필수
deep	대상 데이터에 중첩 프로퍼티가 있을 때 이에 대한 관찰 여부를 지정한다.	불리언	false	아니오
immediate	컴포넌트 탑재 후 핸들러 즉시 실행 여부를 지정한다.	불리언	false	아니오
flush	핸들러 실행 시점을 지정한다. 기본적으로 Vue는 컴포넌트 업데이트 전에 핸들러를 실행한다.	pre, post, sync	pre	아니오
onTrack	반응형 데이터 추적 함수. 디버깅에 사용하며 개발 모드 전용이다.	함수	undefined	아니오
onTrigger	콜백 트리거 시 호출하는 함수. 디버깅에 사용하며 개발 모드 전용이다.	함수	undefined	아니오

watch()가 반환하는 WatchStopHandle 함수를 실행하면 언제든지 해당 와처를 중지할 수 있다.

[예제 3-17]은 기본 user 객체에서 user.name과 user.age를 수정하는 예시다. 이 템플릿을 그대로 가져와 UserWatcherComponent 컴포넌트를 실습해보자. <script> 영역은 [예제 5-10]과 같이 컴포지션 API로 작성할 것이다.

예제 5-10 setup()와 ref()로 작성한 UserWatcherComponent 컴포넌트

```
<script setup lang='ts'>
import { reactive } from 'vue'
```

```
//...

const user = reactive<User>({
    name: "John",
    age: 30,
});
</script>
```

다음으로 [예제 5-11]처럼 user 객체의 와처를 추가한다.

예제 5-11 user 데이터를 관찰하는 watch() 훅

```
import { reactive, watch } from 'vue'

watch(user, (newValue, oldValue) => {
    console.log('user changed from: ', oldValue, ' to: ', newValue)
})
```

기본적으로 Vue는 user가 변경될 때만 콜백 함수를 실행한다. 그러나 [예제 5-10]은 reactive()로 user를 생성하므로 Vue는 자동으로 **deep**을 활성화하고 모든 프로퍼티를 관찰한다. Vue가 user.name 등의 특정 프로퍼티만 관찰하게 하려면 해당 프로퍼티를 반환하는 **getter** 함수를 만들고, 이를 [예제 5-12]처럼 watch()의 sources 인수로 전달하면 된다.

예제 5-12 user의 특정 프로퍼티를 감시하는 watch() 훅

```
import { reactive, watch } from 'vue'

watch(
    () => user.name,
    (newValue, oldValue) => {
        console.log('user.name changed from: ', oldValue, ' to: ', newValue)
    }
)
```

user.name을 변경하면 [그림 5-6]처럼 콘솔 로그에 메시지가 출력된다.

```
user.name changed from:  John   to:   Johnn
user.name changed from:  Johnn  to:   Johnnn
user.name changed from:  Johnnn to:   Johnnny
>
```

그림 5-6 user.name 변경 후 콘솔 로그

컴포넌트 탑재 직후 와처를 실행해야 하는 경우 [예제 5-13]처럼 **watch()**의 세 번째 인수로
{ immediate: true }를 전달한다.

예제 5-13 watch() 훅의 immediate 옵션

```
import { reactive, watch } from 'vue'

watch(
    () => user.name,
    (newValue, oldValue) => {
        console.log(
            'user.name changed from: ',
            oldValue,
            ' to: ',
            newValue
        )
    },
    { immediate: true }
)
```

이제 콘솔 로그를 보면 컴포넌트 탑재 직후 **user.name**이 **undefined**에서 **John**으로 변경되
었다고 출력된다.

반응형 데이터를 배열로 묶어 sources에 담아 **watch()**에 전달하면 Vue는 [예제 5-14]처
럼 배열 항목마다 변경 값과 기존 값을 묶어서 콜백을 호출한다. 각 묶음은 **sources** 배열의

반응형 데이터에 동일한 순서로 대응된다.

예제 5-14 반응형 데이터 배열을 전달한 watch() 훅

```
import { reactive, watch } from 'vue'

watch(
    [() => user.name, () => user.age],
    ([newName, newAge], [oldName, oldAge]) => {
        console.log(
            'user changed from: ',
            { name: oldName, age: oldAge },
            ' to: ',
            { name: newName, age: newAge }
        )
    }
)
```

user.name 또는 user.age가 변경되면 와처가 실행되고 콘솔 로그에 변경 내역이 출력된다.

> **NOTE** 여러 데이터를 관찰하고 관련 작업을 처리할 때는 watchEffect()를 쓰는 편이 낫다. 이 함수 내부에서 사용된 모든 반응형 의존성은 자동으로 추적된다. 또한 컴포넌트 렌더링 직후 최초로 실행되며 의존성 항목의 값이 변경될 때마다 재실행된다. 그러나 의존성의 범위가 넓고 이들 간에 업데이트 빈도가 높다면 성능에 영향을 미칠 우려가 있다. 주의해서 사용하기 바란다.

watch() 훅은 특정 반응형 데이터나 프로퍼티를 관찰하고 동적으로 처리할 수 있는 훌륭한 도구다. 그러나 기존 반응형 데이터를 바탕으로 새로운 반응형 데이터를 생성할 때는 computed()를 사용해야 한다. 이어서 자세히 알아보자.

5.5 computed()

computed 프로퍼티와 마찬가지로 computed() 또한 특정 반응형 데이터를 바탕으로 새로운 반응형 데이터와 캐시 데이터 값을 생성한다. ref() 또는 reactive() 달리 computed()는 **읽기 전용** 참조 객체를 반환한다. 다시 말해 값을 직접 재할당할 수 없다.

옵션 API로 작성된 [예제 3-11]을 computed() 훅 방식으로 고치면 [예제 5-15]와 같다.

예제 5-15 computed() 방식으로 작성한 PalindromeCheck 컴포넌트

```ts
<script lang="ts" setup>
import { ref, computed } from 'vue'

const message = ref('Hello World')
const reversedMessage = computed<string>(
    () => message.value.split('').reverse().join('')
)
</script>
```

computed()는 script 섹션에서 객체를 반환하며, 이 객체는 ref()나 reactive()처럼 value 프로퍼티를 통해(reversedMessage.value) 값에 접근한다.

[예제 5-16]은 computed() 안에서 또 다른 computed 데이터를 가리키는 방법을 보여준다. isPalindrome은 reversedMessage를 가져와 message가 회문[palindrome]인지 판단한다.

예제 5-16 computed()로 생성한 반응형 isPalindrome 데이터

```ts
<script lang="ts" setup>
import { ref, computed } from 'vue'

//...
const isPalindrome = computed<boolean>(
```

```
        () => message.value === reversedMessage.value
    )
</script>
```

이 예제는 타입 추론 에러를 방지하기 위해 **reservedMessage**와 **isPalindrome**의 타입을 명시적인 **string**과 **boolean**으로 선언한다. 이제 [예제 5-17]처럼 템플릿에서 computed 데이터를 사용할 수 있다.

예제 5-17 computed()에서 생성된 데이터를 템플릿에서 사용하기

```
<template>
    <div>
        <input v-model="message" placeholder="Enter your message"/>
        <p>Reversed message: {{ reversedMessage }}</p>
        <p>Is palindrome: {{ isPalindrome }}</p>
    </div>
</template>
```

사용자가 input 메시지를 변경하면 [그림 5-7]과 비슷한 화면이 출력된다.

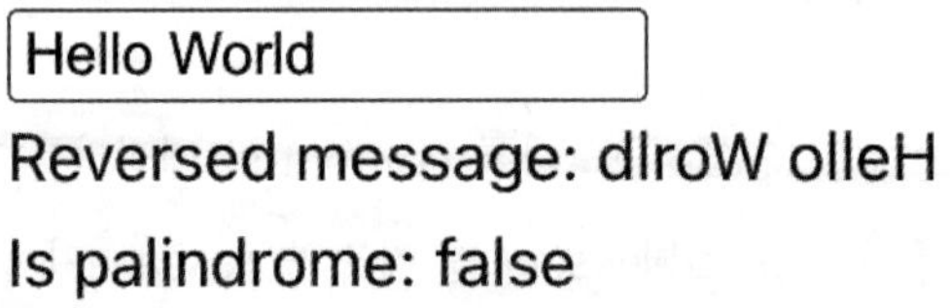

> Hello World
>
> ## Reversed message: dlroW olleH
>
> ## Is palindrome: false

그림 5-7 computed()로 메시지가 회문인지 검사하는 컴포넌트

브라우저 개발자 도구에서 Vue 탭을 열고 **PalindromeCheck** 컴포넌트를 조회하면 [그림 5-8]처럼 **setup** 섹션에서 computed 데이터를 확인할 수 있다.

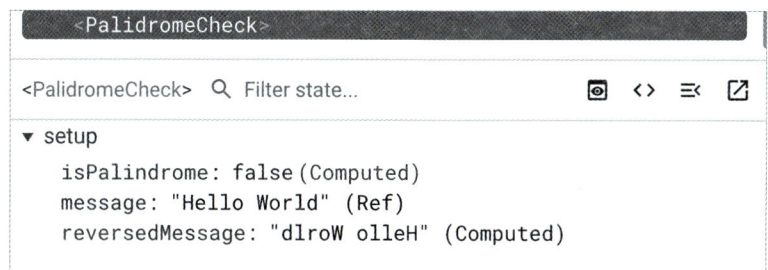

그림 5-8 개발자 도구에서 확인한 PalindromeCheck 컴포넌트의 computed 및 반응형 데이터

> **NOTE** computed()는 기본적으로 읽기 전용 반응형 데이터 참조를 반환한다. 그럼에도 { get, set } 객체를 computed()의 첫 인수로 전달하면 쓰기 가능 객체로 강제 선언할 수는 있다. 이러한 메커니즘은 옵션 API의 computed 프로퍼티와 나란히 일관성을 유지시키기 위해 존재한다. 그러나 이 방식은 가급적 사용하지 않을 것을 권장한다. 읽고 써야 할 데이터는 ref() 또는 reactive()로 처리해야 한다.

지금까지 computed()와 watch()를 살펴보고 기존의 computed와 watch 옵션 프로퍼티와 동일한 결과를 내는 방법을 배웠다. 둘 중 어느 방식이든 선호하는 것을 선택하면 된다. 다음으로 이들을 활용해 컴포저블이라는 고유한 훅을 만들고 다른 컴포넌트에서 재사용해 보자.

5.6 재사용 컴포저블

Vue 3에서 가장 흥미로운 기능을 꼽으라면 컴포저블^composable[2]을 빼놓을 수 없다. 컴포저블은 컴포지션 API 함수를 활용해 만드는 재사용 가능한 상태형 훅이다. 공통 로직을 보기 좋게 컴포저블로 나누어 구성하고 다양한 컴포넌트의 데이터 상태 변화를 관리할 수 있다. 이 과정에서 상태 관리 로직과 컴포넌트 로직이 분리되고 컴포넌트의 복잡도는 낮아지는 효과가 생긴다.

---

2 일반적으로 표현하자면 컴포저블이란 커스텀 훅이다.

컴포저블을 경험하기 위해 먼저 새로운 타입스크립트(.ts) 파일을 생성하고 [예제 5-18]처럼 반응형 데이터 객체를 반환하는 함수를 만들어 익스포트한다.

예제 5-18 useMyComposable 컴포저블

```ts
// src/composables/useMyComposable.ts
import { reactive } from 'vue'

export const useMyComposable = () => {
    const myComposableData = reactive({
        title: 'This is my composable data',
    })

    return myComposableData
}
```

이 코드는 src/composables 폴더에 useMyComposable.ts라는 타입스크립트 파일로 작성한다. 스크립트가 익스포트하는 useMyComposable 함수는 reactive()로 생성한 my-ComposableData라는 반응형 데이터 객체를 반환한다.

> **NOTE** 컴포저블 파일은 프로젝트 어느 곳에 두어도 상관없지만 파일 구조를 정돈된 상태로 유지하려면 src/composables 폴더에 배치하는 것이 좋다. 또한 컴포저블 파일임을 간단명료하게 인식할 수 있도록 파일명에 관행적으로 use 접두어를 붙이도록 한다.

[예제 5-19]처럼 컴포넌트에서 useMyComposable을 임포트하면 컴포저블을 사용할 수 있다.

예제 5-19 useMyComposable 컴포저블을 사용하는 Vue 컴포넌트

```ts
<script lang="ts" setup>
import { useMyComposable } from '@/composables/useMyComposable'
```

```
const myComposableData = useMyComposable()
</script>
```

이제 컴포넌트 템플릿과 로직에서 **myComposableData**에 접근하고 이를 로컬 반응형 데이터 처럼 취급할 수 있다.

[예제 5-20]은 **fetch** API와 외부 데이터 조회 기능을 **useFetch** 컴포저블에 구현한 코드다.

예제 5-20 useFetch 컴포저블

```
import { ref, type Ref, type UnwrapRef } from "vue";

type FetchResponse<T> = {
    data: Ref<UnwrapRef<T> | null>;
    error: Ref<UnwrapRef<Error> | null>;
    loading: Ref<boolean>;
}

export function useFetch<T>(url: string): FetchResponse<T> {
    const data = ref<T | null>(null);
    const loading = ref<boolean>(false);
    const error = ref<Error | null>(null);

    const fetchData = async () => {       ❶
        try {
            loading.value = true;
            const response = await fetch(url);

            if (!response.ok) {
                throw new Error(`Failed to fetch data for ${url}`);
            }

            data.value = await response.json();
        } catch (err) {
```

```
            error.value = (err as Error).message;
        } finally {
            loading.value = false;
        }
    };

    fetchData();  ❷

    return {  ❸
        data,
        loading,
        error,
    };
};
```

❶ 데이터를 가져올 내부 로직을 선언한다.

❷ 컴포넌트를 생성 과정에서 fetchData()를 실행하고 데이터를 자동으로 업데이트한다.

❸ 선언된 반응형 변수를 반환한다.

이제부터는 useFetch를 재사용해 새로운 비동기 컴포저블을 구성할 수 있다. [예제 5-21]
은 GitHub API로 사용자 리포지터리 데이터를 조회 및 관리하는 useGitHubRepos 컴포저
블이다.

예제 5-21 useGitHubRepos 컴포저블

```
// src/composables/useGitHubRepos.ts
import { useFetch } from '@/composables/useFetch'
import { ref } from 'vue'

type Repo = { /**... */ }

export const useGitHubRepos = (username: string) => {
    return useFetch<Repo[]>(
```

```
            'https://api.github.com/users/${username}/repos'
    );
}
```

[예제 5-22]는 GitHubRepos.vue 컴포넌트에서 useGitHubRepos를 사용하는 예시다.

예제 5-22 GitHubRepos 컴포넌트에서 useGitHubRepos 사용하기

```
<script lang="ts" setup>
import { useGitHubRepos } from "@/composables/useGitHubRepos";
const { data: repos } = useGitHubRepos("mayashavin");   ❶
</script>
<template>
    <h2>Repos</h2>
    <ul>
        <li v-for="repo in repos" :key="repo.id">   ❷
            <article>
                <header>{{ repo.name }}</header>
                <p>{{ repo.description }}</p>
            </article>
        </li>
    </ul>
</template>
```

❶ data를 가져와 repos로 이름을 변경한다.

❷ repos를 순회하며 각 repo의 정보를 표시한다.

가져오기가 완료된 후 브라우저에서 [그림 5-9]처럼 리포지터리 목록을 볼 수 있다.

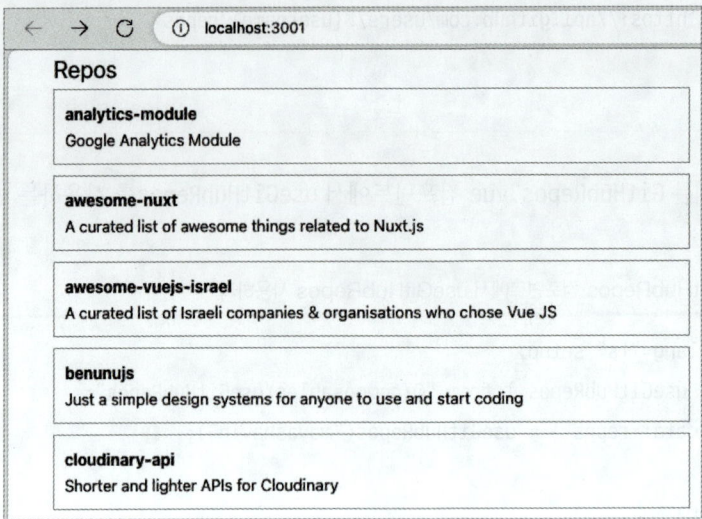

그림 5-9 useGitHubRepos 컴포저블로 리포지터리 목록을 검색하고 표시한다

CAUTION 컴포저블 간 데이터 매핑

다른 컴포저블에서 수신한 반응형 데이터를 다시 매핑할 때는 computed() 또는 watch()를 거쳐 반응성을 유지해야 한다. [예제 5-23]처럼 useGitHubRepos 내부에서 직접 매핑하면 useFetch가 작동하지 않는다.

예제 5-23 useGitHubRepos에서 잘못된 방식으로 사용된 useFetch

```
export const useGitHubRepos = (username: string) => {
  const response = useFetch<Repo[]>(
    'https://api.github.com/users/${username}/repos'
  );

  return {
    repos: response.data,
    loading: response.loading,
    error: response.error,
  };
};
```

컴포저블을 잘 쓰면 애플리케이션의 상태 관리 로직의 모듈화, 구조화 수준을 높일 수 있다. 자신만의 컴포저블 라이브러리를 구축하고 전혀 다른 Vue 프로젝트에서 재사용할 수도 있다. 테마 제어, 데이터 유입, 매장 결제 관리 등등 활용 범위는 무궁무진하다. 참고로 VueUse[3]는 각종 컴포저블 자료의 보고다. 다양한 요건에 대응하며, 꼼꼼히 테스트되었고, 지금 당장 프로젝트에 투입될 수 있는 수많은 Vue 컴포지션 유틸리티로 가득하다.

컴포저블의 모든 반응형 상태는 훅을 사용할 때만 작동하므로 믹스인 등에서 데이터가 중복될 염려를 덜 수 있다. 또한 컴포넌트 테스트는 더욱 단순해진다. 엘리먼트에 사용되는 컴포저블을 개별적으로 테스트할 수 있으므로 컴포넌트의 로직은 더욱 작고 관리하기 쉽게 유지된다.

컴포지션 API와 컴포저블을 알게 되었으니 자신만의 컴포저블 시스템을 만들어 컴포넌트에 도입해보는 것은 어떨까?

정리

이번 장에서는 옵션 API로 제작된 컴포넌트를 setup 함수, 반응성, 라이프사이클 훅 등의 컴포지션 API로 전환하는 방법을 알아보았다. 또한 커스텀 컴포저블을 만들어 코드 재사용성을 높이는 방법도 배웠다. 이러한 지식을 바탕으로 각 API의 장단점과 사용 사례를 이해하고 너 나은 개발 결과를 추구할 수 있게 되었다.

다음 장에서는 API 또는 데이터베이스로부터 외부 데이터를 가져와 Vue 애플리케이션에 통합하는 방법을 다룰 것이다.

---

3 https://oreil.ly/pKJmK

외부 데이터 통합

5장에서 컴포넌트 간 데이터 전달, 데이터 변경 관리, 이벤트 처리 등의 핵심적인 컴포넌트 사용법을 익혔다. 이제 Vue 컴포넌트에서 애플리케이션 데이터를 화면으로 가져와 사용자에게 펼쳐 보일 준비가 되었다.

대부분의 애플리케이션은 스스로 보유하고 있는 데이터가 없다. 대신 외부 서버나 데이터베이스로부터 데이터를 요청하고, 수신된 데이터를 이용해 애플리케이션 UI를 적절히 가공한다. Vue 애플리케이션 또한 이러한 기능을 견고하게 구현할 필요가 있다. 이를 위해 Axios로 HTTP 요청을 보내고 외부 리소스의 데이터를 가져와 처리하는 방법을 배울 것이다.

6.1 Axios란?

Vue 개발자가 HTTP로 외부 리소스를 요청하는 방법은 다양하다. 내장 `fetch` 메서드, 고전적인 `XMLHttpRequest`, Axios 같은 서드파티 라이브러리 등 여러 선택지가 있다. HTTP 요청 데이터를 가져오기만 하려면 내장 `fetch`도 나쁘지 않다. 그러나 장기적인 관점으로 복잡한 외부 리소스 API 처리까지 고려한다면 다양한 추가 기능이 있는 Axios가 최선의 선택이다.

Axios는 HTTP 요청을 처리하는 자바스크립트 오픈 소스 경량 라이브러리다. fetch와 마찬가지로 프로미스promise 기반 HTTP 클라이언트이며, 서버(노드)와 브라우저에서 모두 사용할 수 있는 동질성isomorphic 라이브러리다.

Axios는 HTTP 요청을 가로채거나 취소할 수 있으며 사이트 간 요청 위조cross-site request forgery(CSRF) 방지 기능이 클라이언트에 내장되어 있다. 또한 응답 데이터를 JSON 형식으로 자동 변환한다. 이러한 특장점 덕분에 데이터를 처리할 때 내장 fetch보다 더 나은 개발자 경험을 제공한다.

[그림 6-1]은 Axios 공식 웹사이트[1]다. 이곳에서 API 문서, 설치, 사용 예시 등을 참고할 수 있다.

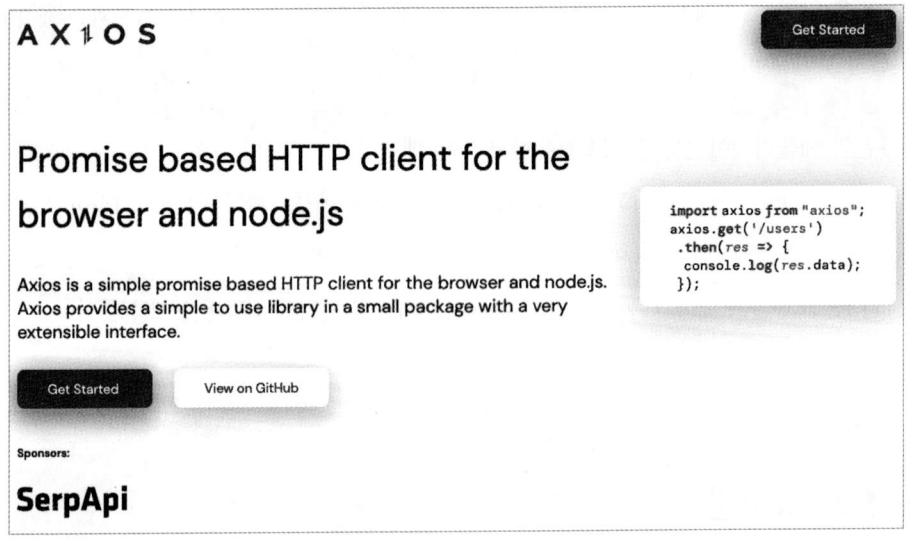

그림 6-1 Axios 공식 웹사이트

---

1   https://oreil.ly/WxSN3

6.2 Axios 설치

Axios를 추가하려면 터미널을 열고 Vue 프로젝트 루트 디렉터리에서 다음 명령을 실행한다.

```
yarn add axios
```

Axios가 설치되고 컴포넌트에 Axios 라이브러리를 임포트하려면 다음 코드를 추가한다.

```
import axios from 'axios';
```

이제 애플리케이션에 필요한 데이터를 axios를 통해 가져올 수 있다. 이어서 Axios와 라이프사이클 훅으로 데이터를 가져와 표시하는 방법을 살펴보자.

6.3 라이프사이클 훅과 Axios로 데이터 가져오기

3장에서 배운 대로, 데이터를 가져오는 부가 작업은 beforeCreate, created, before-Mounted 등의 라이프사이클 훅에서 처리할 수 있다. 그러나 외부 데이터를 가져와 컴포넌트나 옵션 API에서 쓰려면 beforeCreate는 제외해야 한다. 반응형 데이터를 초기화하기 전이므로 beforeCreate에서 할당한 데이터를 Vuc가 무시하기 때문이다. 따라서 created 또는 beforeMounted를 선택해야 한다. 그러나 beforeMounted는 서버 사이드 렌더링에 사용할 수 없으며 created 혹은 컴포지션 API에 대응하는 라이프사이클 함수가 없다.

가장 좋은 방법은 setup() 또는 <script setup>에서 반응형 컴포지션 함수로 외부 데이터를 가져오는 것이다.

axios.get() 메서드로 https://api.github.com/users/mayashavin에서 GitHub 공개 프로필 정보를 가져오는 비동기 GET 요청을 만들어보자. 코드는 다음과 같다.

```
/**UserProfile.vue */
import axios from 'axios';
import { ref } from 'vue';

const user = ref(null);

axios.get('https://api.github.com/users/mayashavin')
    .then(response => {
        user.value = response.data;
    });
```

axios.get()은 프로미스를 반환하며, 프로미스의 체인 메서드인 then()에서 응답 데이터를 처리한다. Axios는 HTTP 응답 본문 데이터를 JSON 형식으로 자동 분석한다. 방금 예제는 수신 데이터를 컴포넌트의 user 데이터 프로퍼티에 할당한다. 이를 await/async 방식으로 고치면 다음과 같다.

```
/**UserProfile.vue */
//...

async function getUser() {
    const response = await axios.get(
        'https://api.github.com/users/mayashavin'
    );
    user.value = response.data;
}

getUser();
```

요청 도중에 발생한 에러를 처리하려면 다음과 같이 try/catch 블록으로 코드를 감싸야 한다.

```
/**UserProfile.vue */
import axios from 'axios';
import { ref } from 'vue';

const user = ref(null);
const error = ref(null); ❶

async function getUser() {
    try {  ❷
        const response = await axios.get('https://api.github.com/users/
mayashavin');
        user.value = response.data;
    } catch (error) {
        error.value = error;    ❸
    }
}

getUser();
```

❶ 요청 에러를 저장할 error 데이터 프로퍼티를 추가한다.

❷ 요청 도중 발생한 에러를 처리하기 위해 try/catch 블록으로 코드를 감싼다

❸ 브라우저에서 사용자에게 에러 메시지를 표시하기 위해 error 데이터 프로퍼티에 에러를 할당한다.

GitHub의 응답 결과는 JSON 객체이며 주요 필드 구조는 [예제 6-1]과 같다.

예제 6-1 UserProfile 타입

```
type User = {
  name: string;
  bio: string;
  avatar_url: string;
  twitter_username: string;
  blog: string;
```

```
    //...
  };
```

이제 화면에 표시할 사용자 프로필 정보가 갖추어졌다. 컴포넌트의 **template** 섹션에 다음 코드를 추가해보자.

```
<div class="user-profile" v-if="user">
    <img :src="user.avatar_url" alt="`${user.name} Avatar`" width="200" />
    <div>
        <h1>{{ user.name }}</h1>
        <p>{{ user.bio }}</p>
        <p>Twitter: {{ user.twitter_username }}</p>
        <p>Blog: {{ user.blog }}</p>
    </div>
</div>
```

또한 **user**가 존재할 때만 Vue가 사용자 프로필을 렌더링하도록 **v-if="user"**를 추가한다.

마지막으로 타입스크립트 호환성을 준수하기 위해 **script** 섹션을 일부 고쳐야 한다. [예제 6-2]는 응답 데이터를 **user**, **error** 프로퍼티로 할당하기에 앞서 **User**, **Error** 타입으로 매핑한다.

예제 6-2 UserProfile 컴포넌트

```
<template>
    <div class="user-profile" v-if="user">
        <!-- ... -->
    </div>
</template>
<script lang="ts" setup>
import axios from 'axios';
import { ref } from 'vue';
```

```
type User = { /**... */ }

const user = ref<User | null>(null) ❶
const error = ref<Error | null>(null)

async function getUser () {
    try {
        const response = await axios.get<User>(
            "https://api.github.com/users/mayashavin"
        )

        user.value = await response.data   ❷
    } catch (err) {
        error.value = err as Error       ❸
    }
}

getUser();
</script>
```

❶ user를 User 타입으로 선언한다.

❷ user 프로퍼티에 응답 데이터를 할당한다.

❸ 에러를 error 프로퍼티에 할당하기 전에 Error 타입으로 캐스팅한다.

요청이 성공적으로 완료되면 [그림 6-2]처럼 GitHub 프로필 정보가 화면에 표시된다.

그림 6-2 GitHub 프로필 정보 요청 결과 출력

비슷한 방식으로, 요청이 실패했을 때 사용자에게 에러 메시지를 표시할 `v-else-if=`
`"error"` 섹션을 다음과 같이 추가할 수 있다.

```
<template>
<div class="user-profile" v-if="user">
    <!--...-->
</div>
<div class="error" v-else-if="error">
    {{ error.message }}
</div>
</template>
```

지금쯤이면 한 가지 궁금증이 생길 것이다. 컴포넌트가 생성되는 도중에 비동기 요청을 실행
하면 Vue 내부에서는 어떤 일이 벌어질까? 컴포넌트의 라이프사이클은 동기식^{synchronously}으
로 진행된다. 즉, Vue는 비동기 요청과 무관하게 컴포넌트 생성 작업을 계속 진행한다. 이러
한 특성으로 인해 런타임 도중에 다양한 컴포넌트에서 서로 다른 데이터 요청을 처리하려면
특수한 조치가 필요하다. 이에 대해 이어서 자세히 알아보자.

6.4 런타임 중 비동기 데이터 요청

자바스크립트 엔진과 마찬가지로 Vue도 항상 동기식으로 작동한다. 실행 도중 비동기 요청이 발생해도 Vue는 요청이 완료될 때까지 기다리지 않고 작업을 계속 진행한다. 그런 다음 컴포넌트 생성 프로세스가 끝나면 비동기 요청 실행 순서에 따라 해결/거부^{resolved/rejected} 결과를 차례로 처리한다.

잠시 한 걸음 물러서서, 컴포넌트의 onBeforeMounted, onMounted, onUpdated 훅에 다음과 같이 콘솔 로그를 추가하고 실행 순서를 살펴보자.

```
//<script setup>
import { onBeforeMount, onMounted, onUpdated } from "vue";

//...
async function getUser() {
    try {
        const response = await axios.get<User>(
            'https://api.github.com/users/mayashavin'
        );
        user.value = response.data;

        console.log('User', user.value.name)    ❶
    } catch (err) {
        error.value = err;
    }
}

onBeforeMount(async () => {
    console.log('created')    ❷
    getUser();
})

onMounted(() => {
```

```
        console.log("mounted");      ❸
});

onUpdated(() => {
        console.log("updated");      ❹
})
```

❶ 외부 데이터 수집이 완료되면 콘솔에 user 정보를 출력한다.

❷ 라이프사이클 상태 기록: created

❸ 라이프사이클 상태 기록: mounted

❹ 라이프사이클 상태 기록: updated

브라우저 콘솔을 보면 [그림 6-3]과 같은 순서로 로그가 출력된다.

created	UserProfile.vue:37
mounted	UserProfile.vue:50
User Maya Shavin	UserProfile.vue:44
updated	UserProfile.vue:53

그림 6-3 비동기 요청 실행 순서

비동기 요청이 해결/거부되고 컴포넌트 데이터가 변경되면 Vue 렌더러가 컴포넌트 업데이트 프로세스를 트리거한다. Vue가 DOM에 컴포넌트를 마운팅하는 시점은 아직 응답 데이터가 없다. 따라서 서버 데이터를 받기 전까지는 컴포넌트의 로딩 상태를 관리해야 한다.

[예제 6-3]처럼 컴포넌트 데이터에 **loading** 프로퍼티를 추가하고 요청이 해결/거부된 다음 로딩 상태를 비활성화시킬 수 있다.

예제 6-3 로딩, 에러 상태를 처리하는 UserProfile 컴포넌트

```
//...
const loading = ref<boolean>(false);      ❶
```

```
async function getUser() {
    loading.value = true;      ❷

    try {
        const response = await axios.get<User>(
            "https://api.github.com/users/mayashavin"
        )

        user.value = await response.data
    } catch (err) {
        error.value = err as Error
    } finally {
        loading.value = false;      ❸
    }
}

getUser();
```

❶ 반응형 loading 변수를 만든다.

❷ 데이터를 가져오기 전에 loading을 true로 설정한다.

❸ 요청이 해결/거부된 후 loading을 false로 설정한다.

그리고 [예제 6-4]처럼 컴포넌트의 로딩 메시지 template 섹션에 v-if="loading" 조건을 추가한다.

예제 6-4 로딩, 에러 상태를 처리하는 UserProfile 컴포넌트 템플릿

```
<template>
    <div v-if="loading">Loading...</div>
    <div class="user-profile" v-else-if="user">
        <!--...-->
    </div>
    <div class="error" v-else-if="error">
        {{ error.message }}
```

```
    </div>
  </template>
```

이 코드는 비동기 요청이 진행되는 동안 로딩 메시지를 렌더링하고 요청이 해결되면 사용자의 프로필 정보를 표시하고, 실패하면 에러 메시지를 내보낸다.

재사용 래퍼 컴포넌트를 만들어 비동기 데이터 요청에 따른 다양한 상태를 처리하는 방법도 있다. 가령 [그림 6-4]는 목록 컴포넌트를 로딩하는 동안 화면에 내보일 스켈레톤 플레이스홀더 화면이다. 이어서 이러한 대기 화면을 처리하는 fetch 컴포넌트를 설명하겠다.

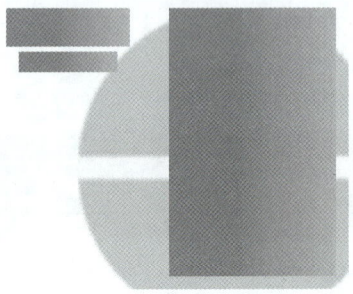

그림 6-4 로딩 상태용 스켈레톤 컴포넌트

6.5 재사용 fetch 컴포넌트 생성

비동기 데이터 요청 상태 처리는 많은 Vue 컴포넌트의 공통적 과제다. 로딩 상태는 일반적으로 로딩 메시지나 회전 아이콘 등으로 UI에 표시하고, 요청이 거부됐을 때는 더 세련된 에러 컴포넌트로 화면을 꾸미곤 한다. 이러한 부분에 공통적으로 사용할 `FetchComponent`를 만들어보자.

`FetchComponent`의 `template` 섹션은 `slot`과 `v-if`를 이용해 다음 세 가지 영역을 구현한다.

#loading: 로딩 메시지를 표시할 슬롯

이 슬롯은 컴포넌트의 isLoading 상태에 따라 렌더링한다.

#error: 에러 메시지를 표시할 슬롯

error 객체를 슬롯 props로 전달하며 error가 있을 때만 에러 메시지를 렌더링, 가공한다.

#default: 수신 data가 있을 때 컴포넌트 콘텐츠를 표시할 기본 슬롯

슬롯 props로 data를 전달한다.

또한 에러와 로딩 메시지를 기본 메시지 대신 표시하기 위해 다음과 같이 slot에 이름을 지정한다.

```
<template>
  <slot name="loading" v-if="isLoading">
    <div class="loadin-message">Loading...</div>
  </slot>
  <slot :data="data" v-if="data"></slot>
  <slot name="error" :error="error" v-if="error">
    <div class="error">
      <p>Error: {{ error.message }}</p>
    </div>
  </slot>
</template>
```

script setup 섹션은 FetchComponentData 데이터 타입을 선언하고 다음과 같이 is-Loading, error, data 프로퍼티를 추가한다. 이 중 data는 순수한 Object 타입이다.

```
const data = ref<Object | undefined>();
const error = ref<Error | undefined>();
const loading = ref<boolean>(false);
```

컴포넌트는 요청 URL과 요청 메서드를 props로 전달받는다. 전자는 url, 후자는 method 프로퍼티에 지정되며 메서드 기본값은 GET이다.

```
//...

const props = defineProps({
    url: {
        type: String,
        required: true,
    },
    method: {
        type: String,
        default: "GET",
    },
});
//...
```

마지막으로 Vue가 컴포넌트를 생성할 때 다음과 같이 비동기 요청을 실행하고 컴포넌트의 상태를 업데이트한다.

```
async function fetchData () {
    try {
        loading.value = true;
        const response = await axios(props.url, {
            method: props.method,
            headers: {
                'Content-Type': 'application/json',
            },
        });
        data.value = response.data;
    } catch (error) {
        error.value = error as Error;
    } finally {
```

```
        loading.value = false;
    }
};


fetchData();
```

> **NOTE** data의 타입이 사전에 정해져 있다면 any 또는 Object 대신 정확한 타입을 지정하는 것이 좋다.
> 그래야만 타입스크립트의 유효성 검사 범위에 포함된다. 어쩔 수 없는 상황이 아닌 한 any를 사용하지 않
> 는다.

[예제 6-5]는 [예제 6-2]를 새롭게 고친 **UserProfile** 컴포넌트다.

예제 6-5 UserProfile 컴포넌트에서 FetchComponent 사용하기

```
<template>
    <FetchComponent url="https://api.github.com/users/mayashavin">   ❶
        <template #default="defaultProps">   ❷
            <div class="user-profile">   ❸
                <img
                    :src="(defaultProps.data as User).avatar_url"
                    alt="`${defaultProps.data.name} Avatar`"
                    width="200"
                />
                <div>
                    <h1>{{ (defaultProps.data as User).name }}</h1>
                    <p>{{ (defaultProps.data as User).bio }}</p>
                    <p>Twitter: {{(defaultProps.data as User).twitter_username
}}</p>
                    <p>Blog: {{ (defaultProps.data as User).blog }}</p>
                </div>
            </div>
        </template>
    </FetchComponent>
```

```
</template>
<script lang="ts" setup>    ❹
import FetchComponent from "./FetchComponent.vue";
import type { User } from "../types/User.type";
</script>
```

❶ FetchComponent 컴포넌트를 사용하고 요청 URL을 url prop로 전달한다.[2]

❷ 컴포넌트 콘텐츠를 #default 슬롯으로 감싸고 template으로 지정한다. 또한 이 슬롯에 전달된 props를 defaultProps 객체에 바인딩한다. defaultProps.data는 Object 타입이므로 타입스크립트 유효성 검사를 거치도록 User로 캐스팅한다.

❸ defaultProps.data로 요청 결과 데이터에 접근하고 UI에 값을 표시한다.

❹ 데이터를 가져오던 기존 로직 코드는 모두 제거한다.

이번 예제에서는 기존의 user 프로퍼티 대신 FetchComponent 구현에서 슬롯으로 data를 데이터를 전달한다. 따라서 이전에 user를 썼던 부분은 모두 defaultProps.data로 바꾸었다. 출력 결과는 이전과 같다.

> TIP 컴포지션 API로 FetchComponent 구현하기
>
> setup() 함수나 <script setup> 섹션에 useFetch()를 구현하는 방식으로 FetchComponent를 만들어도 좋다(예제 5–20).

지금까지 간단한 FetchComponent를 만들며 데이터 요청 상태를 처리하고 Vue 컴포넌트 UI로 표현하는 방법을 배웠다. 이러한 이해를 확장시키면 POST 요청처럼 한층 복잡한 데이터 처리 기능도 구현할 수 있다. 그러기 위해서는 데이터 요청 로직을 한 곳으로 분리해 복잡도를 낮추고 여러 컴포넌트에서 재사용할 수 있어야 한다.

---

2   https://api.github.com/users/mayashavin

6.6 애플리케이션과 외부 데이터베이스 연결

이제 Vue 컴포넌트 UI에서 외부 데이터를 요청하고 에러를 처리할 수 있다. 그러나 Vue가 컴포넌트를 생성할 때마다 데이터를 가져오는 방식은 최선이 아니다. 특히 컴포넌트의 데이터가 자주 변경되지 않는 경우라면 더욱 그렇다.

이러한 문제가 단적으로 드러나는 상황은 웹 애플리케이션의 페이지를 전환할 때다. 페이지 데이터는 뷰를 처음 로드할 때 한 번만 가져와야 한다. 따라서 이런 경우에는 브라우저 로컬 저장소를 외부 데이터베이스로 삼거나 Vuex, 피니아 등의 상태 관리 서비스로 데이터를 캐시에 저장해야 한다. 더 자세한 설명은 9장을 참고하기 바란다.

로컬 저장소는 브라우저에 내장된 `localStorage` API로 다룬다. 가령 다음은 사용자의 GitHub 프로필 데이터를 로컬 저장소에 저장하는 코드다.

```
localStorage.setItem('user', JSON.stringify(user));
```

브라우저의 `localStorage`는 각 항목을 문자열로 저장하므로, 저장할 객체는 다음과 같이 문자열로 변환해야 한다.

```
const user = JSON.parse(localStorage.getItem('user'));
```

다음은 [예제 6-2]의 `UserProfile` 컴포넌트에서 로컬 저장소를 사용하는 코드다.

```ts
<script lang="ts">
import axios from 'axios';

//...

async function getUser() {
    try {
```

```
        const user = JSON.parse(localStorage.getItem('user'));
        if (user) return user.value = user;

        const response = await axios.get<User>(
            'https://api.github.com/users/mayashavin'
        );

        user.value = response.data;
        localStorage.setItem('user', JSON.stringify(user.value));
    } catch (error) {
        error.value = error as Error;
    }
}

getUser();
</script>
```

이 코드는 페이지를 처음 로드할 때만 비동기 호출을 실행한다. 첫 실행 때 데이터를 성공적
으로 저장했다면 다음부터는 로컬 저장소에서 직접 로드한다.

> **CAUTION** **실제 애플리케이션과 localStorage**
>
> localStorage에는 몇 가지 제약 사항이 있으므로 실제 애플리케이션에 사용하지 않는 것이 좋다. 브라우
> 저는 사설/익명 세션의 localStorage를 매번 초기화한다. 사용자 또한 localStorage 기능을 끌 수 있다.
> 따라서 localStorage 대신 Vuex 또는 피니아 등의 상태 관리 도구를 사용하는 것이 좋다. 자세한 설명은
> 9장을 참고하기 바란다.

정리

이번 장에서는 Axios 라이브러리와 컴포지션 API로 Vue 컴포넌트에서 비동기 데이터를 처리하는 기법을 소개했다. 외부 데이터를 요청하며 Vue 애플리케이션 UI에 가져와 상태를 처리하고, 재사용 컴포넌트를 만들어 코드를 체계적이고 깔끔하게 관리하는 방법도 배웠다. 또한 `localStorage` 등의 외부 데이터베이스 서비스와 애플리케이션을 연결하는 방법도 살펴봤다.

다음 장에서는 Vue의 다양한 고급 렌더링 개념을 소개한다. 기능성 컴포넌트, 전역 커스텀 플러그인 등록, 조건에 따른 동적 렌더링과 레이아웃 구성 등을 배우게 될 것이다.

고급 렌더링, 동적 컴포넌트, 플러그인 구성

이전 장들에서 Vue의 작동 방식을 배우고 옵션 API 및 컴포지션 API로 컴포넌트를 구성했다. 또한 Axios로 외부 리소스 데이터를 가져와 Vue 애플리케이션에 통합하는 방법도 배웠다.

이번 장에서는 더욱 고차원적인 Vue 렌더링 기법을 소개한다. 렌더링 함수와 JSX를 조합해 기능성 컴포넌트를 구성하고, 컴포넌트 태그를 활용해 엘리먼트를 조건에 따라 동적으로 렌더링할 것이다. 또한 애플리케이션에 커스텀 플러그인을 등록하고 사용하는 방법도 배울 것이다.

7.1 렌더 함수와 JSX

Vue는 컴포넌트를 렌더링할 때 Vue 컴파일러 API를 통해 모든 HTML 템플릿을 가상 DOM으로 컴파일한다. Vue 컴포넌트 데이터가 갱신되면 Vue는 내부 렌더 함수를 트리거하며, 바뀐 값을 가상 DOM으로 전달한다.

대부분의 컴포넌트는 `template` 영역을 컴파일하고 렌더링한다. 그러나 일부 특수한 작업은 HTML 템플릿 분석 단계를 우회해야 한다. 성능 최적화, 서버 사이드 렌더링 애플리케이션,

동적 컴포넌트 라이브러리 등의 작업이 대표적인 사례다. 이런 경우 render()로 가상 DOM을 직접 렌더링하고 가상 노드를 반환하면 템플릿 컴파일 프로세스를 건너뛸 수 있다.

7.1.1 렌더 함수

Vue 2에서 render() 함수는 createElement 콜백을 파라미터로 받고 createElement에 인수를 전달한 다음 유효한 VNode[1]를 반환한다. 이러한 createElement 콜백은 일반적으로 h 함수[2]로 표현한다.

[예제 7-1]은 Vue 2 방식으로 컴포넌트를 생성하는 코드다.

예제 **7-1** Vue 2의 렌더 함수

```
const App = {
 render(h) {
  return h(
   'div',
   { id: 'test-id' },
   'This is a render function test with Vue'
  )
 }
}
```

다음 템플릿 코드는 이전 코드와 같은 기능을 한다.

```
const App = {
 template: `<div id='test-id'>This is a render function test with Vue</div>`
}
```

---

1 가상 노드

2 하이퍼스크립트(hyperscript)를 의미하는 h. HTML을 생성하는 자바스크립트 코드를 일컫는다.

Vue 3는 render 문법이 달라졌다. 더 이상 h 함수를 파라미터로 사용하지 않고 대신 vue 패키지에서 제공하는 전역 함수 h로 VNode를 생성한다. 따라서 [예제 7-1]의 코드는 [예제 7-2]처럼 고칠 수 있다.

예제 7-2 Vue 3의 렌더링 함수

```
import { createApp, h } from 'vue'

const App = {
 render() {
  return h(
   'div',
   { id: 'test-id' },
   'This is a render function test with Vue'
  )
 }
}
```

출력 결과는 이전과 같다.

TIP **렌더 함수의 다중 루트 노드 지원**

Vue 3는 컴포넌트 템플릿에 복수의 루트 노드를 둘 수 있다. 이때 render()는 VNode 배열을 반환하며, 각 VNode는 모두 동일한 DOM 계층 수준에 주입된다.

7.1.2 h 함수와 VNode

Vue는 매우 유연하게 h 함수를 설계했다. [표 7-1]은 h 함수의 세 가지 입력 파라미터와 다양한 타입을 나열한다.

표 7-1 h 함수의 다양한 파라미터

파라미터	필수	허용 데이터 타입	설명
컴포넌트	예	문자열, 객체, 함수	문자열 텍스트, HTML 태그 엘리먼트, 컴포넌트 함수, 옵션 객체 형태로 전달할 수 있다.
props	아니오	객체	컴포넌트에 전달할 모든 props, 속성, 이벤트를 담은 객체. template에 작성하는 방식과 비슷하다
중첩 자손nested children	아니오	문자열, 배열, 객체	VNode 목록, 텍스트 컴포넌트, slots 객체(3장 참고) 형태로 자식 노드를 전달한다.

h 함수의 문법은 다음과 같다.

```
h(component, { /*props*/ }, children)
```

가령 루트 엘리먼트가 **div** 태그이며 내부에 **id**, 인라인 **border** 스타일, 하나의 input 엘리먼트가 있는 컴포넌트를 가정해보자. 이러한 컴포넌트는 다음과 같이 h 함수로 생성할 수 있다.

```
const inputElem = h(
 'input',
 {
 placeholder: 'Enter some text',
 type: 'text',
 id: 'text-input'
})

const comp = h(
 'div',
 {
 id: 'my-test-comp',
 style: { border: '1px solid blue' }
 },
```

```
  inputElem
)
```

이 컴포넌트는 실제 DOM에서 다음과 같이 출력된다.

```html
<div id="my-test-comp" style="border: 1px solid blue;">
  <input placeholder="Enter some text" type="text" id="text-input">
</div>
```

다음은 h 함수가 담긴 전체 코드다. 자유롭게 구성을 바꾸며 마음껏 시험해보기 바란다.

```js
import { createApp, h } from 'vue'

const inputElem = h(
 'input',
 {
  placeholder: 'Enter some text',
  type: 'text',
  id: 'text-input'
})

 const comp = h(
  'div',
  {
   id: 'my-test-comp',
   style: { border: '1px solid blue' }
  },
  inputElem
 )

 const App = {
  render() {
   return comp
  }
```

```
    }

    const app = createApp(App)

    app.mount("#app")
```

7.1.3 렌더 함수와 자바스크립트 XML

JSX(자바스크립트 XML)는 자바스크립트 안에서 HTML 코드를 작성할 수 있도록 리액트 프레임워크가 도입한 자바스크립트 확장이다. JSX는 다음과 같은 형식으로 HTML과 자바스 크립트 코드를 함께 작성한다.[3]

```
    const JSXComp = <div>This is a JSX component</div>
```

이 코드는 'This is a JSX component'라는 텍스트가 담긴 **div** 태그 렌더 컴포넌트다. 이 컴 포넌트를 다음과 같이 **render()** 함수에서 그대로 사용할 수 있다.

```
    import { createApp, h } from 'vue'

    const JSXComp = <div>This is a JSX component</div>

    const App = {
     render() {
      return JSXComp
     }
    }

    const app = createApp(App)

    app.mount("#app")
```

---

3   JSX를 인식하는 간단한 방법은 .ts가 아닌 .tsx 파일에 코드를 작성하는 것이다. (예: main.tsx)

Vue 3.0은 기본적으로 JSX를 지원하지만 사용 문법은 Vue 템플릿과 다르다. JSX에 동적 데이터를 바인딩하려면 [예제 7-3]처럼 단일 중괄호 {}를 사용한다.

예제 7-3 JSX로 간단한 Vue 컴포넌트 작성하기

```
import { createApp, h } from 'vue'

const name = 'JSX'
const JSXComp = <div>This is a {name} component</div>

const App = {
 render() {
  return JSXComp
 }
}

const app = createApp(App)

app.mount("#app")
```

동적 데이터도 같은 방식으로 바인딩한다. 표현식을 ''로 감쌀 필요 없이 다음 예시처럼 `div`의 `id` 속성에 값을 지정할 수 있다.

```
/**... */
const id = 'jsx-comp'
const JSXComp = <div id={id}>This is a {name} component</div>
/**... */
```

Vue와 리액트는 바인딩 방식이 약간 다르다. 가령 Vue는 리액트처럼 `class`를 `className`으로 변형하지 않고 원래 형태를 유지한다. 엘리먼트의 이벤트 리스너도 마찬가지다(`onClick` 대신 `onclick`을 쓴다).

옵션 API로 작성한 Vue 컴포넌트도 components에 JSX 컴포넌트를 등록할 수 있다. JSX 컴포넌트와 render 함수를 결합하면 동적 컴포넌트를 편리하게 만들 수 있으며 대부분의 경우 코드 가독성이 향상된다.

이어서 기능성 컴포넌트 작성법을 알아보자.

7.2 기능성 컴포넌트

기능성 컴포넌트는 무상태^{stateless} 컴포넌트이며 통상적인 컴포넌트 라이프사이클을 따르지 않는다. 옵션 API로 만드는 일반 컴포넌트와 달리 기능성 컴포넌트는 렌더 함수를 반환하는 일종의 함수 형태로 표현한다.

기능성 컴포넌트는 상태를 저장하지 않으므로 this 인스턴스에 접근할 수 없다. 대신 Vue는 컴포넌트 외부의 props와 context를 함수 인수로 전달한다. 기능성 컴포넌트는 vue 패키지 전역 함수 h()로 가상 노드 인스턴스를 생성해 반환하며 전체적인 구문은 다음과 같다.

```
import { h } from 'vue'

export function MyFunctionComp(props, context) {
  return h(/* render function argument */)
}
```

context는 컴포넌트의 콘텍스트 프로퍼티들을 노출한다. 여기에는 이벤트 이미터가 담긴 emits, 상위 컴포넌트에서 전달된 attrs, 컴포넌트의 중첩 엘리먼트가 담긴 slots 등이 포함된다.

헤딩^{heading} 엘리먼트를 표시하는 기능성 컴포넌트인 MyHeading을 만들어보자. 이 컴포넌트는 전달받은 모든 텍스트를 헤딩 태그로 출력하며 헤딩 단계는 level props로 전달받는다.

예를 들어 'Hello World' 텍스트를 2단계 헤딩 태그 <h2>로 표시하려면 **MyHeading**을 다음과 같이 사용한다.

```
<my-heading level="2">Hello World</my-heading>
```

출력 결과는 다음과 같아야 한다.

```
<h2>Hello World</h2>
```

이를 위해 **vue** 패키지에서 렌더링 함수 h를 가져와 [예제 7-4]처럼 코드를 작성한다.

예제 7-4 h 함수로 커스텀 헤딩 컴포넌트 만들기

```
import { h } from 'vue';

export function MyHeading(props, context) {
 const heading = `h${props.level}`

 return h(heading, context.$attrs, context.$slots);
}
```

기능성 컴포넌트는 Vue의 템플릿 렌더링 프로세스를 거치지 않는다. 대신 Vue는 렌더러 파이프라인 진행 도중에 기능성 컴포넌트 가상 노드를 직접 선언한다. 이러한 생성 원리상 기능성 컴포넌트는 중첩된 슬롯이나 속성을 지닐 수 없다.

7.3 기능성 컴포넌트의 props와 emits 정의

다음은 기능성 컴포넌트의 **props**와 **emits**를 명시적으로 정의하는 구문이다.

```
MyFunctionComp.props = ['prop-one', 'prop-two']
MyFunctionComp.emits = ['event-one', 'event-two']
```

context.props를 직접 정의하지 않으면 context.attrs와 동일한 값이 지정된다. con-text.attrs는 컴포넌트에 전달된 모든 속성을 담고 있다.

기능성 컴포넌트는 컴포넌트 렌더링을 프로그램 방식으로 제어하는 강력한 도구다. 특히 까다로운 사용자 요건을 처리하기 위한 저수준 유연성을 갖춘 컴포넌트 라이브러리를 제작할 때 매우 유용하다.

> **NOTE** 추가로, Vue 3는 <script setup>에 컴포넌트를 작성할 수 있다. 단 **SFC** 형식으로 컴포넌트를 작성할 때만 가능하다. 자세한 설명은 3.3.1절을 참고하기 바란다.

다음으로 플러그인을 이용해 Vue 애플리케이션에 외부 기능을 추가하는 방법을 알아보자.

7.4 Vue 플러그인으로 전역 커스텀 기능 추가하기

Vue 애플리케이션은 서드 파티 라이브러리 또는 커스텀 기능을 플러그인 형태로 추가하고 전역적으로 사용할 수 있다. Vue 플러그인은 install()이라는 단일 메서드를 노출하는 객체이며, 자신의 설치 코드를 담고 있다. 다음은 플러그인의 예시다.

```
/* plugins/samplePlugin.ts */
import type { App } from 'vue'

export default {
 install(app: App<Element>, options: Object) {
  // 설치 로직
```

```
    }
  }
```

이 코드는 plugins 디렉터리의 samplePlugin.ts 파일에 정의한다. install()의 첫 번째 인수는 app 인스턴스, 두 번째는 플러그인 설정이 담긴 options다.

연습 삼아 truncate 플러그인을 만들고 $truncate라는 전역 함수 프로퍼티로 추가해보자. $truncate는 options.limit에 지정된 길이만큼 문자열을 자르고 반환하는 함수다. 코드는 [예제 7-5]와 같다.

예제 7-5 truncate 플러그인

```
/* plugins/truncate.ts */
import type { App } from 'vue';

export default {
  install(app: App<Element>, options: { limit: number }) {
    const truncate = (str: string) => {
      if (str.length > options.limit) {
        return `${str.slice(0, options.limit)}...`;
      }

      return str;
    }
    app.config.globalPropertics.$truncate = truncate;
  }
}
```

이 플러그인을 애플리케이션에서 사용하려면 **main.ts**에서 **app** 인스턴스를 생성하고 다음과 같이 **app.use()** 메서드를 호출한다.

```
/* main.ts */
```

```
import { createApp } from 'vue'
import truncate from './plugins/truncate'

const App = {}

// 1. app 인스턴스 생성
const app = createApp(App);

// 2. 플러그인 등록
app.use(truncate, { limit: 10 })

app.mount('#app')
```

Vue 엔진은 truncate 플러그인을 설치하고 초기 limit를 10자로 설정한다. 플러그인은 app 인스턴스에 속한 모든 Vue 컴포넌트에서 사용할 수 있다. 다음과 같이 script 섹션에서 this.$truncate로, template 섹션에서 $truncate로 이 플러그인을 호출할 수 있다.

```
import { createApp, defineComponent } from 'vue/dist/vue.esm-bundler'
import truncate from './plugins/truncate'

const App = defineComponent({
 template: `
 <h1>{{ $truncate('My truncated long text') }}</h1>
 <h2>{{ truncatedText }}</h2>
 `,
 data() {
  return {
   truncatedText: this.$truncate('My 2nd truncated text')
  }
 }
});

const app = createApp(App);
```

```
app.use(truncate, { limit: 10 })
app.mount('#app')
```

출력 결과는 [그림 7-1]과 같다.

```
My truncat...

My 2nd tru...
```

그림 7-1 컴포넌트 텍스트가 잘린 출력 결과

그러나 $truncate는 **오직** <template> 섹션 또는 옵션 API가 적용된 script 섹션에서 호출할 수 있다. <script setup>과 setup()에서 플러그인을 사용하려면 제공/주입 패턴 (4.4절 참고)을 따라야 한다. 먼저 plugins/truncate.ts의 install 함수에 다음과 같이 제공 코드를 추가한다.

```
/* plugins/truncate.ts */
export default {
  install(app: App<Element>, options: { limit: number }) {
    //...
    app.provide("plugins", { truncate });
  }
}
```

Vue는 plugins 객체에 truncate를 담아 모든 애플리케이션 컴포넌트로 전달한다. truncate 플러그인이 필요한 곳에서 이를 수신하고 inject로 주입하면 다음과 같이 truncatedText를 구할 수 있다.

```
<script setup lang="ts">
import { inject } from 'vue';
```

```
const { truncate } = inject('plugins');
const truncatedText = truncate('My 2nd truncated text');
</script>
```

플러그인은 전역 메서드를 구성하고 다른 애플리케이션에서 재사용하려 할 때 매우 유용하다. 또한 외부 라이브러리를 설치하는 과정에 추가 로직을 작성할 수 있다는 장점도 있다. **Axios**로 외부 데이터를 가져오거나 **i18n**으로 지역화를 구현하는 경우가 대표적이다.

> **TIP** **애플리케이션에 피니아와 Vue 라우터 등록하기**
>
> Vite는 애플리케이션을 스캐폴딩하는 동안 피니아와 Vue 라우터를 애플리케이션 플러그인으로 추가한다. main. ts를 확인하면 예제와 동일한 방식으로 플러그인이 사용됐음을 알 수 있다.

다음으로 `<component>` 태그로 런타임 도중에 동적 컴포넌트를 렌더링하는 방법을 알아보자.

7.5 〈component〉 태그를 이용한 동적 렌더링

`<component>` 태그는 Vue 컴포넌트를 렌더링할 플레이스홀더 역할을 하며, 다음과 같이 is props로 컴포넌트 참조명을 지정한다.

```
<component is="targetComponentName" />
```

대상 컴포넌트가 app에 등록됐거나 다른 부모 컴포넌트의 `<component>`에서 사용됐다고 가정해보자. 이 경우 Vue 엔진은 컴포넌트 참조명으로 대상 컴포넌트를 조회하고 `<component>` 태그를 실제 컴포넌트로 교체할 수 있다. 대상 컴포넌트는 `<component>`로 전달된 모든 props도 상속받는다.

다음과 같이 'Hello World' 텍스트를 렌더링하는 **HelloWorld** 컴포넌트가 있다고 가정해 보자.

```
<template>
  <div>Hello World</div>
</template>
```

이 컴포넌트를 **App**에 등록하면 다음과 같이 `<component>` 태그를 통해 동적으로 렌더링할 수 있다.

```
<template>
  <component is="HelloWorld" />
</template>
<script lang="ts">
import HelloWorld from "@/components/HelloWorld";
import { defineComponent } from "vue";

export default defineComponent({
 components: { HelloWorld },
});
</script>
```

또한 **v-bind** 디렉티브 또는 : 문자로 **is** props에 참조 컴포넌트를 바인딩할 수 있다. 다음 과 같이 코드를 고치면 이전 예제의 두 코드 블록을 하나의 **App** 컴포넌트로 압축할 수 있다.

```
<template>
  <component :is="myComp" />
</template>
<script lang="ts">
import HelloWorld from "@/components/HelloWorld";
import { defineComponent } from "vue";
```

```
export default defineComponent({
 data() {
  return {
   myComp: {
    template: '<div>Hello World</div>'
   }
  }
 }
});
</script>
```

이 코드에서 참조 컴포넌트 **myComp**는 옵션 API 방식으로 작성했지만 SFC 컴포넌트를 임포트하고 전달하는 방법도 있다. 두 방식 모두 출력 결과는 같다.

<component> 태그 활용법은 무궁무진하다. 갤러리 컴포넌트를 예로 들자면, 각 갤러리 항목에 <component>를 적용해 **Card** 또는 **Row** 컴포넌트를 선택적으로 교체하며 렌더링할 수 있다.

그러나 Vue는 컴포넌트를 전환하는 과정에서 현재 엘리먼트를 완전히 언마운팅하고 컴포넌트의 데이터 상태를 모두 지운다. 결국 이전 컴포넌트로 전환한다 해도 새로운 데이터 상태로 새로운 인스턴스가 만들어지는 셈이다. 이러한 재생성의 단점을 보완하고, 향후 컴포넌트 전환 시 과거 엘리먼트의 상태를 보존하려면 <keep-alive> 컴포넌트를 사용해야 한다.

7.6 〈keep-alive〉로 컴포넌트 인스턴스를 활성 상태로 유지하기

<keep-alive>는 Vue 내장 컴포넌트이며 비활성 모드에서 동적 엘리먼트를 감싸고 컴포넌트의 상태를 보존하는 역할을 한다.

StepOne과 StepTwo라는 두 컴포넌트가 있다고 가정해보자. StepOne 컴포넌트에는 다음과 같이 문자열 input 필드가 있으며 로컬 데이터의 name 프로퍼티를 v-model로 양방향 바인딩하고 있다.

```
<!--StepOne.vue-->
<template>
  <div>
    <label for="name">Step one's input</label>
    <input v-model="name" id="name" />
  </div>
</template>
<script setup lang="ts">
import { ref } from 'vue';

const name = ref<string>("");
</script>
```

반면 StepTwo 컴포넌트는 다음과 같이 정적 문자열을 렌더링한다.

```
<!--StepTwo.vue-->
<template>
  <h2>{{ name }}</h2>
</template>
<script setup lang="ts">
const name = "Step 2";
</script>
```

App 템플릿은 component 태그에서 로컬 데이터 activeComp 프로퍼티를 참조해 컴포넌트를 렌더링한다. activeComp의 초기값은 StepOne이며, 이 값을 StepOne과 StepTwo로 번갈아 변경하는 버튼이 있다.

```
<template>
  <div>
    <keep-alive>
      <component :is="activeComp" />
    </keep-alive>
    <div>
      <button @click="activeComp = 'StepOne'" v-if="activeComp === 'StepTwo'">
      Go to Step Two
      </button>
      <button @click="activeComp = 'StepTwo'" v-else>Back to Step One</button>
    </div>
  </div>
</template>
<script lang="ts">
import { defineComponent } from "vue";
import StepOne from "./components/StepOne.vue";
import StepTwo from "./components/StepTwo.vue";

export default defineComponent({
  components: { StepTwo, StepOne },
  data() {
    return {
      activeComp: "StepOne",
    };
  },
});
</script>
```

StepOne과 StepTwo를 전환할 때마다 Vue는 input 필드에 입력된 name 프로퍼티값을 그대로 보존한다. 따라서 StepOne로 전환될 때 값이 초기화되지 않고 이전값이 유지된다.

keep-alive가 캐시로 유지할 인스턴스의 최대 개수는 다음과 같이 max props로 정의할 수 있다.

```
<keep-alive max="2">
  <component :is="activeComp" />
</keep-alive>
```

이 코드에서 max="2" 설정은 keep-alive 인스턴스의 최대 개수를 2개로 정의한다. 캐시 인스턴스 수가 이 제한을 넘기면 Vue는 가장 먼저 사용됐던least recently used (LRU) 인스턴스를 캐시 목록에서 제거하고 새로운 인스턴를 추가한다.

정리

이번 장에서는 JSX와 기능성 컴포넌트로 렌더링을 제어하고, Vue 플러그인을 전역적으로 등록하고, <component> 태그로 컴포넌트를 동적 렌더링하는 방법을 살펴봤다.

다음 장에서는 Vue의 공식 라우팅 라이브러리인 Vue 라우터를 소개하고 애플리케이션의 다양한 라우트를 상호 탐색하는 방법을 논의한다.

라우팅

앞선 장들에서 Vue 컴포넌트 사용법과 Vue 컴포넌트를 구성하는 다양한 기법을 배웠다. 컴포지션 API로 독립형 컴포저블을 만들어 컴포넌트 로직의 재사용성을 높였고, 렌더링과 커스텀 플러그인 등의 고급 활용법도 배웠다.

이번 장에서는 Vue 애플리케이션의 공식 라우팅 관리 라이브러리인 Vue 라우터와 핵심 API를 소개한다. 또한 라우팅 시스템의 기본 개념을 설명하고 Vue 애플리케이션을 구축하는 다양한 라우팅 기법을 살펴볼 것이다. 이와 더불어 애플리케이션의 라우트route를 설정하고, 라우터 가드로 경로 데이터를 전달 및 처리하고, 애플리케이션의 동적, 중첩 경로를 구축하는 방법을 배울 것이다.

8.1 라우팅이란?

사용자는 웹을 탐색할 때 브라우저 주소창에 URL을 입력한다. URL은 웹 리소스를 나타내는 주소다. URL은 여러 의미와 요소를 담고 있지만 크게 다음과 같은 주요 구획으로 나눌 수 있다.

위치 location

요청 리소스에 접근하는 프로토콜, 애플리케이션 도메인명(또는 웹 서버 IP 주소), 포트를 포함한다.

경로 path

요청 리소스의 경로. 웹 개발 시 사전 정의한 경로 패턴을 기준으로 브라우저에 렌더링할 컴포넌트를 결정한다.

쿼리 파라미터 query parameters

& 기호로 구분된 키-값 쌍이며 추가 정보를 서버에 전달하는 역할을 한다. 페이지 사이에서 데이터를 전달하는 용도로 사용한다.

앵커 anchor

문자에 이은 모든 텍스트. 엘리먼트 id값을 지정해 페이지 내 특정 엘리먼트로 이동하거나, 미디어 엘리먼트의 특정 시간으로 이동하는 역할을 한다.

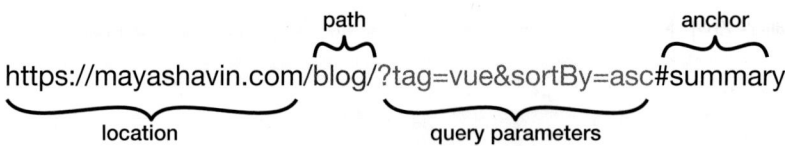

그림 8-1 URL 구조

브라우저는 사용자가 입력한 URL을 근거로 서버와 통신하며 서버는 요청 리소스를 반환한다. 리소스는 이미지나 비디오 등의 정적 파일, 웹 페이지나 웹 애플리케이션 등의 동적 페이지로 이루어진다.

싱글 페이지 애플리케이션 single-page application (SPA)은 라우팅 메커니즘을 브라우저가 담당하며 브라우저를 새로 고치지 않아도 자연스럽게 페이지 사이를 오갈 수 있다. 라우팅 시스템은 페이지 주소 URL에서 경로 패턴을 분석하고 이에 해당하는 애플리케이션 컴포넌트를 결정한다.

Vue는 프런트엔드 프레임워크로써 SPA 컴포넌트를 구축하는 틀을 제공하지만 라우팅 서비스는 별개의 문제다. 사용자에게 온전한 내비게이션 경험을 제공하려면 애플리케이션 라우팅 기능이 반드시 필요하다. SPA의 통상적 과제인 히스토리 관리, 북마크 등의 기능을 포함해 라우팅 서비스 전체를 설계하고 개발해야 한다.

아니면 Vue 라우터를 기본 라우팅 엔진으로 채택하는 대안이 있다. 이어서 알아보자.

8.2 Vue 라우터

Vue 라우터는 Vue 애플리케이션의 공식 라우팅 서비스이며, 페이지 내비게이션 기능과 제어 메커니즘을 제공한다. Vue 라우터로 애플리케이션의 라우팅 시스템을 구성하면 컴포넌트와 페이지를 매핑하고 SPA 클라이언트 측면에서 원활한 사용자 경험을 전달할 수 있다.

> **NOTE** Vue 라우터 웹사이트[1]에서 공식 문서, 설치, API, 참고 사례 등의 정보를 확인할 수 있다.

Vue 라우터는 Vue 프레임워크와 별개의 독립 패키지이므로 설치 단계를 거쳐야 애플리케이션에서 사용할 수 있다. 이어서 알아보자.

8.2.1 Vue 라우터 설치

Vue 라우터를 설치하는 가장 간단한 방법은 Vite로 Vue 프로젝트를 생성할 때 Vue 라우터 항목에서 **Yes**를 선택하는 것이다(1.5절 참고). Vite는 Vue 라우터 패키지를 설치하는 동시

---

1 https://oreil.ly/AwUZo

에 관련 파일 및 폴더(그림 8-2)를 다음과 같이 배치한다.

- `index.ts` 파일이 담긴 `router` 폴더. 앱의 라우트 설정이 저장된다.

- `views` 폴더에는 `AboutView`와 `HomeView`라는 두 샘플 컴포넌트가 생성된다. 각 컴포넌트는 해당 URL 경로의 뷰를 나타낸다. 이 부분은 잠시 후에 설명한다.

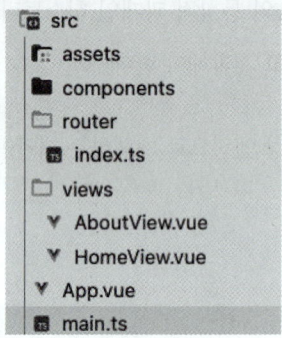

그림 8-2 Vue 라우터 스캐폴딩이 완료 Vite 프로젝트 구조

Vite는 `main.ts` 파일에 Vue 라우터 초기화 코드를 추가한다. 따라서 애플리케이션 생성 이후 기본 라우터가 활성화되며 즉시 사용할 수 있다.

Vue 라우터의 작동 방식을 온전히 이해하려면 스캐폴딩 방식이 아닌 수동으로 프로젝트에 추가해보는 것도 좋다. 다음 명령을 실행하면 기존 프로젝트에 Vue 라우터가 추가된다.

```
yarn add -D vue-router@4
```

> **NOTE** 이 책을 쓰는 현재 Vue 라우터 버전은 4.3.0이다. 패키지 추가 명령에서 @ 뒤의 버전 번호는 원하는 대로 교체할 수 있다. 최신 버전은 NPM 페이지[2]에서 확인하기 바란다.

Vue 라우터의 기능을 시연할 가상의 피자 주문 시스템을 SPA로 구축해보자. 애플리케이션 헤더에는 [그림 8-3]과 같이 Home, About, Pizzas, Contact, Login 페이지 링크가 있다.

---

2 https://oreil.ly/h6Q0V

그림 8-3 피자 하우스 애플리케이션 헤더

각 링크는 Vue 애플리케이션 페이지로 연결된다. 따라서 각각의 컴포넌트를 추가하고 **views** 폴더에 저장할 것이다. 다음은 피자 하우스 코드베이스의 뷰 컴포넌트 목록이다.[3]

HomeView

환영 메시지와 피자 목록을 표시한다.

AboutView

애플리케이션에 대한 간단한 설명이 포함된 정보 페이지다.

PizzasView

주문용 피자 목록을 표시한다.

ContactView

연락하기 폼을 표시한다

LoginView

로그인 폼을 표시한다.

---

3 옮긴이_ 각 컴포넌트 파일에는 우선 임의의 콘텐트를 적당히 넣어두면 된다.
   (예: <template><h1>This is the home view of Pizza stores</h1></template>)

[표 8-1]은 각 컴포넌트에 대응하는 페이지 링크를 나열한다.

표 8-1 Pizza House의 컴포넌트와 페이지 URL 목록

페이지 링크	컴포넌트	라우트 경로 패턴
https://localhost:4000	HomeView	/
https://localhost:4000/about	AboutView	/about
https://localhost:4000/pizzas	PizzasView	/pizzas
https://localhost:4000/contact	Contact	/contact
https://localhost:4000/login	LoginView	/login

[표 8-1]은 각 페이지 링크에 해당하는 라우트 패턴을 알려준다. 이러한 패턴을 기준으로 애플리케이션 라우트를 정의할 것이다.

> **NOTE** localhost의 4000번 포트는 Vite로 실행한 개발 서버의 로컬 포트 번호다. 이 번호는 프로젝트를 실행할 로컬 환경의 가용 포트 현황에 맞게 Vite 설정에서 변경할 수 있다.

8.2.2 라우트 정의

라우트는 페이지 URL에 대응하는 경로 패턴이다. Vue 라우터는 **RouteRecordRaw** 인터페이스로 설정 객체를 만들어 라우트를 정의한다. [표 8-2]는 이 설정 객체의 프로퍼티 목록이다.

표 8-2 라우트 설정 객체 프로퍼티

프로퍼티	타입	설명	필수
path	string	브라우저 주소(URL)와 대조할 패턴	예
component	Component	브라우저 주소와 라우트 경로 패턴이 일치할 경우 렌더링할 컴포넌트	아니오
name	string	라우트명. URL을 코드에 직접 명시하는 대신 라우트명을 쓸 수 있다.	아니오

components	{ [name: string]: Component }	렌더링할 컴포넌트 목록을 라우트명과 함께 나열한다.	아니오
redirect	string 또는 Location 또는 Function	리다이렉트 경로	아니오
props	boolean 또는 Object 또는 Function	컴포넌트에 전달할 props	아니오
alias	string 또는 Array<string>	경로 별칭	아니오
children	Array<RouteConfig>	자식 라우트	아니오
beforeEnter	Function	내비게이션 가드 콜백	아니오
meta	any	라우트 메타데이터. URL에 보이지 않는 추가 정보를 전달하는 용도로 사용한다.	아니오
sensitive	Boolean	라우트 대소문자 구분. 기본적으로 모든 라우트는 대소문자를 구분하지 않는다. 가령 /pizzas와 /Pizzas는 같은 라우트다.	아니오
strict	Boolean	마지막 슬래시 문자 허용 여부(예: /about/와 /about)	아니오

표에 나열된 모든 필드를 동원해서 라우트를 정의하는 경우는 별로 없다. 다음은 애플리케이션 기본 경로인 home 라우트 객체의 코드다. path 프로퍼티는 /로, component 프로퍼티를 HomeView로 설정하면 충분하다.

```
/**router/index.ts */
// 필요한 컴포넌트 모듈 임포트

const homeRoute = {
  path: '/',
  name: 'home',
  component: HomeView
}
```

strict 모드 비활성화 상태에서 Vue 라우터는 기본 진입 URL(예: https://localhost:4000)을 / 라우트에 매핑한다. 또한 슬래시(/) 뒤에 아무것도 지정하지 않으면 Hom-eView 컴포넌트를 기본 뷰로 렌더링한다. 이러한 매핑 규칙은 **https://localhost:4000** 또는 **https://localhost:4000/**에 모두 적용된다.

이제 다음과 같이 RouteRecordRaw 객체 배열로 **routes**를 설정하고 router 폴더에 index.ts 파일로 저장한다.

```
/**router/index.ts */
import { type RouteRecordRaw } from "vue-router";
// 필요한 컴포넌트 모듈 임포트

const routes:RouteRecordRaw[] = [
  {
    path: '/',
    name: 'home',
    component: HomeView
  },
  {
    path: '/about',
    name: 'about',
    component: AboutView
  },
  {
    path: '/pizzas',
    name: 'pizzas',
    component: PizzasView
  },
  {
    path: '/contact',
    name: 'contact',
    component: ContactView
  },
  {
```

```
      path: '/login',
      name: 'login',
      component: LoginView
    }
  ]
```

TIP **명명된 라우트**

이번 장의 예제는 name 프로퍼티를 지닌 **명명된 라우트**named routes를 사용한다. 코드 가독성을 높이고 관리하기 쉽게 유지하려면 라우트에 이름을 지정하는 것이 좋다.

지금까지 피자 하우스에 필요한 라우트를 간단히 정의해봤다. 그러나 라우팅 시스템을 실제로 가동하려면 여기에 그쳐서는 안 된다. 다음으로 라우트 설정을 통해 라우터 인스턴스를 생성하고 Vue 애플리케이션에 탑재하는 과정을 살펴보자.

8.2.3 라우터 인스턴스 생성

라우터 인스턴스는 vue-router 패키지의 createRouter 메서드로 생성한다. 이 메서드의 인수는 RouterOptions 타입 객체이며 주요 프로퍼티는 다음과 같다.

history

해시 기반 또는 웹 기반(HTML 히스토리)으로 히스토리 모드를 설정하는 객체. 웹 방식은 HTML5 히스토리 API로 URL을 읽고 새로고침 없이 페이지를 탐색할 수 있다.

routes

라우터 인스턴스에서 사용할 라우트 배열

linkActiveClass

링크가 활성 상태일 때 적용할 클래스명. 기본값은 router-link-active다.

linkExactActiveClass

활성 상태의 링크가 정확하게 일치할 때 적용할 클래스명. 기본값은 router-link-exact-active다.

> **NOTE** RouterOptions 인터페이스 프로퍼티는 이 외에도 많다. 자세한 설명은 공식 문서[4]를 참고하기 바란다.

다음 예제는 vue-route 패키지의 createWebHistory 메서드로 웹 기반 history 객체를 생성한다. 이 메서드는 베이스 URL 문자열을 선택적 인수로 전달한다.

```
/**router/index.ts */
import {
  createRouter,
  createWebHistory,
  type RouteRecordRaw
} from 'vue-router';

const routes: RouteRecordRaw[] = [/**... */]

export const router = createRouter({
  history: createWebHistory("https://your-domain-name"),
  routes
})
```

그러나 베이스 URL을 정적 문자열로 지정하는 것은 좋은 방법이 아니다. 베이스 URL 설정

---

4 https://oreil.ly/pcSqw

은 개발, 프로덕션 등의 다양한 환경과 무관하게 격리된 상태로 유지하는 것이 최선이다. 이러한 취지에서 Vite는 BASE_URL 프로퍼티가 포함된 import.meta.env라는 환경 객체를 제공한다. BASE_URL값은 .env로 시작하는 전용 환경 파일에 추가하거나 Vite 서버를 실행할 때 명령줄에 지정할 수 있다. Vite는 BASE_URL값을 import.meta.env 객체에 주입하고, 개발자는 이를 다음과 같이 코드에서 사용할 수 있다.

```
/**router/index.ts */
import {
  createRouter,
  createWebHistory,
  type RouteRecordRaw
} from 'vue-router';

const routes: RouteRecordRaw[] = [/**... */]

export const router = createRouter({
  history: createWebHistory(import.meta.env.BASE_URL),
  routes
})
```

TIP **환경 파일과 BASE_URL**

개발 환경은 Vite기 BASE_URL에 로컬 서버 URL을 자동으로 매핑하므로 .env 파일에 별도로 설정할 필요가 없다. 현존하는 Netlify등의 호스팅 플랫폼은 대부분 배포 과정에서 애플리케이션 도메인을 BASE_URL값으로 설정한다.

지금까지 routes와 history 모드를 설정하며 라우터 인스턴스를 생성했다. 다음 단계는 라우터 인스턴스를 Vue 애플리케이션에 탑재하는 것이다.

8.2.4 라우터 인스턴스 탑재

애플리케이션 인스턴스 app은 main.ts 파일에서 초기화한다. router 인스턴스 또한 이곳에서 임포트하고 `app.use()` 메서드에 인수로 전달한다.

```ts
/**main.ts */
import { createApp } from 'vue'
import App from './App.vue'
import { router } from './router'

const app = createApp(App)

app.use(router)

app.mount('#app')
```

지금까지 여러 예제를 거치며 애플리케이션의 페이지 내비게이션 라우팅 시스템을 구축했다. 그러나 현상태로 애플리케이션을 실행하면 /about 경로에 접근해도 아직 AboutView 컴포넌트가 렌더링되지 않는다. 라우트 경로에 대응하는 컴포넌트를 표시하려면 App.vue 컴포넌트를 수정해야 한다. 이어서 자세히 살펴보자.

8.2.5 RouterView 컴포넌트로 현재 페이지 렌더링하기

URL 경로에 맞추어 뷰를 동적으로 생성하려면 Vue 라우터가 제공하는 플레이스홀더 컴포넌트인 RouterView(또는 router-view)를 써야 한다. Vue 라우터는 애플리케이션 실행 중에 이 컴포넌트를 URL 패턴 설정과 일치하는 엘리먼트로 교체한다. 다음은 이러한 방식으로 현재 페이지를 렌더링하는 App.vue 컴포넌트다.

```vue
/**App.vue */
<script setup lang="ts">
import { RouterView } from 'vue-router'
</script>
<template>
```

```
  <RouterView />
</template>
```

이제 애플리케이션을 실행하면 [그림 8-4]처럼 **HomeView**가 기본 페이지로 열린다. 브라우저 주소창에서 **/about**을 입력해 이동하면 [그림 8-5]처럼 **AboutView** 컴포넌트가 렌더링된다.

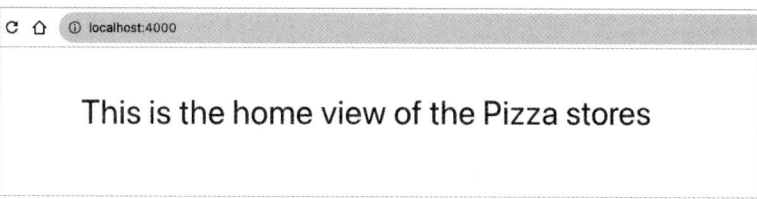

그림 8-4 / 경로의 HomeView 컴포넌트 화면

그림 8-5 /about 경로의 AboutView 컴포넌트 화면

RoutcrView도 Vue 컴포넌트이므로 props, 속성, 이벤트 리스너 지정할 수 있으며, **RouterView**는 이들을 뷰로 전달한다. 가령 다음은 **RouterView**에 class를 전달하는 예시다.

```
/**App.vue */
<template>
  <RouterView class="view" />
</template>
```

이렇게 전달된 **class** 속성은 렌더 컴포넌트의 최상위 컨테이너 엘리먼트에 지정되며, 이를 통해 CSS 스타일을 제어할 수 있다. [그림 8-6]은 **AboutView**에 **class**가 전달된 결과를

보여준다.[5]

```
▼<div id="app" data-v-app> grid
    <h1 data-v-7a7a37b1 class="view">About this Pizza store</h1>
  </div>
```

그림 8-6 RouterView 컴포넌트에서 class 속성을 전달받은 AboutView

지금까지 애플리케이션 라우트를 설정하고 **RouterView** 컴포넌트로 현재 페이지를 렌더링하는 방법을 알아보았다. 그러나 브라우저 주소창에 URL 경로를 직접 입력하기는 너무 번거롭다. 애플리케이션의 사용자 경험을 향상시키려면 a 엘리먼트에 전체 경로를 걸어 내비게이션 링크를 만들고 헤더로 구성하는 것이 좋다. Vue에 내장된 **RouterLink** 컴포넌트는 라우트 설정을 통해 이러한 링크들을 자동으로 생성한다. 이어서 이 기능을 자세히 알아보자.

8.2.6 RouterLink 컴포넌트로 내비게이션 바 만들기

Vue 라우터는 인터랙티브 내비게이션 엘리먼트를 생성할 수 있는 **RouterLink**(또는 rout-er-link) 컴포넌트를 제공한다. 이 컴포넌트는 특정 라우트의 **path** 문자열을 **to** props로 지정할 수 있다. 다음 예제는 about 페이지로 이동하는 링크를 나타낸다.

```
<router-link to="/about">About</router-link>
```

또는 다음과 같이 **name**과 **params** 등의 라우트 파라미터가 담긴 객체를 지정할 수도 있다.

```
<router-link :to="{ name: 'about' }">About</router-link>
```

기본적으로 이 컴포넌트는 **href**와 활성 링크 클래스를 담아 앵커 엘리먼트(a)를 렌더링한다. 활성 링크 클래스는 이전에 설명했던 **router-link-active** 또는 **router-link-**

---

5 ⟨template⟩ 안에 텍스트만 있거나 복수의 루트 엘리먼트가 있을 경우 전달되지 않는다.

exact-active다. 기본 엘리먼트 대신 다른 엘리먼트로 렌더링하는 방법도 있다. 다음 예시는 불리언 속성인 custom과 v-slot 디렉티브를 적용해 button 엘리먼트를 렌더링한다.

```
<router-link custom to="/about" v-slot="{ navigate }" >
  <button @click="navigate">About</button>
</router-link>
```

이 코드는 a 엘리먼트가 아닌 button 엘리먼트를 렌더링하며 클릭 이벤트를 navigate 함수와 바인딩한다.

> **CAUTION** custom 속성
>
> custom 속성을 사용할 때는 navigate 함수를 클릭 핸들러로 바인딩하거나, v-slot으로 href 값을 가져와 직접 링크를 걸어야 한다. 그렇지 않으면 링크가 제대로 작동하지 않는다. 또한 이때 router-link-active 또는 router-link-exact-active 등의 클래스명은 커스텀 엘리먼트에 적용되지 않는다.

[예제 8-1]은 RouterLink로 구성한 NavBar 컴포넌트다.

예제 8-1 NavBar 컴포넌트

```
/**NavBar.vue */

<template>
  <nav>
    <router-link :to="{ name: 'home' }">Home</router-link>
    <router-link :to="{ name: 'about' }">About</router-link>
    <router-link :to="{ name: 'pizzas' }">Pizzas</router-link>
    <router-link :to="{ name: 'contact' }">Contact</router-link>
    <router-link :to="{ name: 'login' }">Login</router-link>
  </nav>
</template>
```

nav 엘리먼트와 활성 링크는 다음과 같은 CSS 스타일을 적용한다.

```
/**NavBar.vue */

<style scoped>
nav {
  display: flex;
  gap: 30px;
  justify-content: center;
}

.router-link-active, .router-link-exact-active {
  text-decoration: underline;
}
</style>
```

TIP activeClass와 exactActiveClass

activeClass와 exactActiveClass prop을 설정하면 RouterLink의 기본값 대신 자유롭게 클래스명을 변경할 수 있다.

App 컴포넌트에 NavBar를 추가하면 [그림 8-7]처럼 페이지 상단에 내비게이션 바가 나타난다.

그림 8-7 애플리케이션 내비게이션 바

이제 사용자는 내비게이션 바를 통해 페이지를 오갈 수 있다. 그러나 아직 페이지 사이에서 데이터 흐름을 제어할 수는 없다. 이어서 라우트 파라미터로 데이터를 전달하는 방법을 살펴보자.

8.3 라우트 간 데이터 전달

라우트 사이에서 데이터를 전달하려면 다음과 같이 **to** 라우터 객체에 **query** 필드를 추가한다.

```
<router-link :to="{ name: 'pizzas', query: { id: 1 } }">Pizza 1</router-link>
```

query 필드는 경로에 전달하려는 쿼리 파라미터 정보가 담긴 객체다. Vue 라우터는 이 객체를 쿼리 문자열로 변환하고 다음과 같이 **?** 문자 뒤에 붙여 완전한 **href** 경로를 만든다.

```
<a href="/pizzas?id=1">Pizza 1</a>
```

이렇게 전달된 쿼리 파라미터는 라우트 컴포넌트에서 **useRoute()** 함수로 접근할 수 있다. 다음은 **PizzasView**에서 쿼리 파라미터에 접근하는 예시다.

```
<template>
  <div>
    <h1>Pizzas</h1>
    <p v-if="pizzaId">Pizza ID: {{ pizzaId }}</p>
  </div>
</template>
<script lang="ts" setup>
import { useRoute } from "vue-router";

const route = useRoute();
const pizzaId = route.query?.id;
</script>
```

브라우저에서 **http://localhost: 4000/pizzas?id=1** URL에 접근하면 [그림 8-8]과 같은 렌더링 화면이 나타난다.

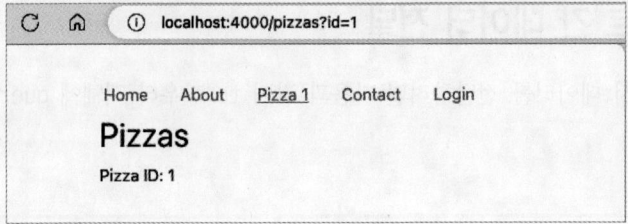

그림 8-8 쿼리 파라미터를 전달받은 피자 페이지

쿼리 파라미터는 사용자가 브라우저 주소창에 직접 입력할 수 있다. 이 경우 라우터 인스턴스는 쿼리 정보를 분리해 route.query 객체에 담는다. 이 메커니즘은 다양한 상황에 쓸모가 많다. 가령 [예제 8-2]와 같은 PizzasView 컴포넌트가 있다고 가정하자. 이 컴포넌트는 usePizzas 훅에서 가져온 피자 목록을 PizzaCard 컴포넌트로 출력한다.

예제 8-2 PizzasView 컴포넌트

```ts
<template>
  <div class="pizzas-view--container">
    <h1>Pizzas</h1>
    <ul>
      <li v-for="pizza in pizzas" :key="pizza.id">
        <PizzaCard :pizza="pizza" />
      </li>
    </ul>
  </div>
</template>
<script lang="ts" setup>
import PizzaCard from "@/components/PizzaCard.vue";
import { usePizzas } from "@/composables/usePizzas";

const { pizzas } = usePizzas();
</script>
```

여기에 피자 검색 기능을 추가해보자. 사용자가 search 쿼리 파라미터로 피자 이름을 검색하면 피자 목록이 검색 결과로 추려져야 한다. [예제 8-3]의 useSearch 혹에 route.que-ry.search을 전달하면 피자를 검색한 뒤 반응형 search값과 피자 검색 결과 목록이 반환된다.

예제 8-3 useSearch 혹 구현

```
import { computed, ref, type Ref } from "vue";

export type UseSearchProps = {
  items: Ref<any[]>;
  filter?: string;
  defaultSearch?: string;
};

export const useSearch = ({
  items,
  filter = "title",
  defaultSearch = "",
}: UseSearchProps) => {
  const search = ref(defaultSearch);
  const searchResults = computed(() => {
    const searchTerm = search.value.toLowerCase();

    if (searchTerm === "") {
        return items.value;
    }

    return items.value.filter((item) => {
      const itemValue = item[filter]?.toLowerCase()
        return itemValue.includes(searchTerm);
      });
  });

  return { search, searchResults };
};
```

다음으로 PizzasView 컴포넌트에서 useSearch 훅을 호출하고, pizzas 출력 목록부를 searchResults로 교체한다.

```ts
<template>
  <!--...기타 코드 -->
    <li v-for="pizza in searchResults" :key="pizza.id">
      <PizzaCard :pizza="pizza" />
    </li>
  <!--...기타 코드 -->
</template>
<script lang="ts" setup>
/**...기타 임포트 */
import { useRoute } from "vue-router";
import { useSearch } from "@/composables/useSearch";
import type { Pizza } from "@/types/Pizza";

/**...기타 코드 */
const route = useRoute();

type PizzaSearch = {
  search: Ref<string>;
  searchResults: Ref<Pizza[]>;
};

const { search, searchResults }: PizzaSearch = useSearch({
  items: pizzas,
  defaultSearch: route.query?.search as string,
});
</script>
```

이제 /pizzas?search=hawaii로 이동하면 [그림 8–9]처럼 Hawaii라는 피자만 목록에 표시된다.

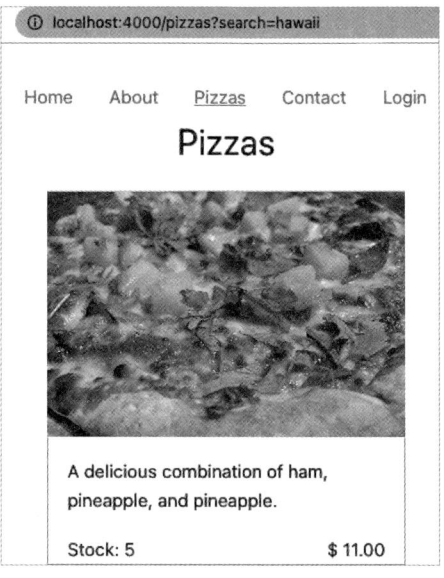

그림 8-9 쿼리 파라미터로 검색한 피자 목록 페이지

그렇다면 사용자가 페이지에서 피자를 검색하고 검색어를 쿼리 파리미터와 동기화시킬 수 있을까? 그러기 위해서는 다음과 같이 코드를 변경해야 한다.

- template에 input 필드를 추가하고 search 변수를 바인딩한다.

```
<template>
  <!--...기타 코드 -->
  <input v-model="search" placeholder="Search for a pizza" />
  <!--...기타 코드 -->
</template>
```

- useRouter() 메서드로 router 인스턴스를 가져온다.

```
/**...기타 임포트 */
import { useRoute, useRouter } from "vue-router";

/**...기타 코드 */
const router = useRouter();
```

- watch 함수로 search값의 변화를 관찰하고 `router.replace`로 쿼리 파라미터를 업데이트한다.

```
/**...기타 임포트 */
import { watch } from 'vue';

/**...기타 코드 */
watch(search, (value, prevValue) => {
  if (value === prevValue) return;
  router.replace({ query: { search: value } });
});
```

이제 검색 필드에 검색어를 입력하면 라우터 인스턴스가 URL의 쿼리값을 새롭게 업데이트한다.

> **NOTE** Vue 2.x 이하 또는 옵션 API(setup() 없이)를 사용할 때는 this.$router 및 this.$route로 라우터와 라우트 인스턴스에 접근할 수 있다.

지금까지 route 인스턴스로 쿼리 파라미터를 다루는 방법을 배웠다. 그러나 컴포넌트에서 직접 route 인스턴스에 접근하는 개발 방식은 그다지 세련되지 못하다. 따라서 props를 활용해 쿼리 파라미터와 컴포넌트를 분리할 것이다.

8.4 props로 라우트 파라미터 분리하기

라우트 설정 객체에 정적 props를 정의하면 뷰 컴포넌트로 전달할 수 있다. 이 props는 정적값 또는 해당 props를 반환하는 함수 형태로 정의한다. 예를 들어 다음 코드는 기존 pizzas 라우트 설정에 props를 추가하고, `route.query.search`값을 searchTerm props를 통해 PizzaView 컴포넌트로 전달한다.

```
import {
  type RouteLocationNormalizedLoaded,
  type RouteRecordRaw,
} from "vue-router";

const routes: RouteRecordRaw = [
  /** 기타 라우트 */
  {
    path: "/pizzas",
    name: "pizzas",
    component: PizzasView,
    props: (route: RouteLocationNormalizedLoaded) => ({
      searchTerm: route.query?.search || "",
    }),
  },
];
```

PizzasView 컴포넌트는 다음과 같이 **useRoute** 호출부를 제거하고 **props** 객체를 통해 searchTerm prop에 접근할 수 있다.

```
const props = defineProps({
  searchTerm: {
    type: String,
    required: false,
    default: "",
  },
});

const { search, searchResults }: PizzaSearch = useSearch({
  items: pizzas,
  defaultSearch: props.searchTerm,
});
```

애플리케이션은 이전과 동일하게 작동한다.

또한 props: true로 설정하면 prop을 일일이 설정하지 않고 route.params 객체를 뷰 컴포넌트로 전달할 수 있다. 이 기법은 주로 내비게이션 가드와 함께 쓰인다. 내비게이션 가드는 라우트가 전환될 때 라우트 파라미터로 부가 작업을 처리하는 곳이다. 이어서 이 주제에 대해 자세히 설명하겠다.

8.5 내비게이션 가드의 이해

내비게이션 가드는 내비게이션 흐름을 원활하게 제어하기 위한 기능이다. 또한 라우트가 변경됐을 때, 또는 변경 직전에 부가 작업을 처리하는 용도로 활용하기도 한다. 내비게이션 가드는 전역, 컴포넌트 수준, 라우트 수준 등의 세 가지 유형으로 구분한다.

8.5.1 전역 내비게이션 가드

Vue 라우터는 다음과 같은 전역 수준 내비게이션 가드를 모든 라우터 인스턴스에 노출한다.

router.beforeEach

모든 내비게이션 작동 **이전**에 호출한다.

router.beforeResolve

모든 비동기 컴포넌트와 컴포넌트 내부 가드(있을 경우)가 해결된 **이후**, 내비게이션이 완료되기 **이전**에 호출한다.

router.afterEach

내비게이션 완료 **이후**, DOM 업데이트 **이전**에 호출한다.

전역 가드는 특정 라우트로 이동하기에 앞서 유효성을 검사하기 좋은 곳이다. 예를 들면 **/pizzas** 라우트로 이동하기 전에 **router.beforeEach**에서 사용자 인증 여부를 확인하고, 인증되지 않았을 경우 다음과 같이 **/login** 페이지로 이동시킬 수 있다.

```
const user = {
  isAuthenticated: false,
};

router.beforeEach((to, from, next) => {
  if (to.name === "pizzas" && !user.isAuthenticated) {
    next({ name: "login" });
  } else {
    next();
  }
});
```

이 코드에서 **to**는 이동 대상 라우트 객체, **from**은 현재 라우트 객체다. **next** 함수를 마지막에 호출하면 훅/가드가 완료된다. 원래 목적지로 계속 이동하려면 인수 없이 **next()**를 실행하고, 다른 경로로 이동하려면 새로운 라우트 객체로 **next()**를 호출해야 한다. 그 외의 경우에는 Vue 라우터가 내비게이션 흐름을 중단한다.

> **NOTE** router.beforeResolve 가드에서 내비게이션 유효성을 검사할 수 있다. 그러나 router. beforeEach와 달리 router.beforeResolve는 컴포넌트 내부 가드가 모두 해결된 이후 트리거된다. 내비게이션 유효성 검사에 따라 비동기 컴포넌트 로딩 여부를 결정하고자 한다면, 후자는 효용 가치가 떨어진다. 이미 모든 컴포넌트가 정착한 이후이기 때문이다.

그렇다면 **router.afterEach**는 어떤 역할을 할까? 이 훅은 페이지 데이터 캐시 저장, 페이지 분석 정보 추적 등에 사용한다. 다음 코드는 로그인 페이지를 거친 사용자를 인증하는 역할을 한다.

```
router.afterEach((to, from) => {
  if (to.name === "login") {
    user.isAuthenticated = true;
  }
});
```

전역 가드는 애플리케이션의 전반적인 리디렉션과 각종 부가 작업을 처리할 때 유용하다. 그러나 가끔은 특정 라우트의 부가 작업만 처리해야 할 때가 있다. 이럴 때는 라우트 수준 가드를 사용하는 것 좋다.

8.5.2 라우터 수준 내비게이션 가드

beforeEnter 가드에 콜백을 정의하면 모든 라우트에 적용된다. Vue 라우터는 한 경로에서 다른 경로로 진입할 때 이 콜백을 실행한다. 다음 코드는 /pizzas에서 props 필드에 함수를 지정하는 대신 내비게이션 가드로 검색 쿼리를 prop에 매핑하는 예시다. 라우트 진입 이전에 to.query.search값을 to.params.searchTerm 필드로 직접 설정한다.

```
const routes: RouteRecordRaw = [
  /** 기타 라우트 */
  {
    path: "/pizzas",
    name: "pizzas",
    component: PizzasView,
    props: true,
    beforeEnter: async (to, from, next) => {
      to.params.searchTerm = (to.query.search || "") as string;
```

```
      next()
    },
  },
];
```

pizzas 라우트에 props: true 설정이 쓰였음을 확인할 수 있다. 화면 UI는 이전과 동일하게 [그림 8-10]처럼 피자 목록이 출력된다.

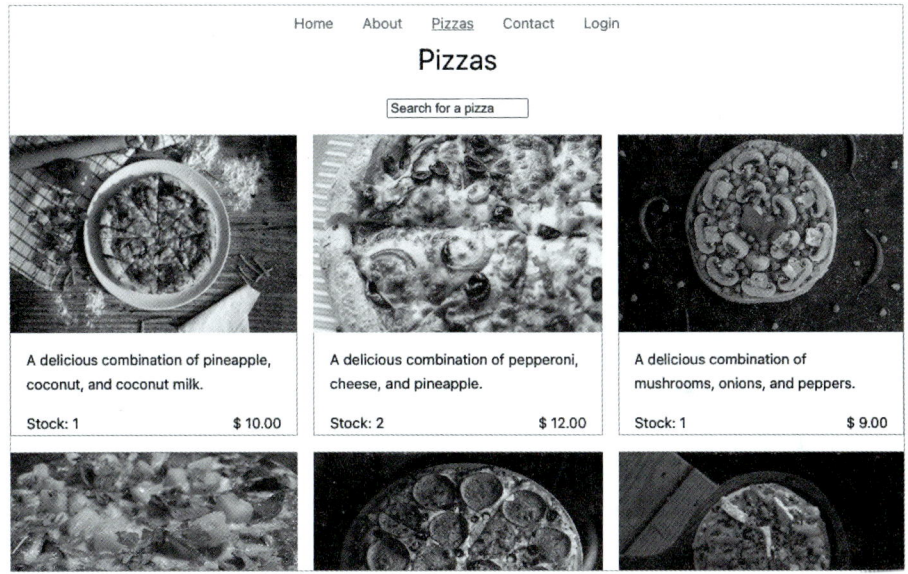

그림 8-10 피자 목록

beforeEnter 가드 내부에서 to.query.searchTerm을 직접 수정할 수 있다. 그러나 이러한 변경 사항은 브라우저 주소창의 URL 경로에 반영되지 않는다. URL 경로를 업데이트하려면 리디렉션 경로의 쿼리 파라미터로 라우트 객체를 만들어 next 함수에 전달하면 된다.

> **TIP** **beforeEnter에 콜백 배열 전달**
>
> beforeEnter에 콜백 배열을 전달하면 Vue 라우터가 순차적으로 트리거한다. 특정 라우트에 진입하기 전에 해당 경로의 여러 부가 작업을 처리하기 좋은 기법이다.

다른 전역 가드와 마찬가지로 beforeEnter 가드도 특정 라우트의 인증을 처리하기 좋은 곳이다. 또한 라우트 파라미터를 뷰 컴포넌트에 전달하기 전에 가공하기 좋은 곳이기도 하다. 다음으로 컴포넌트 수준 가드에서 특정 뷰의 부가 작업을 처리하는 방법을 설명한다.

8.5.3 컴포넌트 수준 라우터 가드

Vue 3.x부터 Vue 라우터는 컴포넌트 수준 가드를 제공하며 onBeforeRouteLeave 및 onBeforeRouteUpdate 등의 가드로 라우트 전환 및 업데이트 흐름을 제어할 수 있다. Vue 라우터는 사용자가 현재 경로 뷰를 벗어날 때 onBeforeRouteLeave를, 동일한 경로에서 파라미터가 바뀔 때는 onBeforeRouteUpdate를 호출한다.

다음 코드에서 onBeforeRouteLeave 가드는 사용자가 Contract 페이지에서 나갈 것인지 확인하는 메시지를 표시한다.

```
import { onBeforeRouteLeave } from "vue-router";

onBeforeRouteLeave((to, from, next) => {
  const answer = window.confirm("Are you sure you want to leave?");

  next(!!answer);
});
```

Contact 페이지에서 다른 페이지로 이동하려 시도하면 [그림 8-11]과 같이 확인창이 나타난다. [Cancel] 버튼을 클릭하면 이동을 멈추고, [OK] 버튼을 클릭하면 이동한다.

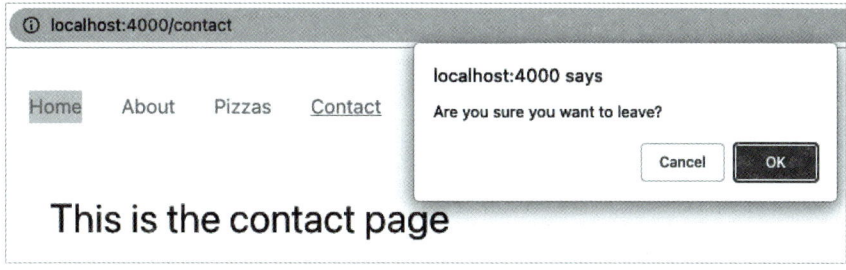

그림 8-11 확인 팝업

NOTE 옵션 API로 컴포넌트를 만들 경우 옵션 객체에 beforeRouteLeave 및 beforeRouteUpdate 가드를 구성하면 동일하게 작동한다. beforeRouteEnter 훅은 Vue가 뷰 컴포넌트를 초기화하기 전에 라우터가 트리거한다. 이 가드는 setup() 훅과 입장이 비슷하다. 즉 Vue 라우터 API 쪽에는 대응하는 컴포저블이 없다.

[그림 8-12]은 라우팅 시스템에 존재하는 내비게이션 가드를 나타낸다. 각각의 수준과 실행 순서를 확인할 수 있다.

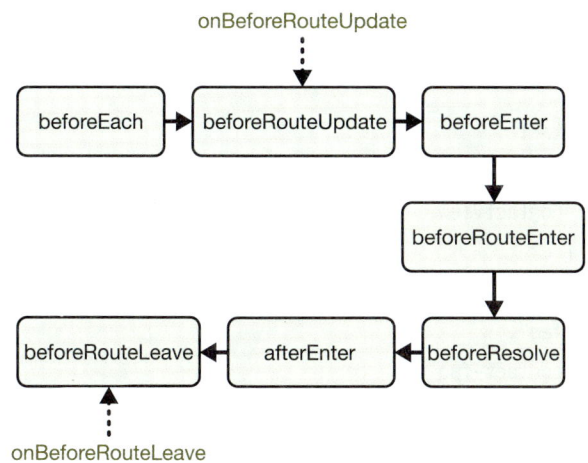

그림 8-12 내비게이션 가드 및 컴포저블 트리거 순서

견고한 라우팅 시스템을 구축하려면 내비게이션 흐름과 가드 실행 순서를 반드시 이해하고 있어야 한다. 이어서 애플리케이션에 중첩 라우트를 생성하는 방법을 살펴보자.

8.6 중첩 라우트

지금까지 구축한 애플리케이션 라우팅 시스템은 기초 단계에 불과하다. 현실에서 대부분의 라우팅 시스템은 이보다 한층 더 복잡하다. 가령 Contact 페이지는 다음과 같이 자주 묻는 질문(FAQ) 페이지와 Form 페이지를 하위에 두는 경우가 많다.

```
/contact/faq
/contact/form
```

/contact 페이지의 기본 UI는 ContactView 페이지다. 사용자는 이 페이지에서 링크를 클릭해 Form 페이지로 이동해야 한다. 이 경우 다음과 같이 route 설정 객체에 children 필드를 추가하면 /contact 페이지의 중첩 경로를 생성할 수 있다.

먼저 ContactFaqView와 ContactFormView 컴포넌트를 생성하고, 라우터가 이를 렌더링하도록 다음과 같이 /contact 라우트를 수정한다.

```
const routes = [
  /**...기타 라우트 */
  {
    path: "/contact",
    name: "contact",
    component: ContactView,
    children: [
      {
        path: "faq",
        name: "contact-faq",
        component: ContactFaqView,
      },
      {
        path: "form",
        name: "contact-form",
        component: ContactFormView,
```

```
      },
    ],
  },
];
```

중첩 라우트를 렌더링하려면 ContactView 내부에 RouterView 자리가 있어야 한다. 다음과 같이 ContactView에 router-view를 추가해보자.

```
<template>
  <div class="contact-view--container">
    <h1>This is the contact page</h1>
    <nav>
      <router-link to="/contact/faq">FAQs</router-link>
      <router-link to="/contact/form">Contact Us</router-link>
    </nav>
    <router-view />
  </div>
</template>
```

이제 컴포넌트는 http://localhost:4000/contact/faq(그림 8-13)로 이동하면 ContactFaqView를, http://localhost:4000/contact/form으로 이동하면 ContactFormView를 렌더링한다.

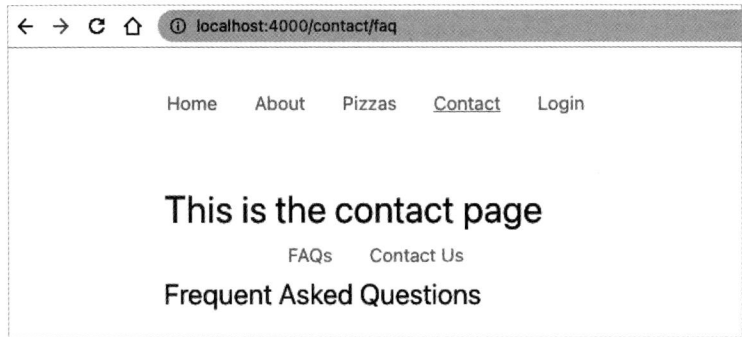

그림 8-13 http://localhost:4000/contact/faq 페이지

이러한 방식으로 라우트와 뷰가 중첩된 UI 레이아웃을 간편하게 생성할 수 있다.

지금까지는 부모 레이아웃 내부에 중첩 라우트를 생성하는 방법을 살펴보았다. 그러나 간혹 부모 레이아웃이 없이 중첩 라우트를 바로 렌더링해야 할 경우가 있다. 이때는 부모 라우트의 기본 경로를 자식 라우트 객체로 선언해야 한다. 예를 들어 다음 예시는 부모 라우트였던 /contact의 name과 component를 중첩 라우트로 옮기고 경로 패턴에 빈 값을 지정한다.

```
const routes = [
  /**...기타 라우트 */
  {
    path: "/contact",
    children: [
      /**... 기타 자식 컴포넌트 */,
      {
        path: "",
        name: "contact",
        component: ContactView,
      }
    ],
  },
];
```

이렇게 하면 http://localhost:4000/contact/faq로 이동했을 때 ContactView의 콘텐츠 없이 [그림 8-14]처럼 ContactFaqView 컴포넌트만 렌더링한다.

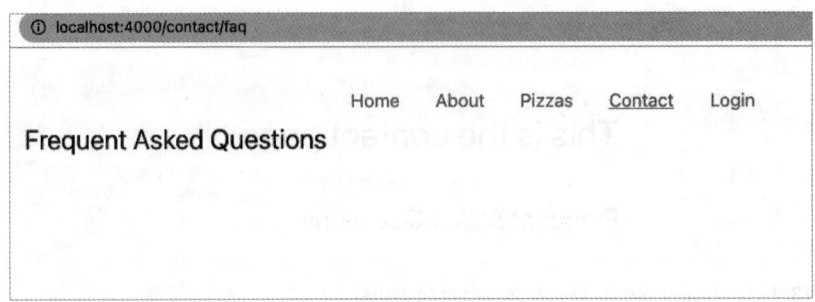

그림 8-14 http://localhost:4000/contact/faq 페이지

중첩 라우트는 실제 애플리케이션에서 널리 사용된다. 사실 이번 장에서 정의한 **routes** 배열은 이미 애플리케이션의 라우터 인스턴스의 중첩 라우트다. 중첩 라우트를 잘 쓰면 라우팅 구조를 체계적으로 정리하고 동적 라우트를 만들기도 편하다. 이어서 동적 라우트에 대해 설명한다.

8.7 동적 라우트 생성

Vue 라우터의 핵심 기능 중 하나인 동적 라우트는 URL 경로에서 추출한 파라미터로 라우트를 설정하는 기능이다. 라우팅 파라미터는 라우트 구조에 동적 데이터가 포함되어 있을 때 특히 쓸모 있다. 동적 라우트는 공통적인 경로 패턴을 공유하며 사용자 또는 상품 id처럼 고유한 일부분만 서로 다르다.

한 페이지에 하나의 피자를 표시하는 동적 라우트를 Pizza House 라우트 설정에 추가해보자. 8.3절에서 배웠던 대로 `/pizza` 라우트를 징의하고 `/pizza?id=my-pizza-id`처럼 쿼리 파라미터를 전달하는 방법도 있다. 그러나 이번에는 다음과 같이 `/pizzas` 라우트를 수정하고 경로에 `:id` 패턴을 지정하는 식으로 새로운 중첩 라우트를 추가할 것이다.

```
const routes = [
  /**...기타 라우트 */
  {
  path: "/pizzas",
  /**...기타 설정 */
  children: [{
```

```
        path: ':id',
        name: 'pizza',
        component: PizzaView,
    }, {
        path: '',
        name: 'pizzas',
        component: PizzasView,
    }]
  },
]
```

:id 설정에 따라 Vue 라우터는 경로에서 id 부분을 추출한 다음 route.params.id 필드에 저장한다. 가령 **/pizzas/1234-pizza-id**에서 추출한 id는 1234-pizza-id다.

라우트 설정 객체에서 props 필드를 true로 설정하면(8.4절 참고) 라우트 파라미터가 PizzaView의 props에 자동으로 매핑된다.

```
const routes = [
  /**...기타 라우트 */
  {
    path: "/pizzas",
    /**...기타 설정 */
    children: [{
        path: ':id',
        name: 'pizza',
        component: PizzaView,
        props: true,
    },
    /**...기타 중첩 라우트 */
    ],
  },
]
```

PizzaView 컴포넌트는 다음과 같이 defineProps()에서 id props를 선언하고, usePizzas로 pizzas 배열을 가져와 id를 대조하며 피자 정보를 검색한다.

```
import { usePizzas } from "@/composables/usePizzas";

const props = defineProps({
  id: {
    type: String,
    required: true,
  },
});

const { pizzas } = usePizzas();

const pizza = pizzas.value.find((pizza) => pizza.id === props.id);
```

PizzaView 컴포넌트는 다음과 같이 특정 pizza의 세부 정보를 표시할 수 있다.

```
<template>
  <section v-if="pizza" class="pizza--container">
    <img :src="pizza.image" :alt="pizza.title" width="500" />
    <div class="pizza--details">
      <h1>{{ pizza.title }}</h1>
      <div>
        <p>{{ pizza.description }}</p>
        <div class="pizza-stock--section">
          <span>Stock: {{ pizza.quantity || 0 }}</span>
          <span>Price: ${{ pizza.price }}</span>
        </div>
      </div>
    </div>
  </section>
<p v-else>No pizza found</p>
</template>
```

이제 /pizzas/1로 이동하면 [그림 8-15]와 같이 `PizzaView` 컴포넌트가 id 1번 피자의 세부 정보를 표시한다.

그림 8-15 피자 세부 정보 페이지

TIP 서버 데이터 가져오기

서버에 있는 데이터는 원칙적으로 한 번만 가져오는 것이 좋다. 가령 `PizzaView` 컴포넌트의 `pizzas` 데이터가 서버에 있다면, 데이터를 가져와 저장소에 두고 필요할 때마다 조회하는 것이 이상적이다. 9장에서 설명할 피니아가 이러한 데이터 저장소 역할을 한다.

지금까지 중첩된 동적 라우트를 생성하고 라우트 파라미터를 props로 분리하는 방법을 배웠다. 이어서 Vue 라우터로 애플리케이션의 [뒤로 가기]와 [앞으로 가기] 버튼을 구현하고 커스터마이징해보자.

8.8 라우터 인스턴스로 앞뒤 이동하기

[뒤로 가기] 버튼은 브라우저뿐만 아니라 웹 애플리케이션 또한 일반적으로 보유하고 있는 기능이다. Vue 라우터에서 **router.back()** 메서드를 실행하면 히스토리 스택에 저장된 이전 페이지로 이동할 수 있다. 여기서 **router**는 앱의 라우터 인스턴스이며 **useRouter()**로 가져올 수 있다.

```
<template>
  <button @click="router.back()">Back</button>
</template>
<script setup lang="ts">
import { useRouter } from "vue-router";

const router = useRouter();
</script>
```

히스토리 스택의 다음 단계로 이동하려면 다음과 같이 **router.forward()** 메서드를 호출한다.

```
<template>
  <button @click="router.forward()">Forward</button>
</template>
<script setup lang="ts">
import { useRouter } from "vue-router";

const router = useRouter();
</script>
```

TIP router.go()로 히스토리 스택의 특정 페이지로 이동하기

router.go() 메서드는 히스토리 스택의 전, 후 이동 단계 수를 인수로 받는다. 예를 들어 router.go(-2)는 두 단계 이전 페이지로 이동하고, router.go(2)는 두 단계 앞으로 (존재할 경우) 이동한다.

지금까지 Vue 라우터의 기본기를 배우고 온전한 페이지 구성을 갖춘 애플리케이션의 기초적인 라우팅 시스템을 구축했다. 하지만 아직 처리하지 못한 부분이 남아 있다. 라우트 목록에 존재하지 않는 경로에 접근하면 빈 화면이 덩그러니 나타난다. 해당 경로에 대응하는 렌더 컴포넌트를 Vue 라우터가 찾을 수 없기 때문이다. 이 문제에 대해 알아보자.

8.9 미확인 라우트 처리

대부분의 경우 애플리케이션 사용자가 접근하는 모든 경로를 제어하는 것은 불가능하다. 예를 들어 사용자는 라우트가 정의되지 않은 https://localhost:4000/pineapples 에 접근하려 시도할 수 있다. 이럴 때는 다음과 같이 error 라우트를 만든 다음, /:path-Match(.*)*처럼 정규식regular expression(regex)패턴을 path에 지정하고 404 페이지를 표시해야 한다.

```
/**router/index.ts */

const routes = [
  /**... */
  {
    path: '/:pathMatch(.*)*',
    name: 'error',
    component: ErrorView
  }
]
```

Vue 라우터는 미확인 경로를 /:pathMatch(.*)* 패턴과 대조한 다음, 일치하는 문자열 값을 라우트 로케이션 객체의 pathMatch 파라미터에 저장한다.

정규식과 미확인 경로 대조

pathMatch라는 명칭은 원하는 대로 변경해도 좋다. Vue 라우터는 정규식과 일치하는 문자열 값을 이 이름으로 저장한다.

ErrorView 컴포넌트는 다음과 같이 사용자에게 메시지를 표시할 수 있다.

```
<!--ErrorView.vue -->

<template>
  <h1>404 - Page not found</h1>
</template>
```

이제 https://localhost:4000/pineapples 등의 미확인 경로를 방문하면 404 페이지 렌더링 화면이 보일 것이다.

vue-router 패키지의 useRoute() 메서드를 사용하면 다음과 같이 현재 라우트 로케이션에 접근하고 경로값을 표시할 수 있다.

```
<!--ErrorView.vue -->

<template>
  <h1>404 - Page not found</h1>
  <p>Path: {{ route.path }}</p>
</template>
<script lang="ts" setup>
import { useRoute } from 'vue-router'

const route = useRoute()
</script>
```

[그림 8-16]은 /pineaples에 접근했을 때 보이는 화면이다.

그림 8-16 404 페이지

라우트 설정에 redirect 프로퍼티를 지정하면 사용자가 미확인 경로를 방문할 때 Home 등의 특정 라우트로 이동시킬 수 있다. 이렇게 하려면 error 라우트를 다음과 같이 고쳐야 한다.

```
/**router/index.ts */

const routes = [
  /**... */
  {
    path: '/:pathMatch(.*)*',
    redirect: { name: 'home' }
  }
]
```

이제 미확인 경로에 방문하면 라우터 인스턴스가 즉시 Home 페이지로 이동시키므로 ErrorView 컴포넌트는 더 이상 필요치 않다.

정리

이번 장에서는 Vue 라우터가 제공하는 다양한 API를 체험하고 애플리케이션의 라우팅 시스템을 직접 구축해보았다.

직접적인 상하 관계가 없는 컴포넌트 사이에서 데이터 흐름을 처리하듯, 라우트가 이동할 때도 데이터 흐름을 일관적으로 유지할 필요가 있다. 이를 위해 애플리케이션은 효율적인 데이터 관리 시스템을 갖추어야 한다. 다음 장에서는 Vue의 공식 데이터 관리 라이브러리인 피니아를 소개하고, 피니아 API를 통해 효율적이고 재사용 가능한 데이터 관리 시스템을 구축할 것이다.

피니아와 상태 관리

이전 장은 애플리케이션 라우팅 구축 과정을 안내하며 중첩 라우트, 라우트 가드, 동적 라우트 내비게이션 등의 기능을 소개했다.

이번 장에서는 Vue 공식 라이브러리인 피니아^{Pinia}로 애플리케이션의 상태를 관리하고 내부 데이터 흐름을 제어하는 방법을 소개한다. 또한 효율적이며 재사용 가능한 상태 관리 시스템을 구축하는 과정을 안내할 것이다.

9.1 Vue의 상태 관리

데이터는 애플리케이션에 생명을 불어넣고 컴포넌트 사이에 관계를 형성한다. 컴포넌트는 데이터의 상태를 매개로 서로 통신하며 사용자와 상호작용한다. 규모와 복잡도를 막론하고, 실제 데이터를 취급하는 모든 애플리케이션은 상태 관리가 중추적인 역할을 한다. 이전 장에서 구축했던 피자 하우스 예시는 피자 목록과 상품 정보 카드를 갤러리로 보여줄 뿐이었다. 사용자가 갤러리 컴포넌트에서 상품을 골라 장바구니에 담는 기능을 추가하려면 그에 맞는 데이터 관리 기능이 필요하다. 상품을 장바구니 데이터에 담고, 제품의 재고 데이터를 업데이트하는 동시에 이를 컴포넌트로 표현해야 한다.

피자 하우스 애플리케이션의 메인 뷰(`App.vue`)는 헤더 컴포넌트(`HeaderView`)와 피자 카드 갤러리(`PizzasView`)로 구성된다. 장바구니 항목 개수를 헤더에 표시하고, 피자 카드 목록 갤러리에서 각 카드에 장바구니 버튼을 추가해보자. [그림 9-1]은 메인 뷰의 컴포넌트 계층 구조를 나타낸다.

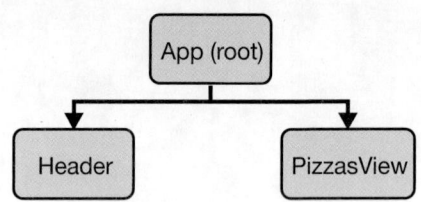

그림 9-1 피자 하우스 메인 뷰에 있는 컴포넌트의 계층 구조

사용자가 장바구니에 피자를 추가하면 헤더의 장바구니 항목 개수가 업데이트되어야 한다. **App**은 `cart` 데이터를 관리하며 헤더에 props로 전달하고 갤러리는 `updateCart` 이벤트로 App과 통신하며 `cart`를 업데이트한다. [그림 9-2]는 이러한 통신 과정을 나타낸다.

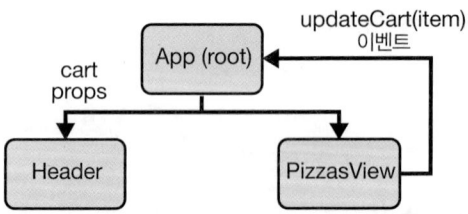

그림 9-2 갤러리와 헤더 사이에서 앱이 데이터 흐름을 중개하는 과정

소형 애플리케이션은 이 방식이 적당하다. 그러나 `PizzasView`에 `PizzasGallery`라는 하위 컴포넌트를 두고 각 피자의 `PizzaCard` 컴포넌트를 `PizzasGallery`가 렌더링한다고 가정해보자. 이렇듯 새로운 상, 하위 계층이 생겼을 때 갤러리와 헤더 사이의 데이터는 [그림 9-3]에 나타난 흐름에 따라 `updateCart` 이벤트를 통해 전파된다.

이런 식으로 컴포넌트와 레이어가 늘어나면 불필요한 props와 이벤트가 추가되고 전체적인 복잡도가 높아진다. 따라서 애플리케이션이 성장할수록 확장성은 저하되며 점점 관리하기가 어려워진다.

이러한 오버헤드 없이 애플리케이션의 상태 흐름을 관리하려면 데이터를 저장하고 관리할 중앙 집중식 전역 상태 관리 시스템이 필요하다. 이 시스템은 데이터의 상태를 관리하며 컴포넌트마다 적재적소에 데이터를 제공하는 역할을 담당한다.

근래에는 대부분 전용 라이브러리로 상태 관리 시스템을 구축한다. 그 중 피니아는 손쉬운 사용법 덕에 많은 개발자들이 선호한다.

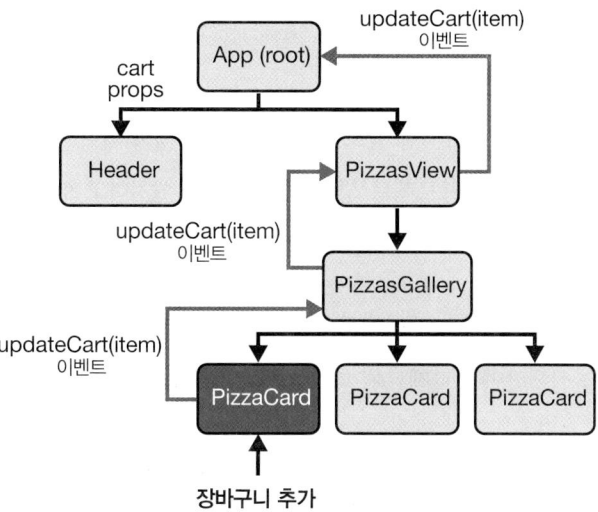

그림 9-3 자식 갤러리와 헤더 시이에서 앱이 데이터 흐름을 중개하는 과정

9.2 피니아

피니아Pinia는 Vuex[1]와 Vue 컴포지션 API에서 영감을 받아 제작되었다. 현재 Vue의 공식 상태 관리 라이브러리는 피니아지만 그 외에 Vuex, MobX, XState 등의 자바스크립트 라이브

---

1   과거 Vue 애플리케이션의 공식 상태 관리 라이브러리는 Vuex였다.

러리도 자유롭게 사용할 수 있다.

피니아는 Vuex의 상태 저장 패턴을 따르지만 더욱 유연하고 쉽게 확장할 수 있도록 개선되었다.

NOTE 피니아 웹사이트[2]에서 설치, API, 기본 사용법 등의 공식 문서를 참고할 수 있다.

피니아는 애플리케이션의 모든 데이터 집합을 하나의 시스템에 담지 않는다. 그 대신 여러 상태 모듈 또는 저장소로 데이터를 나누어 관리한다. 이러한 데이터는 컴포지션 API로 제작된 커스텀 컴포저블을 통해 접근할 수 있다.

Vite로 Vue 프로젝트를 생성(1.5절 참고)하면 초기 설정에서 피니아를 상태 관리 라이브러리로 선택할 수 있다. Vite는 프로젝트 생성 시 피니아를 설치하고 src/stores/counter.ts 파일에서 counter라는 예제 저장소를 useCounterStore로 노출한다.

피니아의 작동 방식을 전체적으로 이해하려면 프로젝트 생성 이후 수동으로 설치하는 것이 좋다. 다음 명령을 실행하면 프로젝트에 피니아가 추가된다.

```
yarn add pinia
```

NOTE 이 책을 쓰는 현재 피니아 버전은 2.1.7이이며, 설치 명령에서 pinia@버전 형식으로 원하는 버전을 지정할 수 있다. 최신 버전은 피니아 NPM 페이지[3]에서 확인하기 바란다.

피니아가 설치되면 src/main.ts를 열고 pinia 패키지에서 createPinia를 임포트한다. 그리고 다음과 같이 피니아 인스턴스를 생성하고 애플리케이션에 등록할 수 있다.

---

2   https://oreil.ly/JoOwm
3   https://oreil.ly/zCUCg

```
import { createApp } from 'vue'
import { createPinia } from 'pinia'    ❶

import App from './App.vue'
import router from './router'

const app = createApp(App)
const pinia = createPinia()    ❷

app.use(pinia)    ❸

app.mount('#app')
```

❶ pinia 패키지에서 createPinia를 임포트한다.

❷ 피니아 인스턴스를 생성한다.

❸ 피니아 인스턴스를 애플리케이션에 등록한다.

피니아를 설치한 다음 등록하고 나면 애플리케이션에 저장소를 추가할 수 있다. 피자 하우스의 메뉴 정보를 담을 **pizzas** 저장소를 생성해보자.

9.3 저장소 생성

피니아는 Vuex의 저장소 패턴을 따르므로 다음과 같은 기본 프로퍼티로 구성된다.

상태(state)

컴포지션 API의 **ref()** 또는 **reactive()** 메서드로 생성한 반응형 데이터(state)

게터(getter)

computed() 메서드로 생성한 읽기 전용 프로퍼티 모음

액션(action)

저장소의 상태를 업데이트하거나 커스텀 로직으로 데이터(state)를 처리하는 메서드 모음

피니아 저장소는 defineStore 함수로 생성한다. 함수의 첫 번째 인수는 저장소의 이름이며, 두 번째 인수는 프로퍼티와 메서드 모음이다. 후자는 다른 컴포넌트에서 사용하거나 호출할 수 있다. [예제 9-1]은 옵션 API 형식을 따라 state, getters, actions 필드를 객체에 담아 전달한다. [예제 9-2]는 이를 컴포저블 API 방식으로 똑같이 구현한 코드다. 객체를 바로 전달하는 대신 객체를 반환하는 함수 형태로 전달한다.

예제 9-1 객체 설정으로 저장소 정의하기

```
import { defineStore } from 'pinia'

export const useStore = defineStore('storeName', () => {
    return {
        state: () => ({
            // state 프로퍼티
            myData: { /**... */}
        }),
        getters: {
            // getters 프로퍼티
            computedData: () => { /**... */ }
        },
        actions: {
            // actions 메서드
            myAction(){ /**... */ }
        }
    }
})
```

```
import { defineStore } from 'pinia'
import { reactive, computed } from 'vue'

export const useStore = defineStore('storeName', () => {
    //state 프로퍼티
    const myData = reactive({ /**... */ })

    // getters 프로퍼티
    const computedData = computed(() => { /**... */})

    // actions 메서드
    const myAction = () => { /**... */ }

    return {
        myData,
        computedData,
        myAction
    }
})
```

> **NOTE** 이번 장은 Vue 3.x 컴포지션 API로 피니아 저장소를 설정한다. 이런 방식을 일반적으로 **셋업 스토**
> **어**setup store라고 부른다.

이제 src/stores/pizzas.ts 파일을 생성하고 [예제 9-3]처럼 pizzas 저장소 코드를 작성한다.

예제 9-3 pizzas 저장소

```
/** src/stores/pizzas.ts */
import { defineStore } from 'pinia'
import type { Pizza } from '../types/Pizza';
import { ref } from 'vue'
```

```
export const usePizzasStore = defineStore('pizzas', () => {
    const pizzas = ref<Pizza[]>([]);

    const fetchPizzas = async () => {
        const response = await fetch(
            'http://exploringvue.com/.netlify/functions/pizzas'
        );
        const data = await response.json();
        pizzas.value = data;
    }

    return {
        pizzas,
        fetchPizzas
    }
})
```

[예제 9-4]는 [예제 8-2]의 **PizzasView** 컴포넌트를 저장소 방식으로 고친 코드다. **pizzas**
와 **fetchPizzas** 프로퍼티로 API에서 피자 목록을 가져와 화면에 표시한다.

예제 9-4 pizzas 저장소를 적용한 PizzasView 컴포넌트

```
<template>
  <div class="pizzas-view--container">
    <h1>Pizzas</h1>
    <ul>
      <li v-for="pizza in pizzasStore.pizzas" :key="pizza.id">    ❶
        <PizzaCard :pizza="pizza" />
      </li>
    </ul>
  </div>
</template>
<script lang="ts" setup>
/**.... */
```

```
import { watch, type Ref } from "vue";
import { usePizzasStore } from "@/stores/pizzas";

//...
const pizzasStore = usePizzasStore();    ❷

pizzasStore.fetchPizzas();    ❸
</script>
```

❶ pizzasStore.pizzas로 피자 목록을 렌더링한다.

❷ pizzas 저장소에서 임포트한 usePizzasStore 함수에서 pizzasStore 인스턴스를 얻는다.

❸ 컴포넌트가 마운팅되면 API에서 비동기 방식으로 피자 목록을 가져온다.

PizzasView 컴포넌트는 pizzas 저장소에서 API를 통해 피자 목록을 가져와 [그림 9-4]처럼 표시한다.

그림 9-4 피자 저장소를 사용하는 PizzasView 컴포넌트

여기까지는 훌륭하다. 그러나 [예제 8-3]에서 useSearch() 컴포저블로 구현했던 검색 기

능은 그대로 가져올 수 없다. `pizzasStore.pizzas`를 `useSearch()` 컴포저블에 `items`로 직접 전달하면 반응성이 사라진다. 따라서 `pizzasStore.fetchPizzas()`가 비동기 요청을 해결한 이후 `searchResult`가 다시 계산되지 않는다. 이 문제를 해결하려면 [예제 9–5]처럼 `pinia` 패키지의 `storeToRefs()`로 `pizzasStore`에서 `pizzas`를 추출하고 반응성을 유지한 채 `useSearch()`로 전달해야 한다.

예제 9-5 pizzas 저장소를 적용한 useSearch() 컴포저블

```
/** src/views/PizzasView.vue */
import { useSearch } from '@/composables/useSearch';
import { storeToRefs } from 'pinia';

//...
const pizzasStore = usePizzasStore();
const { pizzas } = storeToRefs(pizzasStore);
const { search, searchResults }: PizzaSearch = useSearch({
  items: pizzas,
  defaultSearch: props.searchTerm,
});

//...
```

이제 [예제 9–6]처럼 `pizzasStore.pizzas`가 아닌 `searchResults`로 템플릿에 피자 목록을 표시하고 `input` 검색 필드도 추가할 수 있다.

예제 9-6 pizzas 저장소를 적용한 PizzasView 컴포넌트

```
<template>
  <div class="pizzas-view--container">
    <h1>Pizzas</h1>
    <input v-model="search" placeholder="Search for a pizza" />
    <ul>
      <li v-for="pizza in searchResults" :key="pizza.id">
```

```
        <PizzaCard :pizza="pizza" />
      </li>
    </ul>
  </div>
</template>
```

다음 절에서는, 사용자가 추가한 상품 목록이 담긴 장바구니 데이터 저장소를 생성할 것이다.

9.4 장바구니 저장소 생성

cart 저장소는 다음과 같은 프로퍼티를 담고 있어야 한다.

- 장바구니에 추가된 items 목록. 각각의 데이터는 피자 id와 quantity를 포함한다.

- 장바구니 항목들의 total 프로퍼티

- 장바구니에 항목을 추가하기 위한 add 메서드

cart 저장소를 생성하려면 src/stores/cart.ts 파일을 추가하고 [예제 9-7]처럼 코드를 작성한다.

예제 9-7 장바구니 저장소

```
import { defineStore } from 'pinia'
import { reactive, computed } from 'vue'

type CartItem = {      ❶
    id: string;
    quantity: number;
}

export const useCartStore = defineStore('cart', () => {
    const items = reactive<CartItem[]>([]);      ❷
```

```
        const total = computed(() => {    ❸
            return items.reduce((acc, item) => {
                return acc + item.quantity
            }, 0)
        })

        const add = (item: CartItem) => {    ❹
            const index = items.findIndex(i => i.id === item.id)
            if (index > -1) {
                items[index].quantity += item.quantity
            } else {
                items.push(item)
            }
        }

        return {
            items,
            total,
            add
        }
    })
```

❶ CartItem 타입을 정의한다.

❷ items 상태를 빈 배열로 초기화한다.

❸ 장바구니의 전체 항목을 계산하는 total getter를 생성한다.

❹ 장바구니에 아이템을 추가하는 add 메서드를 생성한다. 해당 아이템이 이미 장바구니에 있을 경우 수량을 더한다.

이렇게 만든 cart 저장소는 이제 애플리케이션에서 사용할 수 있다.

9.5 컴포넌트에서 장바구니 저장소 사용하기

src/components/Cart.vue 파일에 새로운 컴포넌트를 만들어보자. 이 컴포넌트는 전체 장바구니 항목을 표시하는 역할을 한다. 먼저 `<script setup>` 섹션에서 useCartStore() 메서드를 임포트하고 호출하면 cart 인스턴스를 가져올 수 있다. 그런 다음 [예제 9-8]처럼 템플릿에서 전체 장바구니 항목 수를 `cart.total`값으로 표시한다.

예제 9-8 Cart 컴포넌트

```
<template>
    <div class="cart">
        <span class="cart__total">Cart: {{ cart.total }}</span>
    </div>
</template>
<script setup lang="ts">
import { useCartStore } from '@/stores/cart'

const cart = useCartStore();
</script>
<style scoped>
.cart__total {
    cursor: pointer;
    text-decoration: underline;
}
</style>
```

다음 코드처럼 App.vue에서 `<Cart />` 컴포넌트를 사용하면 [그림 9-5]처럼 초기값이 0으로 표시된다.

```
<!-- App.vue -->
<template>
    <header>
        <div>Pizza House</div>
```

```
      <Cart />
    </header>
    <RouterView />
  </template>
```

그림 9-5 애플리케이션 헤더에 추가된 Cart 컴포넌트

다음은 피자 갤러리에서 **PizzaCard**로 렌더링한 각 피자에 장바구니 기능을 추가할 차례다.

9.6 피자 갤러리에 장바구니 기능 추가하기

PizzaCard에서는 새로운 버튼을 추가해야 한다. 이 버튼에 **click** 이벤트를 걸고 핸들러를 통해 **cart.add()**를 호출한다. **PizzaCard** 컴포넌트 코드는 [예제 9-9]와 같다.

예제 9-9 PizzaCard 컴포넌트

```
<template>
  <article class="pizza--details-wrapper">
    <img :src="pizza.image" :alt="pizza.title" height="200" width="300" />
    <p>{{ pizza.description }}</p>
    <div class="pizza--inventory">
      <div class="pizza--inventory-price">$ {{ pizza.price }}</div>
    </div>
    <button class="pizza--add" @click="addToCart">Add to cart</button> ❶
  </article>
</template>
```

```
<script setup lang="ts">
import { useCartStore } from "@/stores/cart";
import type { Pizza } from "@/types/Pizza";
import type { PropType } from "vue";

const props = defineProps({
  pizza: {
    type: Object as PropType<Pizza>,
    required: true,
  },
});

const cart = useCartStore();          ❷
const addToCart = () => {
  cart.add({ id: props.pizza.id, quantity: 1 });    ❸
};
</script>
```

❶ [Add to cart] 버튼을 추가한다.

❷ useCartStore() 메서드로 cart 인스턴스를 가져온다.

❸ addToCart() 메서드 안에서 cart.add() 액션을 호출하면 장바구니에 피자가 추가된다.

이제 브라우저에서 [Add to cart] 버튼을 클릭하면 장바구니에 피자가 추가되고 [그림 9-6]
처럼 장바구니 전체 항목 수가 업데이트된다.

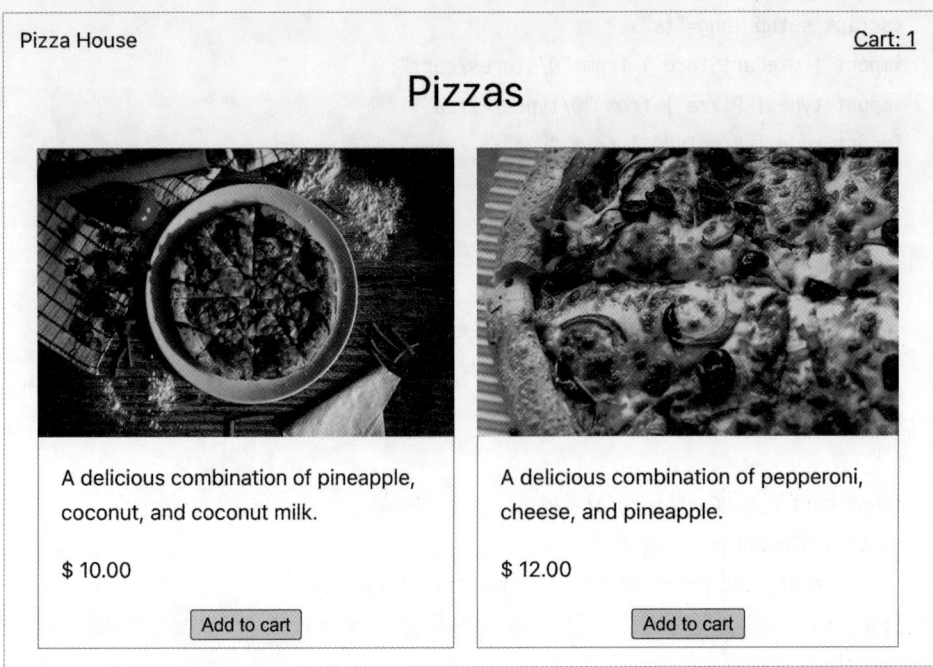

그림 9-6 버튼이 추가된 피자 카드와 전체 장바구니 항목 수

[예제 9–10]은 `cart.items`에서 현재 피자가 장바구니에 있는지 확인하고 피자 카드에 해당 정보를 표시한다.

예제 9-10 상태를 표시하는 PizzaCard 컴포넌트

```html
<template>
  <article class="pizza--details-wrapper">
    <!--...-->
    <div class="pizza--inventory">
      <!--...-->
      <span v-if="isInCart">In cart</span>
    </div>
    <button class="pizza--add" @click="addToCart">
        Add to cart
    </button>
  </article>
```

```
</template>
<script setup lang="ts">
//...

const isInCart = computed(():boolean => {
  return !!cart.items.find((item) => item.id === props.pizza.id);
});
</script>
```

해당 피자가 이미 장바구니에 있으면 [그림 9-7]처럼 피자 카드에 'in cart' 상태가 표시된다.

그림 9-7 피자 카드와 장바구니 상태

지금까지, 장바구니 저장소를 만들고 피자 하우스에 실제로 적용해보았다. 이제 Cart와 PizzaCard 컴포넌트는 cart 저장소를 통해 서로 통신하고 동기화된다.

아직까지 Cart 컴포넌트는 현재 장바구니의 전체 항목 수만 표시한다. 대부분의 사용자는 이 정보만으로 자신이 추가한 항목을 파악하기 어렵다. 다음 절은 cart를 클릭할 때 장바구니 목록을 표시하도록 사용자 경험을 개선할 것이다.

9.7 액션으로 장바구니 목록 표시하기

Cart.vue에 장바구니 목록 표시 영역을 추가하고 showCartDetails 변수를 만들어 화면
노출 여부를 제어해보자. [예제 9-11]에서 사용자가 cart 텍스트를 클릭하면 장바구니 목록
을 켜고 끌 수 있다.

예제 9-11 장바구니 목록이 추가된 Cart 컴포넌트

```
<template>
    <div class="cart">
        <span
            class="cart__total"
            @click="showCartDetails.value = !showCartDetails.value;"  ❶
        >
            Cart: {{ cart.total }}
        </span>
        <ul class="cart__list" v-show="showCartDetails">  ❷
            <li v-for="item in cart.items" :key="item.id" class="cart__list-
item">  ❸
                <span>Id: {{ item.id }}</span> ¦
                <span>Quantity: {{ item.quantity }}</span>
            </li>
        </ul>
    </div>
</template>
<script setup lang="ts">
import { useCartStore } from '@/stores/cart'
import { ref } from 'vue'

const cart = useCartStore();
const showCartDetails = ref(false);  ❹
</script>
```

❶ 사용자가 Cart 텍스트를 클릭할 때 장바구니 목록의 노출 상태를 전환한다.

❷ showCartDetails가 true일 때 장바구니 목록을 표시한다.

❸ 장바구니 목록을 순회하며 id와 quantity를 출력한다.

❹ ref() 메서드로 showCartDetails 변수를 초기화한다.

또한 장바구니 목록을 드롭다운 형태로 배치하기 위해 다음과 같은 CSS 스타일을 Cart 컴포 넌트에 추가한다.

```css
.cart {
    position: relative;   ❶
}

.cart__list {
    position: absolute;   ❷
    list-style: none;
    border: 1px solid #e3e0e0;
    padding: 10px;
    inset-inline-end: 0;   ❸
    box-shadow: 2px 2px 3px #e3e0e0;   ❹
    background-color: white;
    min-width: 200px;
}
```

❶ .cart 컨테이너의 position을 relative로 설정한다.

❷ 목록 컨테이너 위치를 absolute로 설정하면 .cart 컨테이너를 기준으로 위치가 결정된다.

❸ 목록 컨테이너가 .cart 컨테이너 오른쪽으로 정렬되도록 inset-inline-end 프로퍼티를 0으로 설정한다.

❹ 목록 컨테이너에 상자에 그림자와 테두리를 추가하여 드롭다운처럼 보이게 만든다.

Cart 텍스트를 클릭하면 [그림 9-8]처럼 장바구니 목록이 나타난다.

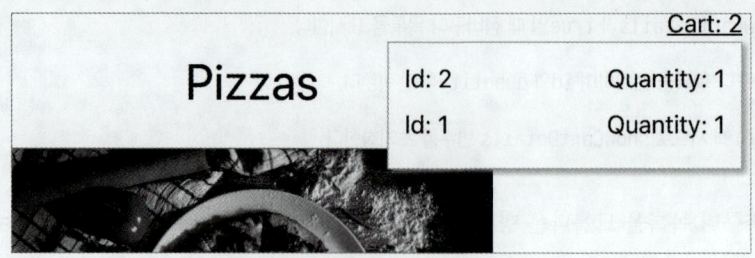

그림 9-8 Cart 텍스트 클릭 시 나타나는 장바구니 목록

아직까지 장바구니 목록은 id와 수량만 보여준다. 그러나 사용자에게는 더 자세한 설명이 필요하다. 상품의 이름, 가격뿐만 아니라 수량을 반영한 합산 금액까지 알려주어야 한다. 아이템의 이름과 가격 등을 cart.items에 추가하는 방법도 있지만 Cart 저장소의 구조가 복잡해지고 불필요한 로직이 추가된다는 단점이 있다.

더 효율적인 방법은 pizzas 저장소를 활용해 detailedItems 목록을 만드는 것이다.

[예제 9-12]는 cart.ts 저장소에서 detailedItems라는 computed 프로퍼티를 생성한다. 이 프로퍼티는 pizzasStore.pizzas 중에서 items에 속한 피자를 골라 담은 배열이다.

예제 9-12 Cart 저장소에 detailedItems 프로퍼티 추가하기

```
import { defineStore } from 'pinia';
import { usePizzasStore } from './pizzas';

export const useCartStore = defineStore('cart', () => {
    //...

    const detailedItems = computed(() => {
        const pizzasStore = usePizzasStore();      ❶

        return items.map(item => {      ❷
            const pizza = pizzasStore.pizzas.find(
                pizza => pizza.id === item.id
            )
```

```
                const pizzaPrice = pizza?.price ? +(pizza?.price) : 0;

                return {      ❸
                    ...item,
                    title: pizza?.title,
                    price: pizza?.price,
                    total: pizzaPrice * item.quantity
                }
            })
        })

        return {
        //...
        detailedItems      ❹
        }
    });
```

❶ usePizzaStore로 저장소의 초기 목록을 가져온다.

❷ 장바구니에 담긴 피자만 고른다.

❸ 장바구니 항목 정보를 반환 형식으로 정리한다.

❹ 선정된 장바구니 항목 정보를 computed 프로퍼티인 detailedItems로 반환한다.

Cart.vue에서는 [예제 9-13]처럼 v-for 루프에서 cart.items를 cart.detailedItems 로 교체한다.

예제 9-13 detailedItems로 상세 정보 표시하기

```
<ul class="cart__list" v-show="showCartDetails">
    <li
        v-for="(item, index) in cart.detailedItems"  ❶
        :key="item.id"
        class="cart__list-item">
        <span>{{index + 1}}. {{ item.title }}</span>
```

```
            <span>${{ item.price }}</span> x
            <span>{{ item.quantity }}</span>
            <span>= ${{ item.total }}</span>
        </li>
    </ul>
```

---

❶ cart.detailedItems 배열을 순회하며 장바구니 항목을 출력한다.

이제 Cart 텍스트를 클릭하면 [그림 9-9]처럼 장바구니 목록에 항목 이름, 가격, 수량, 항목별 총액이 표시된다.

그림 9-9 자세한 정보와 함께 표시된 장바구니 목록

장바구니 목록의 상세 정보가 잘 보인다. 다음은 장바구니에서 항목을 제거하는 기능을 추가할 차례다.

9.8 장바구니 저장소에서 항목 제거하기

장바구니 목록에서 특정 항목을 제거하는 [Remove] 버튼과, 모든 항목을 한 번에 제거하는 [Remove all] 버튼을 추가해보자. [예제 9-14]는 Cart.vue의 template 섹션이다.

예제 9-14 [Remove] 및 [Remove All] 버튼 추가

```
<div class="cart__list" v-show="showCartDetails">
    <div v-if="cart.total === 0">No items in cart</div>
    <div v-else>
```

```
        <ul>
            <li
                v-for="(item, index) in cart.detailedItems"
                :key="item.id" class="cart__list-item"
            >
                <span>{{index + 1}}. {{ item.title }}</span>
                <span>${{ item.price }}</span> x
                <span>{{ item.quantity }}</span>
                <span>= ${{ item.total }}</span>
                <button @click="cart.remove(item.id)">Remove</button>    ❶
            </li>
        </ul>
        <button @click="cart.clear">Remove all</button>    ❷
    </div>
</div>
```

❶ [Remove] 버튼에 cart.remove 메서드를 바인딩하고 item.id를 전달한다.

❷ [Remove all] 버튼에 cart.clear 메서드를 바인딩한다.

cart.ts에는 [예제 9-15]와 같이 remove와 clear 메서드를 추가한다.

예제 9-15 remove와 clear 메서드를 추가한 Cart 저장소

```
//...

export const useCartStore = defineStore('cart', () => {
    //...
    const remove = (id: string) => {
        const index = items.findIndex(item => item.id === id)
        if (index > -1) {
            items.splice(index, 1)
        }
    }
```

```
        const clear = () => {
            items.length = 0
        }

        return {
            //...
            remove,
            clear
        }
    })
```

모두 끝났다! 이제 [Remove] 버튼을 클릭하면 해당 항목이, [Remove All] 버튼을 클릭하면 모든 장바구니 항목이 삭제된다. 화면은 [그림 9-10]처럼 보인다.

그림 9-10 장바구니 목록과 [Remove] 및 [Remove All] 버튼

> **NOTE** 옵션 API로 장바구니 저장소를 구현하면 cart.$reset()을 호출해 저장소를 초기 상태로 재설정할 수 있다. 그렇지 않으면 clear 메서드처럼 수동으로 저장소의 상태를 재설정해야 한다.

브라우저의 Vue 데브툴(1.4절 참고)을 열면 **Pinia** 탭에서 **cart**와 **pizzas** 저장소를 확인할 수 있다. [그림 9-11]은 **cart** 저장소의 **state**와 **getters**를 조회하는 화면이다.

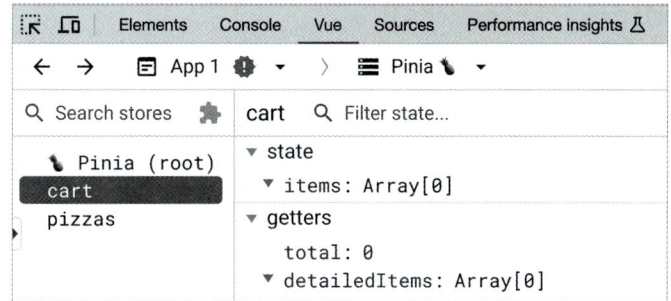

그림 9-11 Vue 데브툴에서 확인한 cart와 pizzas 저장소

이번 절에서는 피니아와 컴포지션 API로 저장소를 구축해보았다. 또한 저장소를 결합하거나 외부 컴포저블에서 저장소 상태를 사용하는 등 다양한 방식으로 저장소를 응용했다. 그렇다면 피니아 스토어는 어떤 방식으로 테스트해야 할까? 다음 절에서 확인해보자.

9.9 피니아 저장소 유닛 테스트

저장소의 유닛 테스트는 일반적인 함수의 유닛 테스트와 크게 다르지 않다. 피니아 저장소를 테스트할 때는 피니아 패키지에서 임포트한 createPinia와 setActivePinia() 메서드로 피니아 인스턴스를 생성하고 활성화시켜야 한다. [예제 9-16]은 cart 저장소에 항목을 추가하는 테스트 코드다.

예제 9-16 장바구니 저장소의 항목 추가 테스트 스위트

```
import { setActivePinia, createPinia } from 'pinia';
import { useCartStore } from '@/stores/cart';

describe('Cart store', () => {
    let cartStore;

    beforeEach(() => {    ❶
        setActivePinia(createPinia());
```

```
        cartStore = useCartStore();
    });

    it('should add item to cart', () => {
        cartStore.add({ id: '1', quantity: 1 });
        expect(cartStore.items).toEqual([{ id: '1', quantity: 1 }]);
    });
});
```

❶ 각 테스트를 실행하기 전에 피니아 인스턴스를 새로 생성하고 활성화한다.

이 코드는 제스트^{Jest}와 Vitest 프레임워크에 통용되는 일반적인 테스트 문법을 따른다. 유닛 테스트의 작성과 실행 방법은 11.2절에서 더 자세히 설명할 것이다. 다음 절에서는 저장소의 변경 사항을 포착하고 저장소 액션에서 이를 처리하는 방법을 살펴볼 것이다.

9.10 저장소 변경 사항 처리하기

피니아의 플러그인은 저장소 기능을 확장하고 부가 기능을 구현하는 막강한 도구다. 플러그인으로 모든 저장소의 변경 사항을 손쉽게 파악하고 특정 저장소에 필요한 작업을 원하는 순간에 처리할 수 있다. 피니아 저장소와 서버 사이의 데이터 동기화는 플러그인이 필요한 대표적인 작업이다.

가령 다음은 cartPlugin이라는 플러그인을 피니아에 추가하는 코드다.

```
//main.ts
import { cartPlugin } from '@/plugins/cartPlugin'
//...

const pinia = createPinia()
pinia.use(cartPlugin)
```

```
app.use(pinia)
//...
```

cartPlugin 함수는 하나의 객체를 인수로 받는다. 이 객체는 app, pinia, store 등의 세 인스턴스와 함께 options 객체를 필드로 담고 있다. Vue는 애플리케이션에 존재하는 모든 저장소마다 한 번씩 이 플러그인을 트리거한다. cart 저장소의 변경 사항만 처리하려면 먼저 [예제 9-17]처럼 저장소 id를 확인해야 한다.

예제 9-17 cartPlugin 플러그인

```
//src/plugins/cartPlugin.ts
export const cartPlugin = ({ store}) => {
    if (store.$id === 'cart') {
        //...
    }
}
```

다음으로 [예제 9-18]처럼 store.$subscribe 메서드를 실행하면 cart 저장소의 변경 사항을 구독할 수 있다.

예제 9-18 플러그인에서 cart 저장소 변경 사항 구독하기

```
//src/plugins/cartPlugin.ts
export const cartPlugin = ({ store}) => {
    if (store.$id === 'cart') {
        store.$subscribe((options) => {
            console.log('cart changed', options)
        })
    }
}
```

장바구니에 항목을 추가하면 **cartPlugin**이 콘솔에 메시지를 출력한다. 결과는 [그림 9-12] 와 비슷하다.

```
cart changed                                                          main.ts:17
▼ Object ⓘ
  ▼ events:
    ▶ effect: ReactiveEffect {active: true, deps: Array(17), parent: undefined, fn: ƒ, scheduler: ƒ
      key: "1"
    ▶ newValue: {id: '1', quantity: 1}
      oldTarget: undefined
      oldValue: undefined
    ▶ target: (2) [{…}, {…}]
      type: "add"
    ▶ [[Prototype]]: Object
      storeId: "cart"
      type: "direct"
    ▶ [[Prototype]]: Object
```

그림 9-12 플러그인에서 출력한 콘솔 로그

$subscribe 메서드가 받는 options 객체는 이벤트 타입(add), 뮤테이션^{mutation} 타입(direct) 이전 값(oldValue), 현재 값 (newValue), storeId 등의 정보를 담고 있다.

store.$onAction도 비슷한 방식으로 실행한다. [예제 9-19]는 cart 저장소의 add 액션에서 추가 작업을 처리하는 예시다.

예제 9-19 cart 저장소의 add 액션에 작업을 추가하는 플러그인

```
//src/plugins/cartPlugin.ts

export const cartPlugin = ({ store}) => {
    if (store.$id === 'cart') {
        store.$onAction(({ name, args }) => {
            if (name === 'add') {
                console.log('item added to cart', args)
            }
        })
    }
}
```

Vue 트랜지션과 애니메이션

이전 장들에서 올바른 상태 관리, 라우트 및 데이터 흐름 제어 등 Vue 애플리케이션 구축에 필요한 모든 핵심 원리를 탐구했다. 이번 장은 애니메이션, 트랜지션 컴포넌트, 훅, CSS 등 사용자 경험을 향상시키는 Vue만의 고유한 기능을 살펴볼 것이다.

10.1 CSS 트랜지션 및 애니메이션

CSS 애니메이션은 특정 엘리먼트 또는 컴포넌트의 상태 변경을 시각적 효과로 표현하는 도구다. CSS 애니메이션은 상태가 몇 개든 제한없이 한 번에 적용할 수 있으며 명시적으로 발동하지 않아도 자동으로 반복 실행된다. 반면 CSS 트랜지션은 **두 가지 상태 사이**에서 변화를 표현하는 애니메이션이다. 일반 버튼 상태에서 마우스 오버 상태로 변하거나, 숨겨진 툴팁이 등장하는 등의 전환 효과가 여기에 해당한다. CSS 애니메이션을 정의할 때는 일반적으로 `@keyframes` 규칙을 설정하고 이를 대상 엘리먼트에 `animation` 프로퍼티로 적용한다. 다음은 간단한 버튼 애니메이션 효과를 정의하는 CSS 규칙이다.

```
@keyframes pulse {

  0% {
    box-shadow: 0 0 0 0px rgba(0, 0, 0, 0.5);
  }
  100% {
    box-shadow: 0 0 0 20px rgba(0, 0, 0, 0);
  }
}

.button {
  animation: pulse 2s infinite;
  box-shadow: 0px 0px 1px 1px #0000001a;
}
```

pulse는 상자의 그림자가 2초간 확대 및 축소되는 간단한 애니메이션 효과다. button 클래스를 지닌 모든 엘리먼트에 이 효과가 적용된다. 해당 엘리먼트가 DOM에 존재하는 한 이 효과는 무한히 실행된다.

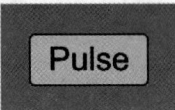

그림 10-1 무한 pulse 애니메이션 효과

한편, 사용자가 특정 엘리먼트 위로 마우스를 옮겼을 때 발생하는 효과는 다음과 같이 transition 프로퍼티로 정의할 수 있다.

```
.button {
  transition: background-color 0.5s ease-in-out;
}

.button:hover {
```

```
    background-color: #ff0000;
  }
```

이 코드는 간단한 버튼 엘리먼트 전환 효과를 생성한다. 마우스를 올리면 **0.5초**에 걸쳐 배경 색이 빨간색으로 전환되며 **easy-in-out** 스무딩 효과가 적용된다. 이러한 트랜지션이나 애니메이션은 일반적인 자바스크립트 또는 애니메이션 전용 라이브러리를 통해 프로그램 방식으로 구현할 수도 있다.

트랜지션과 애니메이션은 애플리케이션 사용 경험을 한층 부드럽게 개선하는 요인이지만 막상 구현하는 게 쉽지 않은 경우가 많다. 뷰는 뷰 레이어^{view layer}에 특화된 프레임워크인 만큼, 전용 API로 미려한 애니메이션 및 트랜지션 효과를 구현하고 이를 컴포넌트와 라우트에 적용할 수 있다. 일반적인 CSS와 자바스크립트만으로 구현할 수 있으며 방법도 간단하다. 먼저 트랜지션 컴포넌트부터 살펴보자.

10.2 Vue.js의 트랜지션 컴포넌트

transition 컴포넌트는 하나의 엘리먼트에 **enter**와 **leave**라는 두 가지 전환 상태를 부여하는 래퍼 컴포넌트다. 전환 효과의 명칭은 컴포넌트의 **name** prop로 지정한다. 뷰는 다음과 같이 **name**을 접두사로, 트랜지션 방향(**to, active, from**)을 접미사로 조합해 클래스명을 결정한다.

```
<name>-[enter ¦ leave]-<transition-direction-state>
```

가령 다음은 엘리먼트에 **slidein** 전환 효과를 부여하는 코드다.

```
<transition name="slidein">
    <ul class="pizza-list">
```

```
        /** 피자 카드 렌더링 코드... */
      </ul>
  </transition>
```

이에 대응해 Vue는 [표 10-1]에 나열된 클래스 집합을 생성한다.

표 10-1 slidein 효과에 따른 전환 클래스

클래스	설명
.slidein-enter-from	진입 트랜지션의 시작 상태를 나타내는 클래스 선택자
.slidein-enter-active	진입 트랜지션이 활성화되는 기간과 지연 시간을 정의하는 클래스 선택자
.slidein-enter-to	진입 트랜지션의 종료 상태를 나타내는 클래스 선택자
.slidein-leave-from	이탈 트랜지션의 시작 상태를 나타내는 클래스 선택자
.slidein-leave-to	이탈 트랜지션의 종료 상태를 나타내는 클래스 선택자
.slidein-leave-active	이탈 트랜지션이 활성화되는 기간과 지연 시간을 정의하는 클래스 선택자

enter 상태는 트랜지션 과정이 브라우저 화면에 보이기 시작한다는 뜻이며, leave 상태는 그 반대를 의미한다. 따라서 엘리먼트의 CSS display 프로퍼티를 제어하는 v-show와 조합해서 쓰기 좋다. 혹은 조건에 따라 DOM에 엘리먼트를 삽입하는 v-if와 함께 사용하는 방법도 있다. 다음 코드는 ul 컴포넌트에 v-show를 추가한다.

```
  <transition name="slidein">
      <ul class="pizza-list" v-show="showList">
          /** code for rendering pizza's card... */
      </ul>
  </transition>
```

이제 slidein이라는 CSS 트랜지션을 정의할 차례다. [표 10-1]에 나열된 클래스명을 따라, transition 프로퍼티와 전환 효과 프로퍼티들을 정의한다.

다음은 예시로 구현해 본 슬라이드인 전환 효과 CSS다.

```
  .slidein-enter-to {
    transform: translateX(0);
  }

  .slidein-enter-from {
    transform: translateX(-100%);
  }

  .slidein-leave-to {
    transform: translateX(100%);
  }

  .slidein-leave-from {
    transform: translateX(0);
  }

  .slidein-enter-active,
  .slidein-leave-active {
    transition: transform 0.5s;
  }
```

이 코드를 풀어서 설명하면 다음과 같다. 진입 전환 시 브라우저는 translateX(-100%)를 따라 ul 엘리먼트를 뷰포트 왼쪽에 배치한다. 이어서 전환이 시작되면 slidein-enter-to 클래스의 translateX(0)를 따라 엘리먼트를 원래 위치로 다시 옮긴다. 이탈 전환은 방향이 반대라는 점만 빼면 진입 전환과 동일하게 작동한다. 두 전환은 모두 transform 프로퍼티에 정의되어 있으며 slidein-enter-active와 slidein-leave-active 클래스에 설정된 0.5초 동안 작동한다.

전환 효과를 실제로 확인하기 위해 다음과 같이 일정한 시간을 두고 showList 데이터 프로퍼티 값을 변경해보자.

```
import { ref } from "vue";

const showList = ref(false);

setTimeout(() => {
  showList.value = true;
}, 1000);
```

뷰 엔진은 showList의 변화에 따라 각 클래스를 적절히 추가 및 제거할 것이다. showList
의 값을 일정 시간 뒤에 다시 한번 false로 되돌리면, 이번에는 이탈 상태의 전환 효과를 다
시 실행한다. [그림 10-2]는 전환 효과가 적용된 화면을 나타낸다.

지금까지는 transition 컴포넌트로 slidein이라는 하나의 단순한 효과를 구현했다. 그렇
다면 진입할 때는 slidein, 이탈할 때
는 rotate라는 효과를 조합하려면 어
떻게 해야 할까? 다음 절에서는 복합적
인 효과를 처리하는 커스텀 트랜지션
클래스 속성을 설명할 것이다.

그림 10-2 showList가 true일 때 피자 목록의 전환 효과

10.2.1 커스텀 트랜지션 클래스 속성

Vue는 transition 컴포넌트의 name 속성에 따라 자동으로 클래스를 생성한다. 이 외에도 enter-class, enter-active-class, enter-to-class, leave-class, leave-active-class, leave-to-class 등의 props로 커스텀 클래스를 정의할 수 있다. 가령 이탈 상태에 rotate 전환 효과를 적용하는 커스텀 클래스는 다음과 같이 정의한다.

```
<transition name="slidein" leave-active-class="rotate">
    <ul class="pizza-list" v-show="showList">
        /** 피자 카드 렌더링 코드... */
    </ul>
</transition>
```

실제 애니메이션 효과는 style 섹션에 정의한다. 다음은 @keyframes에 0%, 50%, 90%, 100% 오프셋마다 rotate 전환 애니메이션을 정의하는 코드다.

```
@keyframes rotate {
  0% {
    transform: rotate(0);
  }
  50% {
    transform: rotate(45deg);
  }
  90% {
    transform: rotate(90deg);
  }
  100% {
    transform: rotate(180deg);
  }
}
```

그런 다음 rotate 효과를 animation 프로퍼티에 할당한다. 다음은 0.5초 동안 회전 효과를 내는 rotate 클래스 정의다.

```
.rotate {
  animation: rotate 0.5s;
}
```

showList의 초기값을 true로 설정하고 1000밀리초 후 false로 변경해 보자. ul 엘리먼트
의 진입 효과는 여전히 slidein이지만, 이탈 효과는 이제 45도부터 90도를 지나 180도까지
회전하는 애니메이션이 적용된다. [그림 10-3]은 중간 과정을 보여준다.

```
import { ref } from "vue";

const showList = ref(true);

setTimeout(() => {
  showList.value = false;
}, 1000);
```

그림 10-3 키프레임을 사용한 회전 효과

복수의 클래스를 공백으로 연결해서 props에 할당하면 하나의 전환 상태에 다양한 효과를 적용할 수 있다. 이 기능은 부트스트랩^{Bootstrap}, Tailwind CSS, Bulma 등의 외부 CSS 라이브러리와 애니메이션 클래스를 통합할 때 유용하다.

이제 컴포넌트는 showList값이 바뀔 때마다 전환 효과가 나타난다. 그러나 페이지가 열리고 화면에 엘리먼트가 등장하는 순간 애니메이션을 적용해야 할 때도 있다. 이런 경우는 appear props를 써야 한다.

10.2.2 appear로 최초 렌더링 전환 효과 적용하기

transition 엘리먼트에 appear props를 true로 설정하면 DOM 마운트 시점에 자동으로 전환 효과가 실행된다. 이때 뷰는 enter-active와 enter-to 클래스를 컴포넌트에 추가한다. 예를 들어 ul 컴포넌트의 최초 렌더링에 slidein 효과를 적용하려면 transition 엘리먼트에 다음과 같이 appear props만 추가하면 된다.

```
<transition name="slidein" appear>
    <ul class="pizza-list">
        /** code for rendering pizza's card... */
    </ul>
</transition>
```

이제 브라우저는 ul 엘리먼트의 등장 UI에 slidein 효과를 적용한다.

이번 절은 transition 컴포넌트에 단일 엘리먼트를 두고 매끄러운 전환 효과를 적용해보았다. 그러나 화면의 여러 부분을 동시에, 또는 순서대로 움직일 수는 없다. 이런 용도에 더 적합한 transition-group 컴포넌트를 다음 절에서 설명할 것이다.

10.3 엘리먼트 그룹 트랜지션

transition-group 컴포넌트는 엘리먼트 집합에 애니메이션 효과를 주도록 특화된 transition 컴포넌트의 일종이다. 따라서 transition과 동일한 방식으로 props를 설정한다. 애니메이션 효과는 목록의 모든 항목에 일괄적으로 적용된다. 가령 피자 목록 또는 사용자 목록에 애니메이션 효과를 줄 때 편리하게 사용할 수 있다. transition-group은 tag prop가 있으면 해당 태그로 래퍼 엘리먼트를 생성하며 모든 자식 엘리먼트에 동일한 전환 클래스를 적용한다. transition과 달리 래퍼 엘리먼트 자신은 효과가 적용되지 않는다.

피자 목록에 그룹 트랜지션을 적용해보자. 다음 예시는 transition-group으로 피자 카드에 전환 효과를 적용한다. 각 카드는 fadein 효과로 화면에 나타나며 ul 엘리먼트로 래핑된다.

```
<transition-group name="fadein" tag="ul" appear>
    <li v-for="pizza in searchResults" :key="pizza.id">
        <PizzaCard :pizza="pizza" />
    </li>
</transition-group>
```

> **CAUTION** key 속성
> 목록의 변경 사항을 추적하고 그에 따라 전환 효과를 적용하려면 각 엘리먼트에 key 속성을 지정해야 한다.

Vue는 각 li 엘리먼트에 fadein-enter-active, fadein-enter-to, fadein-leave-active, fadein-leave-to를 알맞게 추가한다. 클래스별 CSS 규칙은 다음과 같다.

```
.fadein-enter-active,
.fadein-leave-active {
  transition: all 2s;
}
```

```
.fadein-enter-from,
.fadein-leave-to {
  opacity: 0;
  transform: translateX(20px);
}
```

이것으로 완성이다. 이제 컴포넌트를 처음 로드할 때 피자 목록 카드가 화면에 서서히 나타나며 약간 오른쪽에서 들어올 것이다. 검색 상자로 목록을 필터링할 때마다 새 카드에 이와 동일한 효과가 적용되며, 기존 카드는 반대 효과를 따라 사라진다. 즉, 서서히 사라지며 오른쪽으로 움직인다([그림 10-4] 참조).

그림 10-4 목록 검색 시 적용되는 화면 전환 효과

<effect>-move 클래스(예: fadein-move)를 추가하면 다양한 이동 효과를 줄 수 있다. 목록 항목들이 한층 매끄럽게 움직이도록 꾸밀 때 편리하다.

지금까지 transition과 transition-group 컴포넌트 사용법을 살펴봤다. 모두 순조롭게 따라왔을 것이다. 다음 절에서는 이러한 컴포넌트를 router-view 엘리먼트와 조합하고, 라우트를 오갈 때마다 매끄러운 전환 효과를 입힐 것이다.

10.4 라우트 트랜지션

Vue 라우터 4.0부터는 router-view 컴포넌트를 transition 엘리먼트로 감쌀 수 없다. 대신 router-view의 v-slot API로 Component prop를 노출하고 component에 동적으로 전환 효과를 적용한다. 다음 코드를 살펴보자.

```
<router-view v-slot="{ Component }">
    <transition name="slidein">
        <component :is="Component" />
    </transition>
</router-view>
```

Component prop는 router-view 자리에 렌더할 대상 컴포넌트를 가리킨다. 내부에서 component 엘리먼트로 동적 컴포넌트를 생성하고 이를 transition 엘리먼트로 감싸면 slidein 효과를 적용할 수 있다. 이렇게 하면 라우트를 이동할 때마다 애니메이션 효과가 나타난다. 다시 말해 페이지 진입 시와 이탈 시 화면이 미끄러지며 안팎으로 드나들게 된다.

아직 작은 문제가 하나 남아 있다. 라우트를 이동할 때 기존 페이지 콘텐츠가 미처 다 사라지기 전에 신규 콘텐츠가 나타날 수 있다는 점이다. 이전 콘텐츠가 화면에서 완전히 사라지고 나서야 다음 콘텐츠가 나타나도록 하려면 다음과 같이 mode prop에 out-in값을 지정해야 한다.

```
<router-view v-slot="{ Component }">
    <transition name="slidein" mode="out-in">
        <component :is="Component" />
    </transition>
</router-view>
```

이제 /에서 /about으로 라우트를 이동하면 홈 화면이 완전히 사라지고 나서 정보 화면이 나타난다.

지금까지는 transition 컴포넌트에 name을 지정하고 그에 따라 커스텀 클래스를 만드는 방식으로 전환 효과를 구현했다. 이 정도만 해도 대부분의 상황에서 충분히 매끄러운 전환 효과를 애플리케이션에 적용할 수 있다. 그러나 가끔은 한층 미려한 효과를 내기 위해 서드파티 애니메이션 라이브러리를 동원해야 할 때가 있다. 이런 경우에는 자바스크립트를 구사해 커스텀 애니메이션을 결합하고 제어해야 한다. 자세한 방법은 다음 절에서 배울 것이다.

10.5 트랜지션 이벤트로 애니메이션 제어하기

커스텀 클래스와는 별개로, Vue는 transition과 transition-group 컴포넌트에 전환 이벤트를 노출한다. before-enter, enter, after-enter, enter-cancelled 이벤트는 엘리먼트의 진입 상태에, before-leave, leave, after-leave, leave-cancelled 이벤트는 이탈 상태에 적용된다. 이러한 이벤트에 콜백을 바인딩하면 전환 효과를 자바스크립트로 제어할 수 있다.

예를 들어, 페이지 전환 시 slidein 애니메이션 효과를 적용하려면 다음과 같이 beforeEnter, enter, afterEnter 이벤트를 지정하면 된다.

```
<router-view v-slot="{ Component }">
    <transition
        @before-enter="beforeEnter"
        @enter="enter"
        @after-enter="afterEnter"
        :css="false"
    >
        <component :is="Component" />
    </transition>
</router-view>
```

TIP **CSS prop**

JS 콜백 방식으로 이벤트를 적용할 때는 기존의 CSS 전환 클래스가 필요 없다. 이런 경우 css prop를 false로
지정하면 기본 전환 클래스나 기타 중복 클래스를 비활성화시킬 수 있다.

script 섹션에서는 다음과 같이 각 이벤트에 해당하는 콜백을 정의한다.

```
import { gsap } from 'gsap'

const beforeEnter = (el: HTMLElement) => {
  el.style.transform = "translateX(20px)";
  el.style.opacity = "0";
};

const enter = (el: HTMLElement, done: gsap.Callback) => {
  gsap.to(el, {
    duration: 1,
    x: 0,
    opacity: 1,
    onComplete: done,
  });
};
```

```
const afterEnter = (el: HTMLElement) => {
  el.style.transform = "";
  el.style.opacity = "";
};
```

이 코드는 enter 이벤트에서 gsap^{GreenSock Animation Platform} 라이브러리로 애니메이션을 적용한다. 여기에 정의된 콜백은 다음과 같다.

beforeEnter

엘리먼트의 초기 상태를 정의하는 콜백. opacity를 0으로 설정하고 원래 위치에서 20px 만큼 옮긴다.

enter

gsap.to 함수[1]로 엘리먼트에 애니메이션을 적용하는 콜백

afterEnter

애니메이션 완료 후 엘리먼트의 노출 상태와 위치를 설정하는 콜백

마찬가지로, 엘리먼트가 DOM에서 이탈할 때도 애니메이션 효과(예: 슬라이딩 아웃)를 적용할 수 있다. 원하는 애니메이션 라이브러리를 선정하고 before-leave, leave, after-leave 이벤트에서 사용하면 된다.

---

[1] 이 함수의 첫 번째 인수는 애니메이션 대상 엘리먼트이며, 두 번째 선택적 인수는 애니메이션 관련 각종 프로퍼티를 담은 객체다. 자세한 정보는 https://oreil.ly/XNgFb를 참고하기 바란다.

정리

이번 장에서는 트랜지션 컴포넌트와 각종 훅을 이용해 라우트 사이에 매끄러운 전환 효과를 구현해봤다. 또한 트랜지션 그룹을 형성하고 하나의 애니메이션을 그룹 전체에 적용하는 방법도 배웠다.

다음 장에서는 웹 개발의 핵심 축인 테스트 기법을 다룰 것이다. Vitest로 컴포저블을, 뷰 테스트 유틸 라이브러리로 컴포넌트를 테스트할 것이다. 또한 PlaywrightJS를 활용해 애플리케이션을 온전히 아우르는 엔드투엔드 테스트 계획을 수립할 것이다.

Vue 테스트

지금까지 배운 다양한 뷰 API를 종합하면 누구나 백지 상태에서 어엿한 Vue 애플리케이션을 만들어낼 수 있다. 다음 순서는 애플리케이션 배포다. 그 전에 애플리케이션의 버그를 점검하고 프로덕션에 올릴 준비를 마쳐야 한다. 이때가 바로 테스트가 필요한 시점이다.

테스트는 애플리케이션 개발의 핵심 절차며, 프로덕션 릴리스에 대비해 코드 컨피던스와 품질을 향상시키는 과정이다. 이번 장에서는 다양한 테스트 유형과 Vue 애플리케이션 테스트 적용 방식을 알아본다. 또한 유닛 테스트 도구인 Vitest와 뷰 테스트 유틸을 비롯해 엔드투엔드end-to-end(E2E) 테스트 도구인 PlaywrightJS 등을 살펴볼 것이다.

11.1 유닛 테스트와 E2E 테스트

소프트웨어 개발에서 테스트는 애플리케이션이 예상대로 작동하는지 확인하는 과정이다. 테스트 기법은 수동 또는 자동으로 나뉜다. 수동 테스트는 테스터가 소프트웨어를 일일이 확인해야 하므로 그만큼 비용이 든다. 반면 자동 테스트는 주로 테스트 스크립트를 사전에 정의하고 자동화된 절차에 따라 실행한다. 자동 테스트 모음을 알맞게 꾸려 두면 간단한 애플리케이션부터 다목적 애플리케이션까지, 단일 기능은 물론 복잡한 기능 조합까지 간편하게 검증할 수 있다.

자동 테스트는 수동보다 더 안정적이고 확장성이 높다. 단, 테스트를 올바르게 작성해야 한다. 다음은 대표적인 자동 테스트 수행 기법들이다.

유닛 테스트unit testing

소프트웨어 개발 과정에서 가장 일상적으로, 가장 낮은 수준에서 수행하는 테스트다. 유닛 테스트는 함수, 훅, 모듈처럼 특정 작업을 수행하는 코드 단위(또는 코드 블록)를 검증한다. 테스트 주도 개발test-driven development (TDD)[1] 방법론에 따라 유닛 테스트를 적용하면 표준 개발 관행에 부합한다고 볼 수 있다.

통합 테스트integrating testing

다양한 코드 단위 블록을 통합적으로 검증하는 테스트다. 통합 테스트의 목표는 로직 기능, 컴포넌트, 모듈의 흐름을 확인하는 것이다. 컴포넌트 테스트는 내부 로직과 유닛 테스트를 함께 검증assert하는 통합 테스트다. 또한 테스트 품질을 확보하기 위해 업스트림 서비스와 각종 외부 기능들을 모의mock한다.

엔드투엔드 테스트end-to-end testing

소프트웨어 개발 분야에서 가장 높은 수준의 테스트다. E2E 테스트는 일반적으로 실제 사용자의 행동을 시뮬레이션하며 클라이언트부터 백엔드에 이르는 전체 애플리케이션 흐름을 검증한다. 따라서 E2E 테스트는 대체로 모의 서비스나 기능을 필요로 하지 않는다.

> **NOTE** 테스트 주도 개발(TDD)은 테스트 케이스를 먼저 설계 및 작성하고(적색 페이즈red phase), 테스트를 만족시키는 코드를 구현하고(녹색 페이즈green phase), 구현 결과를 개선하는(리팩터링 페이즈refactor phase) 순서로 진행된다. 이러한 기법은 실제 개발에 앞서 로직과 설계를 검증할 수 있다는 장점이 있다.

---

1 TDD를 처음 접하는 독자는 『Learning Test-Driven Development』(O'Reilly, 2021)를 참고하면 좋다.

세 가지 테스트 유형은 [그림 11-1]처럼 피라미드 구조를 형성한다. 일반적으로 유닛 테스트에 가장 주력하며 통합 테스트는 그 다음이다. E2E 테스트는 정상성^{sanity} 검증이 최우선 목표이며 공수도 많이 들기 때문에 실행 횟수는 가장 적다. 이 책에서 다루는 애플리케이션은 다양한 컴포넌트, 서비스, 모듈로 이루어진다. 따라서 각 함수나 기능에 독립적인 유닛 테스트를 구성한다면 최소한의 비용과 노력만으로 코드베이스의 품질을 일정 수준으로 유지할 수 있을 것이다.

이렇듯 유닛 테스트는 애플리케이션 테스트의 기본 토대라 할 수 있다. 이제부터 Vitest로 유닛 테스트를 시작해보자.

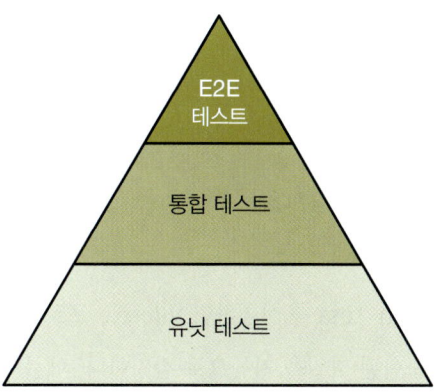

그림 11-1 테스트 피라미드

11.2 Vitest와 유닛 테스트

Vitest[2]는 Vite 프로젝트용 유닛 테스트 실행기이며, 스스로도 Vite를 기반으로 만들어졌다. Vitest의 API는 Jest 및 Chai와 유사하지만 모듈화 방식으로 테스트하기 더 좋다. Vitest는 속도와 개발자 경험을 우선시하며 멀티스레딩 워커, 타입스크립트, JSX 지원 등을 강점으로

---

2   https://oreil.ly/1upy0

내세운다. 또한 Vue나 리액트 등의 프레임워크 컴포넌트 테스트를 지원한다.

Vitest를 사용하려면 먼저 다음과 같이 프로젝트에 dev 의존성을 설치해야 한다.

```
yarn add -D vitest
```

그런 다음 `package.json` 파일에 다음과 같이 script 명령을 추가하면 watch 모드에서 테스트를 실행할 수 있다.

```
"script": {
    "test": "vitest"
}
```

> **NOTE** Vue 프로젝트 초기화 시 Vitest를 유닛 테스트 도구로 선택할 수 있다(1.6절 참고). Vite는 테스트에 필요한 환경과 예제 등을 자동으로 설정한다.

터미널 또는 명령줄에서 `Yarn test`를 실행하면 Vitest는 프로젝트 디렉터리를 읽고 파일명에 `.spec` 또는 `.test`가 포함된 파일을 자동으로 감지한다. 예를 들어 `useFetch` 훅의 테스트 파일명은 `useFetch.spec.ts` 또는 `useFetch.test.ts`다. 테스트 파일을 변경할 때마다 Vitest는 로컬 환경에서 테스트를 다시 실행한다.

> **TIP** **vitest 명령어**
>
> vitest 명령어는 모드를 지정할 수 있다. watch 모드를 명시적으로 적용하려면 `vitest watch`를, 모든 테스트를 한 번만 실행하려면 `vitest run`을 실행하면 된다. 지속적 통합^{continuous integration}(CI) 환경에서 `vitest` 명령어를 실행하면 Vite가 자동으로 단일 실행 모드를 적용한다.

다음 절에서는 Vite 설정 파일인 `vite.config.js` 또는 명령 파라미터를 통해 Vitest 설정을 다듬어본다.

11.3 Vitest 파라미터와 설정 파일

기본적으로 Vitest는 현재 디렉터리를 프로젝트 폴더로 간주하고 테스트 파일을 검색하기 시작한다. 검색 대상 폴더는 직접 지정할 수 있다. 다음은 test 명령이 **src/tests** 폴더를 검색하도록 vitest에 인수를 전달하는 설정이다.

```
"script": {
    "test": "vitest --root src/tests"
}
```

> **NOTE** 이번 장에서는 tests 폴더에 테스트 파일을 저장하며 파일명은 <test-file-name.test>.ts(예: myComponent.test.ts) 형식을 따른다.

또한 다음과 같이 **yarn test** 명령에 테스트 파일 경로를 인수로 전달하는 방법도 있다.

```
yarn test src/tests/useFetch.test.ts
```

이 명령은 작업 중인 테스트 파일만 단독으로 감시 모드를 적용할 때 편리하게 쓸 수 있다.

추가로, Vue 프로젝트의 DOM 환경을 설정하기 위해 다음과 같이 environment 파라미터에 **jsdom**(JSDOM[3])을 지정한다.

```
"script": {
    "test": "vitest --root src/tests --environment jsdom"
}
```

별도로 설정하지 않으면 Vitest는 기본적으로 **node** 환경을 선택한다. 이 환경은 UI 컴포넌트 상호작용을 테스트하기에는 적합하지 않다.

---

3 JSDOM은 웹 표준 헤드리스 브라우저를 시뮬레이션하는 오픈 소스 라이브러리다. 웹과 관련된 각종 코드를 테스트할 때 유용하다.

명령 파라미터 대신 **vite.config.js** 파일을 수정하는 방법도 있다. 다음과 같이 **test** 필드에 root와 **environment** 설정 등을 추가하면 된다.

```
export default defineConfig({
  /**other settings */
  test: {
    environment: 'jsdom',
    root: 'src/tests
  }
})
```

이렇게 하려면 Vitest가 **vite.config.ts** 파일을 참조해야 한다. 다음과 같이 **\<reference\>** 태그를 파일 맨 위에 추가하면 Vitest가 이 파일을 인식한다.

```
/// <reference types="vitest" />
```

이렇게 하면 Vite는 프로젝트의 테스트 실행기가 Vitest임을 알게 되고, 타입스크립트가 설정 파일을 검사할 수 있도록 **test** 필드 타입을 정의한다.

Vitest API를 전체 프로젝트에 전역 모드로 지정하면 개별 테스트 파일에서 vitest 패키지 기능을 명시적으로 임포트할 필요가 없다. 다음과 같이 **vite.config.ts**에서 **test** 객체의 **globals** 플래그를 설정하면 전역 모드가 활성화된다.

```
/// <reference types="vitest" />
/*...imports...*/

export default defineConfig({
  /**other settings */
  test: {
    environment: 'jsdom',
    root: 'src/tests
```

```
    globals: true,
  }
})
```

한 가지 단계가 더 남았다. `globals`가 활성화되면 타입스크립트가 Vitest API의 전역 가용성을 감지할 수 있어야 한다. 이를 위해 다음과 같이 `tsconfig.json` 파일의 `types` 배열에 vitest/globals 정의를 추가한다.

```
//tsconfig.json
"compilerOptions": {
  "types": ["vitest/globals"]
}
```

이제 테스트를 작성할 준비가 모두 끝났다.

11.4 테스트 작성

TDD 방법론을 따라 간단한 테스트를 작성해보자. 지정한 문자열과 배열 엘리먼트의 프로퍼티 키를 기준으로 배열을 필터링하는 함수를 만들고, 이 함수가 제대로 작동하는지 테스트할 것이다.

먼저 `filterArray.test.ts` 파일을 `src/tests` 폴더에, `filterArray.ts` 파일을 `src/utils` 폴더에 새로 만든다. `filterArray.test.ts` 파일은 `filterArray` 함수를 익스포트한다. 이 함수의 세 인수는 array(**ArrayObject** 배열 타입), key(**string** 타입), term(**string** 타입)이며 입력 배열 원소를 조건에 맞게 걸러서 **ArrayObject** 배열로 반환한다. `filterArray.ts` 파일의 코드는 다음과 같다.

```ts
type ArrayObject = { [key: string]: string };

export function filterArray(
  array: ArrayObject[],
  key: string,
  term: string
): ArrayObject[] {
  // 배열 필터링 코드
  return [];
}
```

> **NOTE** { [key: string]: string }은 string 키와 string값으로 이루어진 객체다. 이렇듯 순수한 Object를 함수 인수로 사용하면 잘못된 객체 타입을 받게 될 위험이 있다. (any를 사용할 때와 비슷하다). 함수 인수는 특정한 타입을 지정하는 것이 좋다.

filterArray.test.ts 파일에서는 filterArray 함수를 임포트하고 함수의 기능을 모델링한다. 다음 코드는 @vitest 패키지에서 임포트한 it()과 expect()로 하나의 테스트 케이스를 정의하고 예상 결과를 검증한다.

```ts
import { it, expect } from '@vitest'
import { filterArray } from '../utils/filterArray'

it('should return a filtered array', () => {
  expect()
})
```

> **NOTE** vite.config.ts 파일에서 globals를 true로 설정하거나 명령줄에 --globals 파라미터를 추가하면 import { it, expect } from '@vitest' 구문을 생략할 수 있다.

it() 메서드의 첫 번째 인수는 테스트 케이스의 제목 문자열(should return a fil-tered array)이고, 두 번째 인수는 테스트 로직을 담은 함수다. 세 번째 인수는 테스트 시간 제한이며 생략할 수 있다. 기본 제한 시간은 5초다.

이제 다음과 같이 테스트 케이스의 로직을 구현할 차례다. 먼저 테스트용 피자 목록을 정의하고, title에 Hawaiian이 포함된 피자를 필터링할 것이다.

```javascript
import { it, expect } from '@vitest'
import { filterArray } from '../utils/filterArray'

const pizzas = [
  {
    id: "1",
    title: "Pina Colada Pizza",
    price: "10.00",
    description:
      "A delicious combination of pineapple, coconut, and coconut milk.",
    quantity: 1,
  },
  {
    id: "4",
    title: "Hawaiian Pizza",
    price: "11.00",
    description:
      "A delicious combination of ham, pineapple, and pineapple.",
    quantity: 5,
  },
  {
    id: "5",
    title: "Meat Lovers Pizza",
    price: "13.00",
    description:
      "A delicious combination of pepperoni, sausage, and bacon.",
```

```
      quantity: 3,
    },
  ]

  it('should return a filtered array', () => {
    expect(filterArray(pizzas, 'title', 'Hawaiian'))
  })
```

expect()는 not, resolves, rejects 등의 다양한 수정자와 toEqual, toBe 등의 match-
er 함수가 담긴 테스트 인스턴스를 반환한다. toEqual은 대상 객체와 결과 객체를 심층 비
교deep comparison하며 일치 여부를 확인한다. toBe는 추가로 대상값의 인스턴스 참조까지 메모
리에서 확인한다. 로직을 검증할 때는 대부분 toEqual만 써도 충분하다. 반환값이 예상 결
과 배열과 일치하는지 확인하는 경우도 마찬가지다. 이번 예시의 예상 결과 배열은 다음과
같이 정의할 수 있다.

```
const result = [
  {
    id: "4",
    title: "Hawaiian Pizza",
    price: "11.00",
    description:
      "A delicious combination of ham, pineapple, and pineapple.",
    quantity: 5,
  },
]
```

filterArray 함수를 호출하기 전에 pizzas 배열에 result의 원소가 무조건 포함되도록
다음과 같이 코드를 고쳐보자.

```
const pizzas = [
  {
    id: "1",
    title: "Pina Colada Pizza",
    price: "10.00",
    description:
      "A delicious combination of pineapple, coconut, and coconut milk.",
    quantity: 1,
  },
  {
    id: "5",
    title: "Meat Lovers Pizza",
    price: "13.00",
    description:
      "A delicious combination of pepperoni, sausage, and bacon.",
    quantity: 3,
  },
  ...result
]
```

이제 다음과 같이 `.toEqual()`로 예상 결과를 검증한다.

```
it('should return a filtered array', () => {
  expect(filterArray(pizzas, 'title', 'Hawaiian')).toEqual(result)
})
```

yarn test 명령을 실행하면 watch 모드에서 테스트가 실행된다. 현재 상태에서 테스트는 실패하며 Vitest는 [그림 11-2]처럼 예상 결과, 실제 결과를 비롯한 상세 테스트 정보를 출력한다.

```
FAIL  tests/filterArray.test.ts > filterArray > should return a filtered array
AssertionError: expected [] to deeply equal [ { id: '4', …(4) } ]
 > tests/filterArray.test.ts:35:54
     33| describe('filterArray', () => {
     34|   it('should return a filtered array', () => {
     35|     expect(filterArray(pizzas, 'title', 'Hawaiian')).toEqual(result)
       |                                                      ^
     36|   })
     37| });

 - Expected  - 9
 + Received  + 1

 - Array [
 -   Object {
 -     "description": "A delicious combination of ham, pineapple, and pineapple.",
 -     "id": "4",
 -     "price": "11.00",
 -     "quantity": "5",
 -     "title": "Hawaiian Pizza",
 -   },
 - ]"
 + "Array []"
```

───[1/1]─

```
Test Files  1 failed (1)
```

그림 11-2 테스트 실패 상세 정보

실제 코드를 구현하기 전에 테스트를 정의하고 테스트 실패를 지켜보는 것은 TDD의 통과 의례다. 다음 단계는, 테스트를 통과할 정도로만 최소한의 코드로 filterArray 함수를 구현하는 것이다.

다음 코드는 filter()와 toLowerCase()로 구현한 filterArray 예시다.

```
type ArrayObject = { [key: string]: string };

export function filterArray(
  array: ArrayObject[],
  key: string,
  term: string
): ArrayObject[] {
  const filterTerm = term.toLowerCase();

  return array.filter(
    (item) => item[key].toLowerCase().includes(filterTerm)
```

```
    );
  }
```

이 코드를 테스트하면 [그림 11-3]처럼 테스트 통과 화면을 볼 수 있다.

```
✓ tests/filterArray.test.ts (1)

Test Files  1 passed (1)
     Tests  1 passed (1)
  Start at  12:26:54
  Duration  5ms


PASS  Waiting for file changes...
      press h to show help, press q to quit
```

그림 11-3 테스트 통과

이제부터 이 함수의 다양한 실행 시나리오에 대응하는 테스트를 만들 수 있다. 가령 다음 두 테스트는 배열 원소에 키가 존재하지 않거나(item[key]가 undefined인 상태), term이 대소문자를 구별하지 않고 있는지 검증한다.

```
it("should return a empty array when key doesn't exist", () => {
  expect(filterArray(pizzas, 'name', 'Hawaiian')).toEqual([])
})

it('should return matching array when term is upper-cased', () => {
  expect(filterArray(pizzas, 'name', 'HAWAIIAN')).toEqual(result)
})
```

이들을 테스트하면 [그림 11-4]처럼 코드 순서 그대로 테스트 제목이 터미널에 출력된다.

```
RERUN  tests/filterArray.test.ts x1

❯ tests/filterArray.test.ts (3)
  ✓ should return a filtered array
  ✓ should return a empty array when key doesn't exist
  ✗ should return matching array when term is upper-cased
```

그림 11-4 테스트 결과 출력 순서

이대로는 코드 파일과 테스트 파일이 늘어날수록 가독성이 떨어질 것이다. 테스트를 기능에 따라 분류하고 알아보기 쉽게 정리할 필요가 있다. 다음과 같이 describe()을 쓰면 여러 테스트를 논리적인 블록으로 묶고 적절하게 이름을 붙일 수 있다.

```js
describe('filterArray', () => {
  it('should return a filtered array', () => {
    expect(filterArray(pizzas, 'title', 'Hawaiian')).toEqual(result)
  })
  it(`should return a empty array when key doesn't exist`, () => {
    expect(filterArray(pizzas, 'name', 'Hawaiian')).toEqual([])
  })

  it('should return matching array when term is upper-cased', () => {
    expect(filterArray(pizzas, 'name', 'HAWAIIAN')).toEqual(result)
  })
})
```

Vitest는 [그림 11-5]처럼 계층 구조 형태로 정리된 테스트 결과를 출력한다.

```
❯ tests/filterArray.test.ts (3)
  ❯ filterArray (3)
    ✓ should return a filtered array
    ✓ should return a empty array when key doesn't exist
    ✗ should return matching array when term is upper-cased
```

그림 11-5 그룹화된 테스트 결과

> **NOTE** pizzas와 result를 describe 블록 내부로 옮기면 변수의 스코프가 filterArray 테스트 그룹으로 한정된다. 이렇게 하지 않으면 테스트 그룹을 실행한 뒤에 두 변수가 전역 테스트 범위에 남게 되고, 이후 다른 테스트에서 동일한 변수명을 사용할 경우 의도치 않은 오작동을 유발할 위험이 있다.

지금까지 TDD 방식을 따라 it(), expect()로 테스트를 만들고 describe()으로 그룹화하는 방법을 배웠다. TDD는 특정 함수의 작동 시나리오를 모두 파악하고 있을 때 최고 효과를 낸다. 그러나 초보자가 이 방식을 채택하고 그대로 따르기는 다소 어려울 수 있다. 하나의 방법론을 고집하기보다는 TDD와 다른 기법을 절충하는 방향도 고려하기 바란다.

> **NOTE** it() 대신 test()를, expect() 대신 assert()를 활용할 수 있다. it()의 제목은 'should do something' 형식에 맞추어 일관된 문장(예: 'it should return a filtered array')으로 정의하지만 test()는 의미가 담긴 어떤 제목이든 정의할 수 있다.

Vue 컴포저블은 컴포지션 API로 구현한 자바스크립트 함수이므로 Vitest도 간단히 적용할 수 있다. 먼저 비-라이프사이클^{non-lifecycle} 컴포저블 테스트를 작성해보자.

11.5 비-라이프사이클 컴포저블 테스트

우선 컴포지션 함수인 useFilter부터 만들어보자. 이 함수는 다음 변수들이 담긴 객체를 반환한다.

filterBy

필터링 키

filterTerm

필터링 조건

filteredArray

필터링된 배열

order

필터링된 배열의 순서(기본값은 asc)

첫 번째 인수인 **arr**은 필터링 대상이며 반응형 배열이다. 두 번째 인수는 필터 **key**, 세 번째 는 필터 조건인 **term**이다.

useFilter는 다음과 같이 구현한다.

```ts
/** composables/useFilter.ts */
import { ref, computed, type Ref } from 'vue'

type ArrayObject = { [key: string]: string };
  export function useFilter(
  arr: Ref<ArrayObject[]>,
  key: string,
  term: string
) {  ❶
  const filterBy = ref(key)    ❷
  const filterTerm = ref(term)
  const order = ref('asc')

  const filteredArray = computed(() =>   ❸
    arr.value.filter((item) =>
      item[filterBy.value]?.toLowerCase().includes(
        filterTerm.value.toLowerCase())
    ).sort((a, b) => {
      if (order.value === 'asc') {
        return a[filterBy.value] > b[filterBy.value] ? 1 : -1
      } else {
        return a[filterBy.value] < b[filterBy.value] ? 1 : -1
      }
    })
  );
```

```
    return {
      filterBy,
      filterTerm,
      filteredArray,
      order,
    }
  }
}
```

❶ ArrayObject 배열의 Ref 타입으로 arr을 선언하고 key와 term은 string으로 선언한다.

❷ ref()에 초기값을 전달해 filterBy, filterTerm, order를 생성한다.

❸ filterBy, filterTerm, order, arr의 변화에 반응하도록 computed()로 filteredArray를 생성한다.

tests/ 폴더에 useFilter.test.ts 파일을 생성하고 다음과 같이 useFilter 테스트를 추가한다.

```
import { useFilter } from '@/composables/useFilter'

const books = [
  {
    id: '1',
    title: 'Gone with the wind',
    author: 'Margaret Mitchell',
    description:
    'A novel set in the American South during the Civil War and
Reconstruction',
  },
  {
    id: '2',
    title: 'The Great Gatsby',
    description:
    'The story primarily concerns the mysterious millionaire Jay Gatsby',
```

```
      author: 'F. Scott Fitzgerald',
    },
    {
      id: '3',
      title: 'Little women',
      description: 'The March sisters live and grow in post-Civil War America',
      author: 'Louisa May Alcott',
    },
  ]

  describe('useFilter', () => {
  })
```

books는 반응형이 아닌 상수 객체이므로 테스트할 함수에 전달하기 전에 다음과 같이 ref()로 감싸 반응성을 부여한다.

```
import { useFilter } from '@/composables/useFilter'
import { ref } from 'vue'

const books = ref([
  //...
]);

const result = [books.value[0]]
```

또한 books 배열값을 바탕으로 예상 결과 배열인 result를 선언한다. 이제 첫 번째 반응성 테스트 케이스를 작성할 수 있다. 다음은 filterTerm이 변경될 때 useFilter가 필터링 배열을 업데이트하고 반환하는지 확인하는 테스트다.

```
it(
  'should reactively return the filtered array when filterTerm is changed',
  () => {
```

```
  const { filteredArray, filterTerm } = useFilter(books, 'title', '');

  filterTerm.value = books.value[0].title;
  expect(filteredArray.value).toEqual(result);
})
```

이 테스트 성공적으로 통과하며 [그림 11-6]처럼 결과가 출력될 것이다.

```
✓ tests/useFilter.test.ts (1)

Test Files  1 passed (1)
     Tests  1 passed (1)
  Start at  12:28:32
  Duration  628ms (transform 36ms, setup 0ms, collect 58ms, tests 2ms)
```

그림 11-6 useFilter의 테스트 통과 화면

같은 방식으로 filterBy, order 등에 대한 테스트 케이스를 모두 작성하면 useFilter를 온전히 테스트할 수 있다. 이 예시에서 useFilter는 내부적으로 ref와 computed를 사용하는 컴포저블이다. watch, reactive, provide 등의 API를 사용하는 컴포저블도 동일한 방식으로 테스트할 수 있다. 그러나 onMounted, onUpdated, onUnmounted 등이 쓰인 컴포저블은 이와 다른 방식으로 테스트해야 한다. 다음 절에서 더 자세히 살펴보자.

11.6 라이프사이클 훅 컴포저블 테스트

다음은 onBeforeMount 훅에서 API로 데이터를 가져오는 useFetch 컴포저블이다.

```
/** composables/useFetch.ts */
import { ref, onBeforeMount } from 'vue'

export function useFetch(url: string) {
  const data = ref(null)
```

```
const error = ref(null)
const loading = ref(true)

const fetchData = async () => {
  try {
    const response = await fetch(url);

    if (!response.ok) {
      throw new Error(`Failed to fetch data for ${url}`);
    }

    data.value = await response.json();
  } catch (err: any) {
    error.value = err.message;
  } finally {
    loading.value = false;
  }
};

onBeforeMount(fetchData);

return { data, error, loading }
}
```

이 함수는 url 파라미터를 전달받고 컴포넌트가 마운팅되기 전에 해당 url에서 데이터를 가져온다. 또한 이 데이터를 바탕으로 data, error, loading값을 업데이트하고 반환한다. 이 컴포저블은 컴포넌트의 onBeforeMount 라이프사이클 훅에서 데이터를 가져온다. 따라서 테스트 과정에서도 Vue 컴포넌트 생성과 마운트 단계를 재현해야 한다.

이렇게 하려면 다음과 같이 vue 패키지의 createApp으로 앱을 생성하고 setup 훅 안에서 useFetch로 컴포넌트를 생성하게 만든다.

```
/** tests/useFetch.test.ts */
import { createApp, type App } from 'vue'

function withSetup(composable: Function): [any, App<Element>] {
    let result;

    const app = createApp({
        setup() {
            result = composable();
            return () => {};
        },
    });

    app.mount(document.createElement("div"));

    return [result, app];
}
```

withSetup 함수는 입력 받은 composable이 반환한 result 배열과, 내부에서 생성된 app
인스턴스를 배열로 묶어 반환한다. 이제 모든 컴포넌트는 withSetup을 통해 useFetch 컴
포넌트 생성 프로세스를 모방할 수 있다.

```
import { useFetch } from '@/composables/useFetch'

describe('useFetch', () => {
  it('should fetch data from the given url', async () => {
    const [result, app] = withSetup(() => useFetch('your-test-url'));

    expect();
  });
});
```

그러나 아직 useFetch는 fetch API로 데이터를 가져오고 있다. 테스트에서는 실제 API를 사용하지 않는 것이 좋은데, 이유는 다음과 같다.

- API가 작동하지 않거나 URL이 잘못되면 테스트가 실패한다.
- API가 느리면 테스트가 실패한다.

따라서 fetch API를 흉내내어 API 응답을 시뮬레이션해야 한다. 다음은 vi.spyOn 메서드로 fetch를 모의하는 코드다.

```
import { vi } from 'vitest'

const fetchSpy = vi.spyOn(global, 'fetch');
```

fetchSpy는 다른 테스트 스위트로부터 명확히 격리하기 위해 describe 안에서 선언한다. 또한 테스트 케이스 실행 전에 모의 구현과 값을 모두 초기화하기 위해 다음과 같이 beforeEach 훅 안에서 mockClear() 메서드를 실행한다.

```
describe('useFetch', () => {
  const fetchSpy = vi.spyOn(global, 'fetch');

  beforeEach(() => {
    fetchSpy.mockClear();
  });

  it('should fetch data from the given url', async () => {
    //...
  });
});
```

테스트를 작성해보자. 먼저 mockResolvedValueOnce 메서드에서 fetch API를 모의하고 정상적인 응답을 반환한다.

```
it('should fetch data from the given url', async () => {
  fetchSpy.mockResolvedValueOnce({
    ok: true,
    json: () => Promise.resolve({ data: 'test' }),
  } as any);

  const [result, app] = withSetup(() => useFetch('your-test-url'));
});
```

이제 결과 데이터 값이 모의 데이터와 동일한지 검증할 수 있다.

```
it('should fetch data from the given url', async () => {
  //...

  const [result, app] = withSetup(() => useFetch('your-test-url'));

  expect(result?.data.value).toEqual({ data: 'test' });
});
```

또한 다음과 같이 toHaveBeenCalledWith 메서드를 사용하면 fetch가 호출한 URL을 확인할 수 있다.

```
it('should fetch data from the given url', async () => {
  //...

  expect(fetchSpy).toHaveBeenCalledWith('your-test-url');
});
```

마지막으로, 앱을 언마운팅하고 테스트 환경을 정리한다.

```
it('should fetch data from the given url', async () => {
  //...
```

```
  await app.unmount();
});
```

이제 모두 잘 작동할 것 같지만 여전히 테스트는 실패할 것이다. 그 이유는 fetch API가 비동기식인 반면 컴포넌트의 beforeMount 라이프사이클 훅은 그렇지 않기 때문이다. fetch API가 완료되기 전에 훅이 먼저 완료되면 data값이 변경되지 않는다. [그림 11-7]에서 이러한 현상을 확인할 수 있다.

```
FAIL  tests/useFetch.test.ts > useFetch > should fetch data from the given url
AssertionError: expected null to deeply equal { data: 'test' }
❯ tests/useFetch.test.ts:37:36
    35|          const [result, app] = withSetup(() => useFetch('your-test-url'));
    36|
    37|          expect(result?.data.value).toEqual({ data: 'test' });
      |                                     ^
    38|          expect(fetchSpy).toHaveBeenCalledWith('your-test-url');
    39|

  - Expected   - 3
  + Received   + 1

  - Object {
  -   "data": "test",
  - }"
  + "null"
```

그림 11-7 useFetch 테스트 실패

이 문제를 해결하려면 Vue 공식 라이브러리인 Vue 테스트 유틸(@vue/testutils)[4]을 동원해야 한다. 이 라이브러리는 Vue 컴포넌트 테스트에 필요한 각종 유틸리티 메서드를 제공한다. 그중 flushPromises를 사용하면 fetch API가 데이터를 반환할 때까지 대기 상태가 유지되므로, 이후 올바르게 data를 검증할 수 있다.

```
import { flushPromises } from '@vue/test-utils'

it('should fetch data from the given url', async () => {
  //...
```

---

4 https://oreil.ly/dZILU

```
  await flushPromises();

  expect(result.data.value).toEqual({ data: 'test' });
});
```

이제 테스트는 [그림 11-8]처럼 성공적으로 통과할 것이다.

```
✓ tests/useFetch.test.ts (1)

Test Files  1 passed (1)
      Tests  1 passed (1)
   Start at  13:18:00
   Duration  602ms (transform 67ms,
```

그림 11-8 useFetch 테스트 통과

다음과 같이 flushPromises를 호출하기에 앞서 loading값을 검증할 수도 있다.

```
it('should change loading value', async () => {
  //...

  expect(result.loading.value).toBe(true);

  await flushPromises();

  expect(result.loading.value).toBe(false);
});
```

fetch API 모의 기능의 또 다른 장점은, 다음과 같이 mockRejectedValueOnce 메서드로 실패 응답을 시뮬레이션하고 컴포저블의 에러 처리 로직을 테스트할 수 있다는 것이다.

```
it('should change error value', async () => {
  fetchSpy.mockRejectedValueOnce(new Error('test error'));

  const [result, app] = withSetup(() => useFetch('your-test-url'));
```

```
    expect(result.error.value).toBe(null);

    await flushPromises();

    expect(result.error.value).toEqual(new Error('test error'));
  });
```

비슷한 방식으로 애플리케이션 외부 테스트 API를 모의하거나, 테스트가 끝난 의존성 함수를 모의해 테스트 스위트의 복잡도를 낮출 수 있다. 이번 절에서는 Vitest와 Vue 테스트 유틸을 활용해 useFetch 메서드를 성공적으로 테스트할 수 있었다.

계속해서 Vitest와 Vue 테스트 유틸로 Vue 컴포넌트를 테스트해보자.

11.7 Vue 테스트 유틸로 컴포넌트 테스트하기

Vue 엔진은 Vue 컴포넌트의 설정에 따라 브라우저 DOM에 컴포넌트 인스턴스를 생성 및 업데이트하고 관리한다. '컴포넌트를 테스트한다'라는 것은 컴포넌트 렌더링 결과가 DOM에 잘 반영되는지 테스트한다는 뜻이다. 테스트가 실행되는 Node.js 환경에 브라우저가 존재하지 않으므로, 이를 시뮬레이션하기 위해 vite.config.ts에서 test.environment를 jsdom으로 설정해야 한다. 또한 컴포넌트를 마운팅하고 가상 Vue 노드에서 DOM 엘리먼트 렌더링 결과를 검증하기 위해 @vue/test-utils 패키지에서 mount, shallowMount 등의 메서드를 가져온다.

[예제 11-1]의 PizzaCard.vue 컴포넌트를 살펴보자.

예제 11-1 PizzaCard 컴포넌트

```
<template>
  <article class="pizza--details-wrapper">
```

```
      <img :src="pizza.image" :alt="pizza.title" height="200" width="300" />
      <p>{{ pizza.description }}</p>
      <div class="pizza--inventory">
        <div class="pizza--inventory-stock">Stock: {{ pizza.quantity || 0 }}</
div>
        <div class="pizza--inventory-price">$ {{ pizza.price }}</div>
      </div>
    </article>
</template>
<script setup lang="ts">
import type { Pizza } from "@/types/Pizza";
import type { PropType } from "vue";

const props = defineProps({
  pizza: {
    type: Object as PropType<Pizza>,
    required: true,
  },
});
</script>
```

먼저 이 컴포넌트를 테스트할 tests/PizzaCard.test.ts 파일을 생성한다. 그리고 @vue/
test-utils에서 임포트한 shallowMount 메서드로 엘리먼트를 마운팅한다. shallow-
Mount 함수의 인수는 두 가지다. 첫 번째는 마운팅할 Vue 컴포넌트이며, 두 번째는 마운팅
에 사용할 props, 스텁 등의 추가 데이터가 담긴 객체다. 다음 코드는 **pizza** prop에 기본값
을 지정하는 테스트 파일의 예시다.

```
/** tests/PizzaCard.test.ts */
import { shallowMount } from '@vue/test-utils';
import PizzaCard from '@/components/PizzaCard.vue';

describe('PizzaCard', () => {
  it('should render the pizza details', () => {
```

```
const pizza = {
  id: 1,
  title: 'Test Pizza',
  description: 'Test Pizza Description',
  image: 'test-pizza.jpg',
  price: 10,
  quantity: 10,
};

const wrapper = shallowMount(PizzaCard, {
  props: {
    pizza,
  },
});

expect();
  });
});
```

TIP shallowMount vs mount

shallowMount 메서드는 mount 메서드에서 shallow 플래그를 활성화시킨 래퍼다. 자식 컴포넌트와 관계없이 해당 컴포넌트만 렌더링하고 테스트하려면 shallowMount를 사용하는 것이 가장 좋다. mount 메서드는 자식 컴포넌트까지 포함해 전체적으로 테스트할 때 사용한다.

shallowMount 메서드는 Vue 인스턴스와 각종 헬퍼 메서드가 포함된 wrapper를 반환하며, wrapper 인스턴스를 통해 컴포넌트와 UI의 상호작용을 검증할 수 있다. 가령 다음은 pizza-details-wrapper 클래스가 지정된 DOM 엘리먼트의 존재 여부를 find 메서드로 확인하는 코드다.

```
/** tests/PizzaCard.test.ts */
//...

expect(wrapper.find('.pizza--details-wrapper')).toBeTruthy();
```

비슷한 방식으로, .pizza--inventory-stock과 .pizza-inventory-price 엘리먼트의 텍스트 콘텐츠를 text() 메서드로 검증할 수 있다.

```
/** tests/PizzaCard.test.ts */
//...

expect(
  wrapper.find('.pizza--inventory-stock').text()
).toBe(`Stock: ${pizza.quantity}`);
expect(wrapper.find('.pizza--inventory-price').text()).toBe(`$ ${pizza.
price}`);
```

shallowMount 메서드는 컴포넌트의 렌더링 HTML이 담긴 html 프로퍼티를 제공한다. 여기에 toMatchSnapshot을 적용하면 HTML 스냅샷을 검증할 수 있다.

```
/** tests/PizzaCard.test.ts */

expect(wrapper.html()).toMatchSnapshot();
```

테스트 엔진은 PizzaCard.test.ts.snap 파일을 생성하고 컴포넌트의 HTML 스냅샷을 저장한다. 다음 테스트부터 Vitest는 컴포넌트의 HTML 렌더링과 기존 스냅샷을 비교하므로 복잡한 앱을 개발할 때 컴포넌트의 안정성이 확보된다.

> **CAUTION** 스냅샷 사용
>
> 컴포넌트 템플릿을 변경하면 스냅샷 테스트가 실패한다. 이 문제를 해결하려면 yarn test -u처럼 테스트 명령에 -u 플래그를 붙여 스냅샷을 업데이트해야 한다.
>
> 스냅샷 테스트는 기능적인 한계가 있으므로 변경 가능성이 없는 컴포넌트에 사용하는 것이 좋다. HTML 렌더링은 가급적이면 PlaywrightJS로 E2E 테스트에서 검증할 것을 권장한다.

find()가 반환하는 인스턴스는 DOM 엘리먼트의 래퍼이며, 엘리먼트 속성과 프로퍼티를 검증하는 다양한 메서드를 포함하고 있다. `img` 엘리먼트의 `src`와 `alt` 속성을 `attri-butes()` 메서드로 검증하는 테스트 케이스를 다음과 같이 추가해보자.

```
/** tests/PizzaCard.test.ts */

describe('PizzaCard', () => {
  it('should render the pizza image and alt text', () => {
    //...

    const wrapper = shallowMount(PizzaCard, {
      props: {
        pizza,
      },
    });

    const img = wrapper.find('img')

    expect(img.attributes().alt).toEqual(pizza.title);
    expect(img.attributes().src).toEqual(pizza.image);
  });
});
```

`pizza.title`을 `Pineapple pizza` 텍스트로 변경하고 테스트가 실패하는지 확인해보자. [그림 11-9]에 보이듯 테스트는 실패하고 관련 메시지가 표시된다.

```
                                              Failed Tests 1
 FAIL  tests/PizzaCard.test.ts > PizzaCard > should render the pizza details
AssertionError: expected 'Test Pizza' to deeply equal 'Pineapple pizza'
❯ tests/PizzaCard.test.ts:27:34
    25|       const img = wrapper.find('img')
    26|
    27|       expect(img.attributes().alt).toEqual("Pineapple pizza")
      |                                    ^
    28|   });
    29|

  - Expected   "Pineapple pizza"
  + Received   "Test Pizza"
```

그림 11-9 이미지 대체 텍스트 검증 실패

스크린샷에 나타난 Test Pizza라는 결과값은 빨간색으로 강조되며 기대값은 녹색으로 출력된다. 또한 테스트 실패 사유를 'expected Test Pizza to deeply equal Pineapple pizza'로 보여주며 문제가 생긴 줄번호를 알려준다. 이러한 정보를 통해 신속하게 테스트를 수정하거나 구현부의 문제를 파악할 수 있으며, 결과적으로 올바른 실행 결과를 보장할 수 있다.

이 외에도 컴포넌트 상호작용과 데이터 통신을 검증하는 실용적인 방법들이 있다. DOM 래퍼 인스턴스의 trigger() 메서드와 emitted() 메서드가 대표적이다. 다음 절에서는 PizzaCard 컴포넌트에 [Add to cart] 버튼을 추가하고 버튼의 동작을 테스트할 것이다.

11.8 컴포넌트 상호작용 및 이벤트 테스트

다음과 같이 PizzaCard 컴포넌트에 [Add to cart] 버튼을 추가해보자.

```
/** src/components/PizzaCard.vue */

<template>
  <section v-if="pizza" class="pizza--container">
    <!-- ... -->
    <button @click="addCart">Add to cart</button>
  </section>
</template>
<script lang="ts" setup>
//...
const emits = defineEmits(['add-to-cart'])

const addCart = () => {
  emits('add-to-cart', { id: props.pizza.id, quantity: 1 })
}
</script>
```

추가한 버튼에는 click 이벤트를 지정하고 addCart 메서드를 트리거한다. addCart 메서드는 pizza.id와 수량 정보를 페이로드로 받아 add-to-cart 이벤트를 발생시킨다. 이 이벤트와 해당 페이로드를 검증하면 addCart 메서드를 테스트할 수 있다. 다음 코드는 find() 메서드로 버튼을 찾고 trigger() 메서드로 클릭 이벤트를 발동한다.

```
/** tests/PizzaCard.test.ts */

describe('PizzaCard', () => {
  it('should emit add-to-cart event when add to cart button is clicked', () =>
{
    //...

    const wrapper = shallowMount(PizzaCard, {
      props: {
        pizza,
      },
    });

    const button = wrapper.find('button');
    button.trigger('click');
  });
});
```

wrapper.emitted() 함수를 실행하면 이벤트 결과 정보를 맵 형태로 수신할 수 있다. 이 맵에서 키는 이벤트명이며 값은 수신 페이로드 배열이다. 각 페이로드는 emits() 함수에 이벤트명과 함께 전달됐던 배열이다. 예를 들어 { id: 1, quantity: 1 }를 페이로드로 add-to-cart 이벤트를 발생시키면 emitted() 함수는 { add-to-cart: [[{ id: 1, quantity: 1 }]] }를 반환한다.

다음은 발생 이벤트와 해당 페이로드를 검증하는 코드다.

```
/** tests/PizzaCard.test.ts */

describe('PizzaCard', () => {
  it('should emit add-to-cart event when add to cart button is clicked', () =>
{
    //...

    expect(wrapper.emitted()['add-to-cart']).toBeTruthy();
    expect(wrapper.emitted()['add-to-cart'][0]).toEqual([
      { id: pizza.id, quantity: 1 }
    ]);
  });
});
```

> **TIP** **피니아 저장소가 사용된 컴포넌트 테스트**
>
> @pinia/testing 패키지의 createTestingPinia()로 테스트용 피니아 인스턴스를 생성하고, 마운트 단계에서 전역 플러그인으로 컴포넌트에 추가할 수 있다. 이런 방식으로 저장소를 모의할 수 있으며 실제 저장소 인스턴스 없이 컴포넌트를 테스트할 수 있다.

이제 테스트는 문제없이 통과할 것이다. 지금까지 테스트의 기본기를 배우며 Vitest와 Vue 테스트 유틸로 컴포넌트와 컴포저블을 테스트했다. 다음 절에서는 GUI로 Vitest를 다루는 방법을 살펴볼 것이다

11.9 Vitest와 GUI

터미널이나 명령줄 출력 결과가 지나치게 복잡해지면 그래픽 사용자 인터페이스Graphic User Interface(GUI)가 필요한 시점이다. 이를 대비해 Vitest는 @vitest/ui라는 추가 의존성과 --ui 파라미터를 제공한다. Vitest UI를 사용하려면 다음과 같이 터미널 명령어로 @vitest/ui를 설치해야 한다.

```
yarn add -D @vitest/ui
```

`yarn test --ui` 명령을 실행하면 Vite는 UI 앱 로컬 서버를 시작한다. [그림 11-10]은 브라우저에서 UI 앱에 접속한 화면이다.

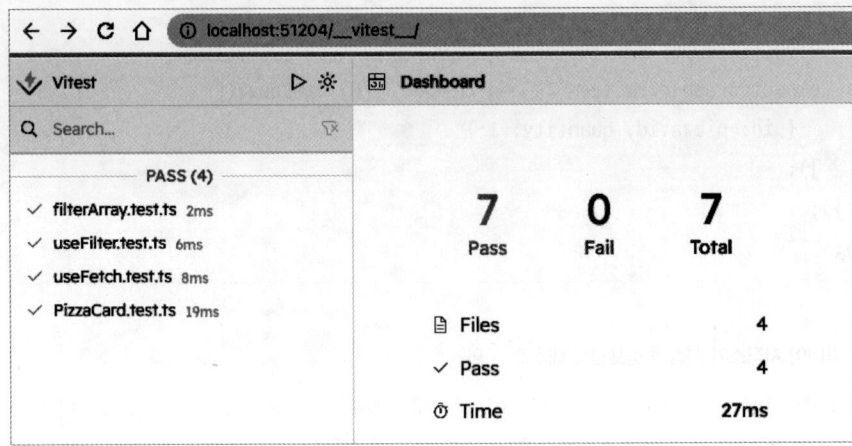

그림 11-10 Vitest UI

Vitest UI에서 왼쪽 패널에는 테스트 파일 목록과 각각의 상태가 색상과 아이콘 형태로 표시된다. 메인 대시보드에는 테스트 결과가 요약 정보로 보이며 전체 테스트 수, 통과한 테스트 수, 실패한 테스트 수를 보여준다. 왼쪽 패널에서 개별 테스트를 선택하면 해당 케이스의 보고서, 모듈 그래프, 테스트 구현 코드를 검토할 수 있다. [그림 11-11]은 `PizzaCard` 컴포넌트의 테스트 보고서 화면이다.

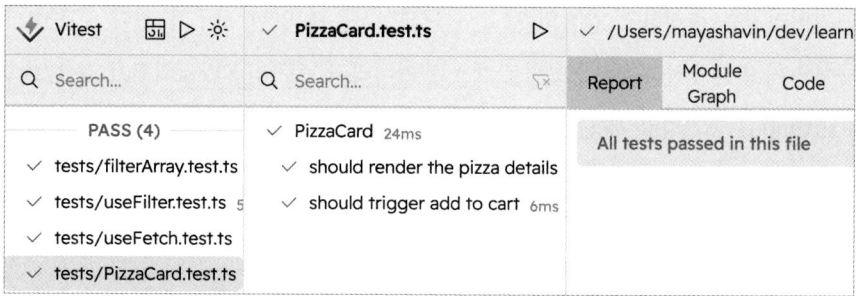

그림 11-11 PizzaCard 컴포넌트의 Vitest UI 테스트 보고서

[그림 11-12] 화면에서 [Run] 또는 [Rerun all test] 아이콘을 클릭하면 GUI에서 테스트를 실행할 수 있다.

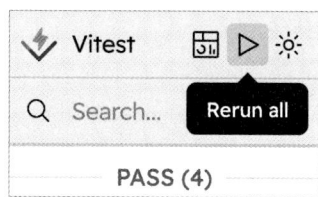

그림 11-12 GUI에서 테스트 실행하기

GUI가 도움이 되는 경우도 있지만 프로젝트 진행 또는 개발 도중에 테스트를 지켜볼 때는 오히려 방해가 되기도 한다. 가끔은 터미널을 이용하는 것이 더 효과적인 경우도 있다. 테스트 결과를 검토할 때는 GUI 또는 커버리지 러너를 사용한다. 후자는 다음 절에서 설명한다.

11.10 Vitest와 커버리지 러너

테스트를 만드는 것은 쉽다. 그러나 테스트 대상의 모든 작동 시나리오가 테스트됐는지는 쉽게 알 수 없다. 애플리케이션을 충분히 아우르는 테스트 시스템을 구축하려면 코드 커버리지에 대해 알아야 한다. 코드 커버리지는 테스트로 얼마나 많은 코드를 커버했는지 파악하는 기법이다.

코드 커버리지를 측정하고 양질의 보고서를 생성하는 다양한 도구가 있다. 그중 이스탄 불Istanbul은 가장 대중적인 자바스크립트 테스트 커버리지 도구다. Vitest와 @vitest/cover-age-istanbul 패키지를 사용하면 이스탄불을 테스트 시스템에 통합할 수 있다. 이 패키지를 설치하려면 터미널에서 다음 명령어를 실행한다.

```
yarn add -D @vitest/coverage-istanbul
```

패키지 설치 후, vite.config.ts 파일의 test.coverage 섹션에 다음과 같이 provider를 istanbul로 설정한다.

```
/** vite.config.ts */
export default defineConfig({
  //...
  test: {
    //...
    coverage: {
      provider: 'istanbul'
    }
  }
})
```

또한 테스트 실행 후 커버리지 보고서를 얻기 위해 package.json에 scripts 명령을 추가 한다.

```
{
  //...
  "scripts": {
    //...
    "test:coverage": "vite test --coverage"
  }
}
```

yarn test:coverage 명령으로 테스트를 실행하면 [그림 11-13]처럼 터미널에 커버리지 보고서가 출력된다.

```
----------------|---------|----------|---------|---------|-------------------
File            | % Stmts | % Branch | % Funcs | % Lines | Uncovered Line #s
----------------|---------|----------|---------|---------|-------------------
All files       |  83.87  |    20    |  88.88  |  83.87  |
 components     |   100   |    50    |   100   |   100   |
  PizzaCard.vue |   100   |    50    |   100   |   100   | 6
 composables    |  78.26  |   12.5   |  83.33  |  78.26  |
  useFetch.ts   |  84.61  |    50    |   100   |  84.61  | 13,18
  useFilter.ts  |    70   |     0    |    75   |    70   | 14-17
 utils          |   100   |   100    |   100   |   100   |
  filterArray.ts|   100   |   100    |   100   |   100   |
----------------|---------|----------|---------|---------|-------------------
```

그림 11-13 커버러지 보고서 터미널 출력

이스탄불 보고서는 테스트 실행 과정에서 각 파일의 코드 커버 비율을 네 종류로 나누어 백분위로 알려준다. 네 가지 분류는 구문(statement), 분기(branch), 함수(function), 라인(line) 등이다. 또한 마지막 열은 커버되지 않은 코드의 라인 번호를 알려준다. 가령 [그림 11-13]에서 composables/useFetch.ts 파일은 **Uncovered Lines** 열에 13,18을 표시하고 있다. 이는 해당 파일의 테스트가 13, 18번 라인의 코드를 커버하지 못했음을 나타낸다.

그러나 터미널 보고서의 가독성은 한계가 있다. 이스탄불은 vite.config.ts에 정의된 test.root 디렉터리 또는 프로젝트 루트에 coverage 폴더를 생성한다. 여기에 저장된 index.html 파일은 HTML 형식의 커버리지 보고서를 담고 있다. 이 파일을 브라우저에서 열면 [그림 11-14]와 같이 더 보기 좋고 읽기 쉬운 커버리지 보고서가 나타난다.

All files

83.87% Statements `26/31` **20%** Branches `2/10` **88.88%** Functions `8/9` **83.87%** Lines `26/31`

Press *n* or *j* to go to the next uncovered block, *b, p* or *k* for the previous block.

Filter: [ ]

File ▲		Statements ⇕	⇕	Branches ⇕	⇕	Functions ⇕	⇕	Lines ⇕	⇕
components	▉▉▉	100%	6/6	50%	1/2	100%	1/1	100%	6/6
composables	▉▉▉░	78.26%	18/23	12.5%	1/8	83.33%	5/6	78.26%	18/23
utils	▉▉▉	100%	2/2	100%	0/0	100%	2/2	100%	2/2

그림 11-14 HTML 형식의 커버리지 보고서

> **NOTE** root가 src/tests 폴더로 지정되어 있다면 src로 변경해야 한다. 그렇지 않으면 이스탄불이 커버리지를 분석할 소스 파일을 찾지 못한다.

HTML 보고서는 폴더와 파일마다 테스트 커버리지를 표시한다. 보고서 첫 번째 열인 **File**은 파일명 또는 폴더명을 보여준다. 두 번째 열은 진행 막대와 함께 각 파일의 커버리지 비율을 색상으로 표시한다. 완전히 커버됐으면 녹색, 부분적인 커버는 노란색이다. 커버리지 허용 수준에 미치지 못할 경우 빨간색으로 표시된다. 나머지 열은 커버리지 정보를 구문(statement), 분기(branch), 함수(function), 라인(line)으로 나누어 상세히 보여준다.

/composables 폴더를 클릭하면 [그림 11-15]처럼 해당 폴더 내부 파일들의 상세 보고서가 나타난다.

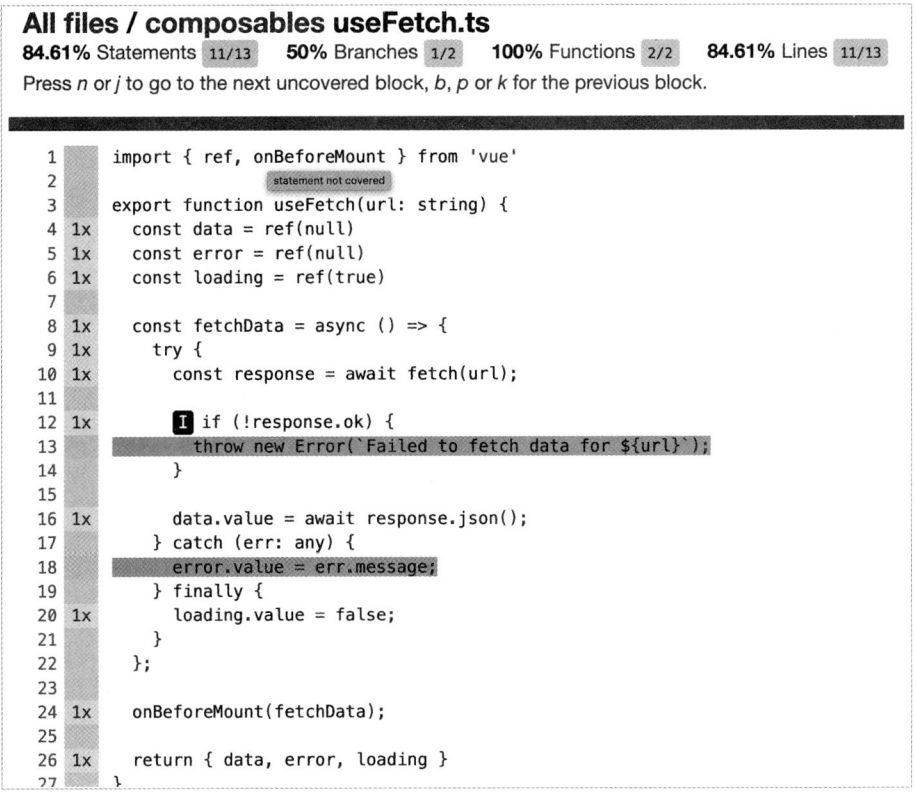

All files composables

78.26% Statements `18/23`   **12.5%** Branches `1/8`   **83.33%** Functions `5/6`   **78.26%** Lines `18/23`

Press *n* or *j* to go to the next uncovered block, *b*, *p* or *k* for the previous block.

Filter:

File ▲		Statements ⇕		Branches ⇕		Functions ⇕		Lines ⇕	
useFetch.ts		84.61%	11/13	50%	1/2	100%	2/2	84.61%	11/13
useFilter.ts		70%	7/10	0%	0/6	75%	3/4	70%	7/10

그림 11-15 컴포저블 커버리지 보고서

각 파일명을 클릭하면 [그림 11-16]처럼 소스 코드가 보인다. 테스트되지 않은 코드는 빨간 색으로 강조되고, 커버된 코드는 실행 횟수가 3x처럼 표시된다.

All files / composables useFetch.ts

84.61% Statements `11/13`   **50%** Branches `1/2`   **100%** Functions `2/2`   **84.61%** Lines `11/13`

Press *n* or *j* to go to the next uncovered block, *b*, *p* or *k* for the previous block.

```
 1        import { ref, onBeforeMount } from 'vue'
 2                  statement not covered
 3        export function useFetch(url: string) {
 4   1x     const data = ref(null)
 5   1x     const error = ref(null)
 6   1x     const loading = ref(true)
 7
 8   1x     const fetchData = async () => {
 9   1x       try {
10   1x         const response = await fetch(url);
11
12   1x       I if (!response.ok) {
13             throw new Error(`Failed to fetch data for ${url}`);
14           }
15
16   1x         data.value = await response.json();
17         } catch (err: any) {
18           error.value = err.message;
19         } finally {
20   1x         loading.value = false;
21         }
22       };
23
24   1x     onBeforeMount(fetchData);
25
26   1x     return { data, error, loading }
27       }
```

그림 11-16 useFetch 커버리지 보고서

HTML 보고서는 watch 모드와 상호작용하므로 코드를 변경하거나 테스트를 수정할 때 자동으로 커버리지 보고서가 업데이트된다. 개발 도중에 커버리지 보고서의 변화를 실시간으로 볼 수 있어 매우 유용한 기능이다.

또한 vite.config.ts의 test.coverage 섹션에서 다음과 같이 각 커버리지 분류의 임계값threshold을 설정할 수 있다.

```
/** vite.config.ts */

export default defineConfig({
  //...
  test: {
    //...
    coverage: {
      provider: 'istanbul',
      statements: 80,
      branches: 80,
      functions: 80,
      lines: 80
    }
  }
})
```

이 코드는 각 분류의 커버리지 임계값을 80%로 설정한다. 커버리지 비율이 임계값보다 낮으면 [그림 11-17]처럼 테스트가 실패하며 에러 메시지가 출력된다.

```
Test Files  4 passed (4)
     Tests  7 passed (7)
  Start at  13:26:17
  Duration  839ms (transform 585ms, setup 0ms, collect 850ms, tests 34ms)

% Coverage report from istanbul
-----------------|---------|----------|---------|---------|-------------------
File             | % Stmts | % Branch | % Funcs | % Lines | Uncovered Line #s
-----------------|---------|----------|---------|---------|-------------------
All files        |   83.87 |       20 |   88.88 |   83.87 |
 components       |     100 |       50 |     100 |     100 |
  PizzaCard.vue   |     100 |       50 |     100 |     100 | 6
 composables      |   78.26 |     12.5 |   83.33 |   78.26 |
  useFetch.ts     |   84.61 |       50 |     100 |   84.61 | 13,18
  useFilter.ts    |      70 |        0 |      75 |      70 | 14-17
 utils            |     100 |      100 |     100 |     100 |
  filterArray.ts  |     100 |      100 |     100 |     100 |
-----------------|---------|----------|---------|---------|-------------------
ERROR: Coverage for branches (20%) does not meet global threshold (80%)
```

그림 11-17 테스트가 커버리지 임계값에 미치지 못할 때 발생하는 에러

코드 커버리지는 테스트의 핵심이다. 코드 커버리지를 통해 버그를 방지하고 애플리케이션의 품질을 보장하는 벤치마크가 수립된다. 그러나 이 기법은 어디까지나 테스트를 관리하기 위한 도구에 불과하다. 코드의 품질과 표준을 보장하려면 좋은 테스트를 작성하는 것이 무엇보다 우선이다.

TIP 임계값 설정

커버리지 임계값은 80%에서 85% 사이로 유지하는 것이 좋다. 85% 이상은 과잉 테스트를 유발할 우려가 있으며 80% 미만은 애플리케이션에 버그를 일으키는 일부 특수한 시례를 놓칠 위험이 있다.

지금까지 Vitest와 유닛 테스트, Vue 테스트 유틸과 Vue 전용 테스트를 배우고, 코드 커버리지와 이스탄불 등의 도구를 살펴봤다. 이제 또 다른 테스트 단계로 넘어갈 차례다. 다음 절에서는 PlaywrightJS로 애플리케이션에 E2E 테스트를 구성한다.

11.11 PlaywrightJS를 이용한 엔드투엔드 테스트

PlaywrightJS[5](약칭: Playwright)는 빠르고 신뢰도 높은 크로스 브라우저 엔드투엔드 (E2E) 테스트 프레임워크다. Playwright는 자바스크립트 외에 파이썬, 자바, C# 등의 여러 프로그래밍 언어를 지원한다. 또한 웹킷^{WebKit}, 파이어폭스^{Firefox}, 크로미움^{Chromium} 등의 여러 브라우저 렌더링 엔진을 지원하므로 하나의 코드베이스로 크로스 브라우저 테스트를 수행할 수 있다.

Playwright를 사용하려면 먼저 다음 명령을 실행한다.

```
yarn create Playwright
```

yarn은 Playwright 생성 스크립트를 실행하며 테스트 파일의 위치(e2e), GitHub Actions(CI/CD 파이프라인 도구) 설치 여부, Playwright 브라우저 설치 여부를 묻는다. [그림 11-18]은 애플리케이션에 Playwright를 초기화하는 설정 화면이다.

```
[########################################################################################
##################] 427/427Getting started with writing end-to-end tests with Playwright:
Initializing project in '.'
✔ Where to put your end-to-end tests? · e2e
✔ Add a GitHub Actions workflow? (y/N) · false
✔ Install Playwright browsers (can be done manually via 'yarn playwright install')? (Y/n) · true
Installing Playwright Test (yarn add --dev @playwright/test)…
yarn add v1.22.19
```

그림 11-18 Playwright 초기화 설정

초기화 과정이 끝나면 프로젝트 루트에 e2e 폴더가 생성되고 내부에 example.spec.ts 파일이 추가된다. Playwright는 프로젝트 설정 파일인 playwright.config.ts를 생성하고 관련 패키지를 package.json 파일에 추가한다. 또한 프로젝트 루트에 test-examples 폴더를 만들고 todo 컴포넌트 테스트 예제 파일을 생성한다.

package.json에 다음과 같이 스크립트 명령을 추가하면 Playwright로 E2E 테스트를 실행

---

5 https://oreil.ly/sIUKp

할 수 있다.

```
"scripts": {
  //...
  "test:e2e": "npx playwright test"
}
```

마찬가지로 다음 명령을 추가하면 테스트에 이어 커버리지 보고서를 생성할 수 있다.

```
"scripts": {
  //...
  "test:e2e-report": "npx playwright show-report"
}
```

기본적으로 Playwright 커버리지 보고서는 HTML 형태이며 하나의 테스트라도 실패하면 보고서를 생성한다. 방금 추가한 명령으로 예제 테스트를 실행하면 테스트 통과 결과를 직접 확인할 수 있다. `playwright.config.ts` 파일을 열고 내용을 살펴보자.

```
import { defineConfig, devices } from '@playwright/test';

/** playwright.config.ts */
export default defineConfig({
  testDir: './e2e',
  fullyParallel: true,
  forbidOnly: !!process.env.CI,
  retries: process.env.CI ? 2 : 0,
  workers: process.env.CI ? 1 : undefined,
  reporter: 'html',
  use: {
    trace: 'on-first-retry',
  },
```

```
  projects: [
    {
      name: 'chromium',
      use: { ...devices['Desktop Chrome'] },
    },
    {
      name: 'webkit',
      use: { ...devices['Desktop Safari'] },
    },
  ]
})
```

Playwright 설정 파일은 defineConfig() 메서드로 생성된 인스턴스를 익스포트한다. 인스턴스의 주요 프로퍼티 옵션은 다음과 같다.

testDir

테스트가 저장된 디렉터리. 일반적으로 초기화 과정에서 결정하며 예제에서는 e2e로 지정했다.

projects

테스트를 실행할 브라우저 프로젝트 목록. Playwright가 사용할 브라우저 설정은 @playwright/test 패키지의 devices를 통해 정의할 수 있다. 예를 들어 크로미움 브라우저는 devices['Desktop Chrome']으로 정의한다.

worker

테스트를 병렬로 실행할 워커 개수. 다수의 테스트를 진행하며 속도를 높이려 할 때 필요한 설정이다.

use

테스트 러너 설정이 담긴 객체. baseURL 설정은 기본 URL을 지정하며 생략할 수 있다. trace는 실패한 테스트를 재시도할 때 추적 기능을 활성화한다.

이 외에도 다양한 프로퍼티로 Playwright 테스트 러너를 커스터마이징할 수 있다. 전체 설정 옵션 목록은 Playwright 문서에서 확인할 수 있다.

자동으로 생성된 예제 파일은 그대로 두고, 새로이 E2E 테스트를 작성해보자. 먼저 `vite.config.ts`를 열고 다음과 같이 로컬 서버가 설정되어 있는지 확인해보자.

```
//...
export default defineConfig({
  //...
  server: {
    port: 3000
  }
})
```

포트를 3000으로 설정하면 로컬 URL이 항상 **http://localhost:3000**으로 열린다. 다음으로, e2e 폴더에 `PizzasView.spec.ts`라는 E2E 테스트 파일을 만들고 '**/pizzas**' 페이지의 테스트 코드를 작성할 것이다. '**/pizzas**' 페이지는 `PizzasView` 뷰 컴포넌트로 피자 목록을 표시한다. 이 페이지의 템플릿은 다음과 같다.

```
<template>
  <div class="pizzas-view--container">
    <h1>Pizzas</h1>
    <input v-model="search" placeholder="Search for a pizza" />
    <ul>
      <li v-for="pizza in searchResults" :key="pizza.id">
        <PizzaCard :pizza="pizza" />
      </li>
```

```
      </ul>
    </div>
</template>
<script lang="ts" setup>
import { usePizzas } from "@/composables/usePizzas";
import PizzaCard from "@/components/PizzaCard.vue";
import { useSearch } from "@/composables/useSearch";

const { pizzas } = usePizzas();
const { search, searchResults }: PizzaSearch = useSearch({
  items: pizzas,
  defaultSearch: '',
});
</script>
```

이 페이지의 테스트를 작성하려면 Vitest와 비슷하게 테스트 파일을 test.describe() 블록으로 감싸야 한다. test는 @playwright/test 패키지에서 임포트한다. 또한 테스트 러너가 항상 대상 페이지를 바라보도록, 테스트가 시작되기 전에 test.beforeEach() 훅에서 페이지를 /pizzas로 이동시킨다.

```
/** e2e/PizzasView.spec.ts */
import { expect, test } from '@playwright/test';

test.describe('Pizzas View', () => {
  test.beforeEach(async ({ page }) => {
    await page.goto('http://localhost:3000/pizzas');
  });
});
```

테스트가 끝나면 다음과 같이 test.afterEach()로 페이지를 닫는다.

```
/** e2e/PizzasView.spec.ts */

test.describe('Pizzas View', () => {
  //...

  test.afterEach(async ({ page }) => {
    await page.close();
  });
});
```

처음으로 만들어볼 테스트는 페이지 제목을 확인하는 테스트다. 페이지 내부 엘리먼트는 `page.locator()` 메서드로 찾을 수 있다. 제목을 테스트하려면 다음과 같이 h1 엘리먼트를 찾고 콘텐츠가 Pizzas 텍스트인지 검증하면 된다.

```
/** e2e/PizzasView.spec.ts */

test.describe('Pizzas View', () => {
  //...

  test('should display the page title', async ({ page }) => {
    const title = await page.locator('h1');
    expect(await title.textContent()).toBe('Pizzas');
  });
});
```

`yarn test:e2e` 명령으로 테스트를 실행하면 [그림 11-19]처럼 테스트 결과를 확인할 수 있다.

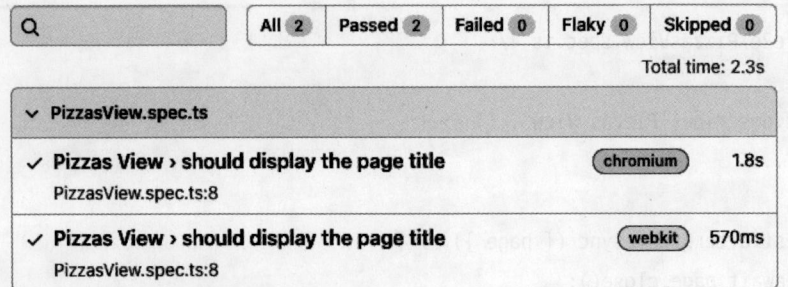

그림 11-19 Playwright의 E2E 테스트 보고서

멋지게 성공했다. 계속해서 다양한 테스트를 추가해보자. 이를테면 검색 기능도 좋은 테스트 대상이다. 검색어 input 엘리먼트의 위치는 태그명이나 data-testid 속성 등으로 특정할 수 있다. 둘 중에서는 data-testid 방식이 더 낫다. PizzasView 컴포넌트 템플릿에서 input 엘리먼트에 다음과 같이 data-testid 속성을 추가해보자.

```
<input
  v-model="search"
  placeholder="Search for a pizza"
  data-testid="search-input"
/>
```

다음으로, 새로운 테스트를 만들고 data-testid 속성으로 엘리먼트를 찾는다. 이어서 fill()을 이용해 검색란에 Hawaiian을 입력한다.

```
/** e2e/PizzasView.spec.ts */

test.describe('Pizzas View', () => {
  //...

  test('should search for a pizza', async ({ page }) => {
    const searchInput = await page.locator('[data-testid="search-input"]');
```

```
    await searchInput.fill('Hawaiian');
  });
});
```

검색 결과를 검증하려면 **PizzaCard** 구현부도 수정해야 한다. 다음과 같이 컨테이너 엘리먼트에 **data-testid** 속성을 추가하고 `pizza.title`값을 지정한다.

```
<!-- src/components/PizzaCard.vue -->
<template>
  <article class="pizza--details-wrapperer" :data-testid="pizza.title">
    <!--...-->
  </article>
</template>
```

다시 **PizzasView.spec.ts** 파일로 돌아와서, 검색어가 포함된 **data-testid** 속성이 페이지 안에 있는지 확인하면 해당 페이지의 노출 상태를 검증할 수 있다.

```
/** e2e/PizzasView.spec.ts */

test.describe('Pizzas View', () => {
  //...기타 테스트
  test('should search for a pizza', async ({ page }) => {
    const searchInput = await page.locator('[data-testid="search-input"]');

    await searchInput.fill('Hawaiian');

    expect(await page.isVisible('[data-testid*="Hawaiian"]')).toBeTruthy();
  });
});
```

테스트 스위트를 다시 실행하면 [그림 11–20]처럼 테스트 결과를 확인할 수 있다.

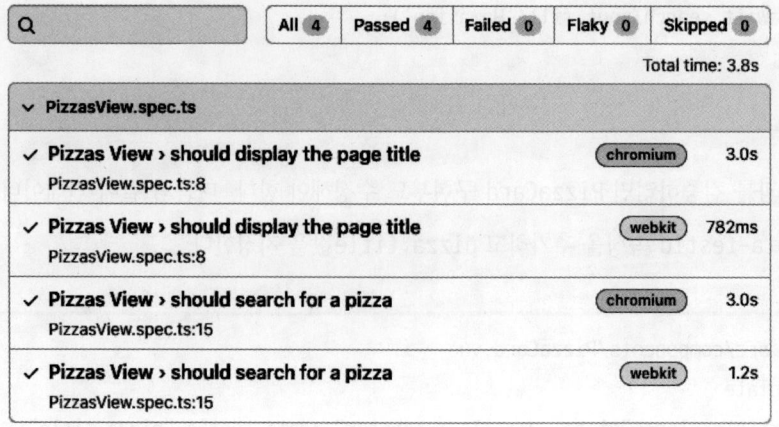

그림 11-20 검색 테스트 보고서

보고서에 나열된 각 테스트를 클릭하면 상세한 정보를 볼 수 있다. [그림 11-21]처럼 테스트
단계, 실행 시간은 물론 대상 브라우저 환경에서 발생한 모든 에러 정보가 나타난다.

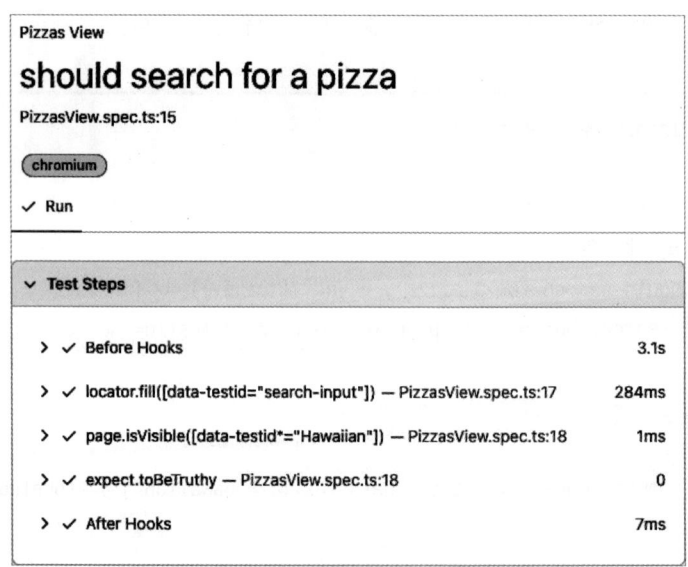

그림 11-21 크로미움에서 실행한 단일 테스트의 상세 정보

이번에는 검색 테스트가 실패하도록 검색어를 Hawaiian에서 Cheese로 변경해보자.

```
/** e2e/PizzasView.spec.ts */

test.describe('Pizzas View', () => {
  //...
  test('should search for a pizza', async ({ page }) => {
    const searchInput = await page.locator('[data-testid="search-input"]');

    await searchInput.fill('Cheese');

    expect(await page.isVisible('[data-testid*="Hawaiian"]')).toBeTruthy();
  });
});
```

테스트 스위트를 다시 실행하면 [그림 11-22]처럼 테스트 실패 결과를 확인할 수 있다.

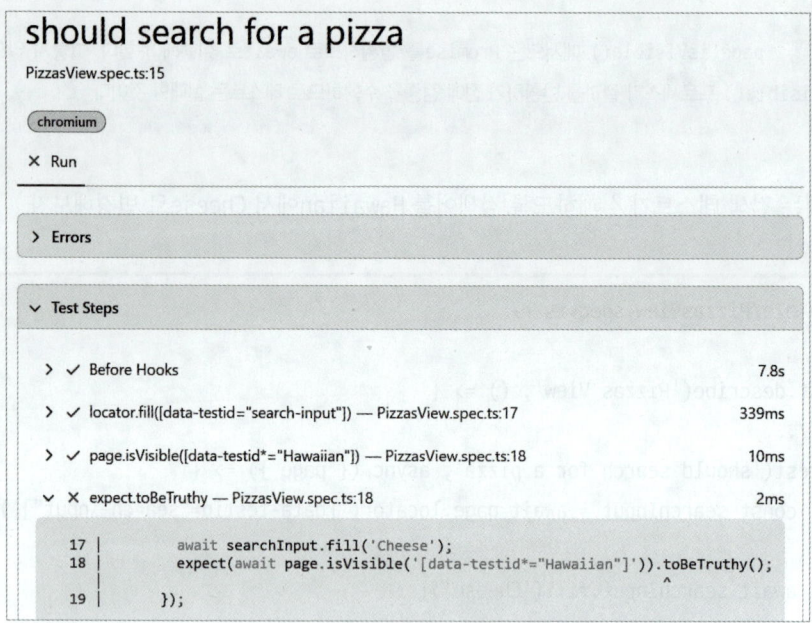

그림 11-22 검색 테스트에 실패한 보고서

보고서를 보면 테스트가 실패한 지점이 어딘지 알 수 있다. 이 부분을 디버깅해보자.

11.12 VSCode용 Playwright 확장으로 E2E 테스트 디버깅하기

실패한 테스트를 디버깅하기 위해 VSCode에 Playwright 확장[6]을 설치해보자. 이 확장은 [그림 11-23]처럼 VSCode의 테스트 탭에 섹션을 추가하고, 프로젝트에 존재하는 Play-wright 테스트를 자동으로 감지한다.

---

[6] https://oreil.ly/9zlFB

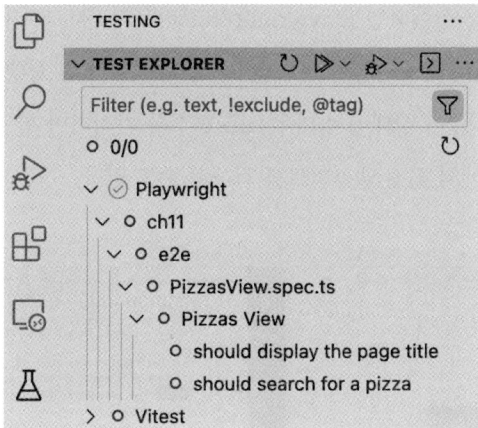

그림 11-23 테스트 탭에 추가된 Playwright 항목

이 탭에서는 여럿 혹은 하나의 테스트를 실행할 수 있다. 또한 디버그 대상 테스트에 중단점을 지정할 수도 있다. 중단점은 [그림 11-24]처럼 빨간 점으로 표시된다.

```
15 ∨    test('should search for a pizza', async ({ page }) => {
16           const searchInput = await page.locator('[data-testid="search-input"]');
17           await searchInput.fill('Hawaiian');
18           expect(await page.isVisible('[data-testid*="Hawaiian"]')).toBeTruthy();
19       });
20
21   });
```

그림 11-24 테스트 디버그 중단점

디버깅을 시작하려면 [그림 11-25]처럼 Test Explorer 창에서 검색 테스트 항목을 찾아 [Debug] 아이콘을 클릭한다. 아이콘 위에 마우스를 올리면 'Debug Test'라는 텍스트가 뜬다.

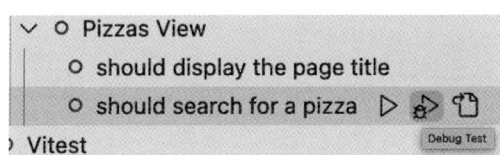

그림 11-25 테스트 디버그 모드

디버그 모드로 테스트를 실행하면 Playwright가 브라우저 창(크로미움 등)을 열고 테스트를 진행한다. 테스트 러너가 중단점을 만나면 [그림 11-26]처럼 실행을 멈추고 수동으로 재개하기 전까지 대기한다. 이 상태에서 마우스로 변수를 가리키면 할당된 값을 확인할 수 있으며, 테스트 브라우저에서 직접 엘리먼트를 검사할 수도 있다.

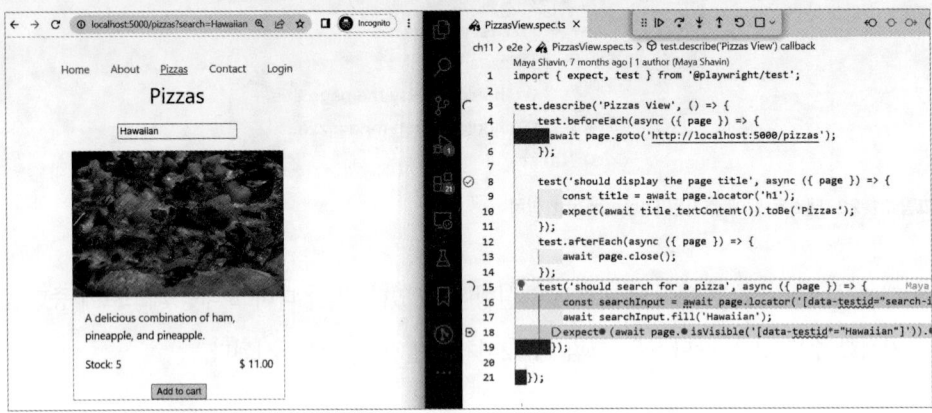

그림 11-26 검색 테스트 디버깅

이제 남은 작업은 테스트가 통과할 때까지 디버깅하며 테스트를 다듬는 것뿐이다.

지금까지 Playwright로 기본적인 E2E 테스트를 생성하고 외부 도구를 활용해 디버깅하는 방법을 배웠다. Playwright의 기능은 이 외에도 많다. 실제 애플리케이션과 상호작용하며 테스트를 수행할 수 있으며 `@axe-core/playwright` 패키지로 접근성을 검사할 수도 있다. Playwright의 다양한 기능들을 체험하고, 이를 바탕으로 더 나은 E2E 테스트를 직접 만들어보기 바란다.

정리

이번 장에서는 테스트의 개념을 설명하고 Vue 애플리케이션 유닛 테스트 도구인 Vitest 사용법을 소개했다. Vitest와 Vue 테스트 유틸로 컴포넌트와 컴포저블의 기본 테스트를 작성하고, 커버리지 러너와 Vitest UI 등의 외부 패키지도 사용해봤다. 또한 PlaywrightJS로 E2E 테스트를 생성했으며 애플리케이션 전반에 걸쳐 코드의 신뢰성을 담보하는 방안을 모색했다.

Vue.js 애플리케이션과 CI/CD

이전 장에서는 Vue 애플리케이션의 테스트를 살펴봤다. Vite와 유닛 테스트에서 시작해 Playwright와 E2E 테스트에 이르기까지 다양한 기법을 배울 수 있었다. 애플리케이션 테스트를 충실하게 마쳤다면 다음 단계인 배포가 기다리고 있다.

이번 장에서는 CI/CD의 개념을 소개하고 애플리케이션에 GitHub Actions 파이프라인을 설정한다. 또한 배포 및 호스팅 플랫폼인 Netlify 사용법도 배울 것이다.

12.1 소프트웨어 개발과 CI/CD

지속적 통합continuous integration (CI)과 지속적 전달continuous delivery (CD)은 소프트웨어 개발 및 배포의 가속화, 안정화를 목표로 하는 종합적 소프트웨어 개발 관행이다. CI/CD는 자동화된 통합, 테스트, 지속적인 소프트웨어 배포를 통해 소프트웨어 라이프사이클을 효과적으로 모니터링한다.

CI/CD가 소프트웨어 개발에 기여하는 부분은 다음과 같다.

* 배포 자동화로 인한 소프트웨어 제공 속도 향상

- 팀 간 협업 강화

- 테스트 자동화로 인한 소프트웨어 품질 향상

- 애자일 접근 방식을 통한 버그 및 소프트웨어 장애 신속 대응

간단히 말해서 CI/CD는 지속적 통합, 지속적 전달, 지속적 배포라는 세 가지 주요 개념으로 이루어진다. 이들을 조합하면 CI/CD 파이프라인으로 알려진 강력한 소프트웨어 개발 프로세스가 수립된다(그림 12-1).

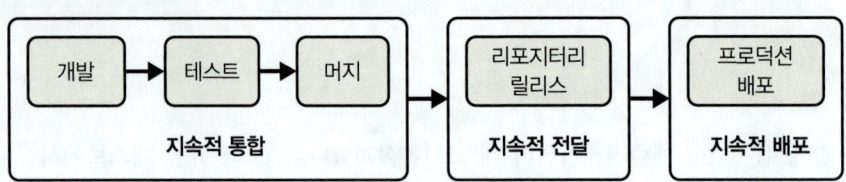

그림 12-1 CI/CD 파이프라인

12.1.1 지속적 통합

지속적 통합continuous integration(CI)은 여러 개발자가 독립적으로 작업하는 동시에 수시로 각자의 코드를 리포지터리에 통합할 수 있게 하는 기술이다. 코드를 통합하거나 머지하는 순간 자동화 시스템으로 애플리케이션을 빌드하고 다양한 수준에서 테스트한다. 신규 버전이 문제를 일으키거나 기존 코드와 충돌하더라도 이를 신속하게 감지하고 수정할 있다. 지속적 통합의 표준 도구에는 젠킨스Jenkins, CircleCI, GitHub Actions 등이 있다. 그 중 Github Actions는 12.2절에서 자세히 설명한다.

12.1.2 지속적 전달

지속적 통합에 성공하면 다음 단계는 지속적 전달continuous delivery이다. 지속적 전달은 검증된 애플리케이션 코드를 공유 리포지터리에 자동으로 릴리스하고 프로덕션 배포에 대비한다.

지속적 전달은 언제나 코드가 검증을 마쳤다고 가정하므로 지속적인 통합이 전제되어야 한다. 이를 뒷받침하는 일련의 테스트와 릴리스 자동화도 마찬가지다.

12.1.3 지속적 배포

지속적 배포continuous deployment는 CI/CD 파이프라인의 마지막 단계로, 검증된 코드를 프로덕션에 자동으로 배포하는 역할을 맡는다. 따라서 자동화된 시스템에 전적으로 의존하며 코드베이스와 함께 치밀하게 테스트되어야 한다. 지속적 배포는 CI/CD 파이프라인의 최종 단계이므로 일부 프로젝트, 특히 프로덕션 배포 직전에 승인을 거쳐야 하는 프로젝트에 주로 쓰인다.

CI/CD 파이프라인의 세 단계는 함께 어우러져 더욱 안전하고 유연한 애플리케이션 개발 및 배포 프로세스를 형성한다. 다음 절에서는 GitHub Actions로 Vue 애플리케이션의 CI/CD 파이프라인을 설정해볼 것이다.

12.2 GitHub Actions와 CI/CD 파이프라인

GitHub Actions는 플랫폼, 언어, 클라우드에 구애받지 않는 CI/CD 플랫폼이다. 또한 GitHub 플랫폼에서 호스팅하는 프로젝트에 무료로 적용할 수 있으며 사용하기도 쉽다. GitHub Actions의 CI/CD 파이프라인은 단일 또는 다중 워크플로로 이루어져 있으며 YAML 파일로 설정한다. 각 워크플로(예제 12-1)에는 작업job들이 나열되어 있으며 이들은 병렬 또는 순차적으로 실행된다. 각 작업은 일련의 단계step로 구성되며 각 단계는 독립적인 명령 또는 스크립트 형태로 지정된 러너 환경에서 실행된다.

예제 12-1 GitHub 워크플로 파일 예시

```
name: Example workflow
on: [push, pull_request]
```

```
jobs:
    first-job:
        steps:
        - name: First step
            run: echo "Hello world"
        - name: Second step
            run: echo "Second step"
    second-job:
        steps:
        - name: First step
            run: echo "Do something in second job."
```

> **NOTE** 워크플로 파일은 YAML 형식으로 작성한다. GitHub Actions 문서[1]에서 YAML 문법을 참고하기 바란다.

GitHub Actions를 쓰려면 먼저 Vue 프로젝트 디렉터리에 `.github/workflows` 디렉터리를 만들고 그 안에 `ci.yml` 파일을 생성한다. 이 파일은 CI/CD 파이프라인 설정을 담고 있으며 워크플로 파일이라 부른다. 다음은 간단한 유닛 테스트용 워크플로 파일이다.

```
name: CI for Unit tests
on:
    push:
        branches: [ main ]    ❶
    pull_request:
        branches: [ main ]    ❷
    jobs:
        unit-tests:
            timeout-minutes: 60
            runs-on: ubuntu-latest
            steps:
```

---

1   https://oreil.ly/uIIkh

```
- uses: actions/checkout@v3    ❸
- uses: actions/setup-node@v3    ❹
  with:
    node-version: 18
- name: Install dependencies    ❺
run: npm i
- name: Execute unit tests
run: npm run test:coverage    ❻
- name: Uploading artifacts    ❼
uses: actions/upload-artifact@v3
with:
  name: test-results
  path: test-results/
  retention-days: 30
```

❶ main 브랜치에 푸시가 발생했을 때 워크플로를 가동한다.

❷ main 브랜치 머지로 인한 풀 리퀘스트가 발생했을 때 워크플로를 가동한다.

❸ GitHub Actions에 내장된 actions/checkout으로 브랜치를 테스트 실행 환경에 체크아웃한다.

❹ GitHub Actions에 내장된 actions/setup-node로 노드 18.x 버전 환경을 설정한다.

❺ 의존성을 설치한다.

❻ 테스트를 실행하고 커버리지를 검사한다.

❼ 테스트 보고서 아티팩트를 GitHub Actions에 업로드한다.

> **NOTE** 각 작업은 독립 프로세스이며 실행 환경을 공유하지 않는다. 따라서 각 작업의 실행 단계에서 의존성을 별도로 설치해야 한다.

GitHub에서 [Actions] 탭을 보면 [그림 12-2]와 비슷한 워크플로 상태를 확인할 수 있다.

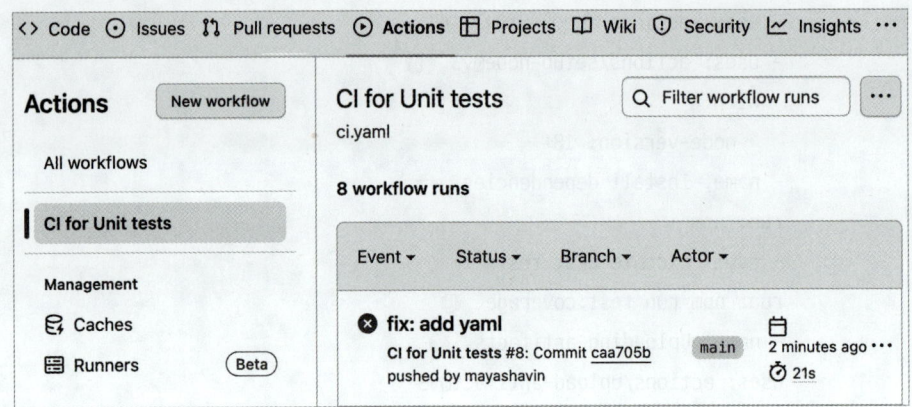

그림 12-2 GitHub Actions 워크플로 실행 화면

GitHub은 워크플로의 상태와 커밋 정보, 대상 브랜치(`main`)를 보여준다. 또한 각 작업의 이름을 클릭하면 작업 상태가 나타난다. 예를 들어 [그림 12-3]은 **unit-tests** 작업 상태를 확인하는 화면이다.

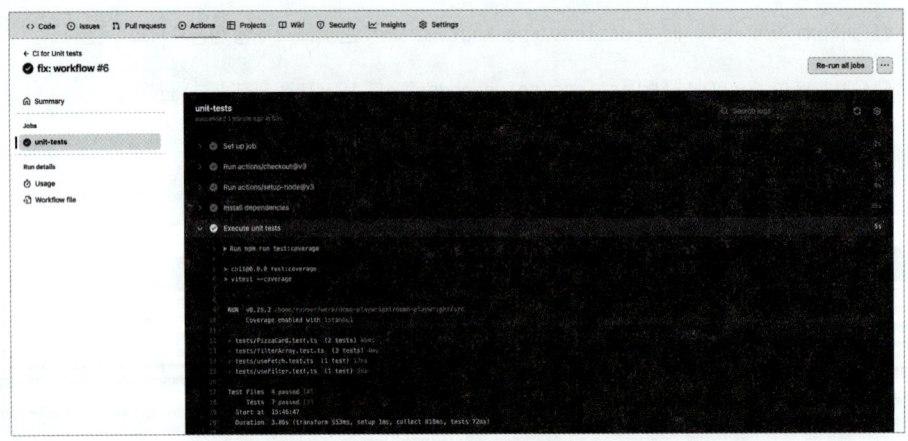

그림 12-3 unit-tests 작업의 단계별 실행 상태

워크플로가 완료되면 Artifacts 섹션에 테스트 보고서가 올라온다(그림 12-4).

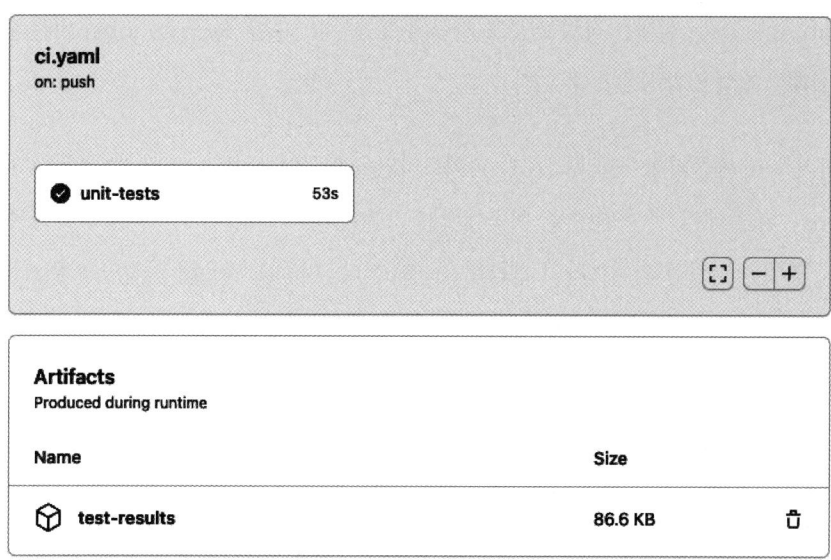

그림 12-4 Artifacts 섹션과 테스트 보고서

또한 워크플로 이름을 클릭하면 [그림 12-5]처럼 작업별 상태와 결과를 확인할 수 있다.

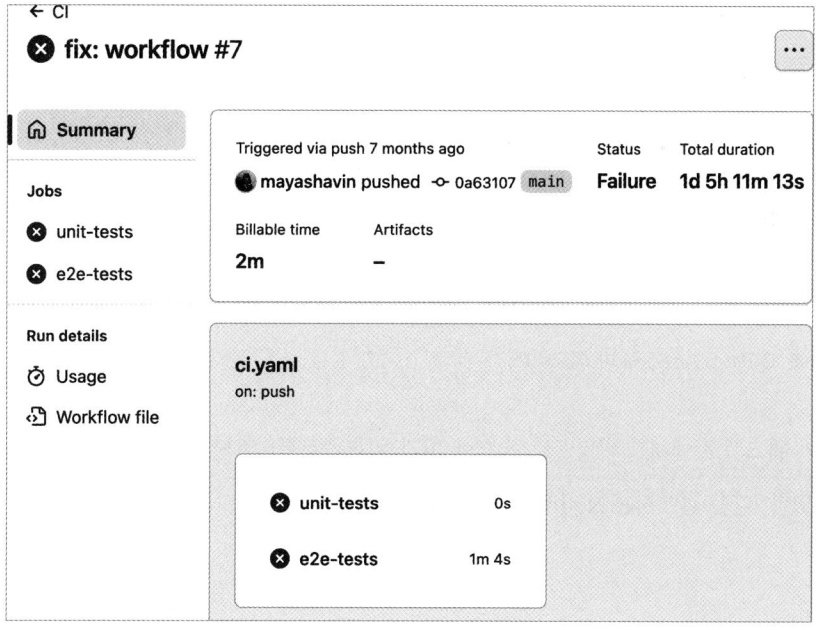

그림 12-5 워크플로 상태 페이지

GitHub Actions는 실패한 작업 정보도 간략히 제공한다. 또한 [Re-run jobs] 버튼을 클릭하면 실패한 작업을 재실행할 수 있다.

지금까지 Vue 애플리케이션의 CI/CD 파이프라인을 만들어보았다. [그림 12-6]은 GitHub Actions 마켓플레이스[2] 화면이다. 이곳에서는 각종 언어, 프레임워크, 서비스, 클라우드 공급자에 맞춰진 다양한 파이프라인 템플릿을 제공한다. 이들을 활용해 자신만의 워크플로를 만들 수 있다.

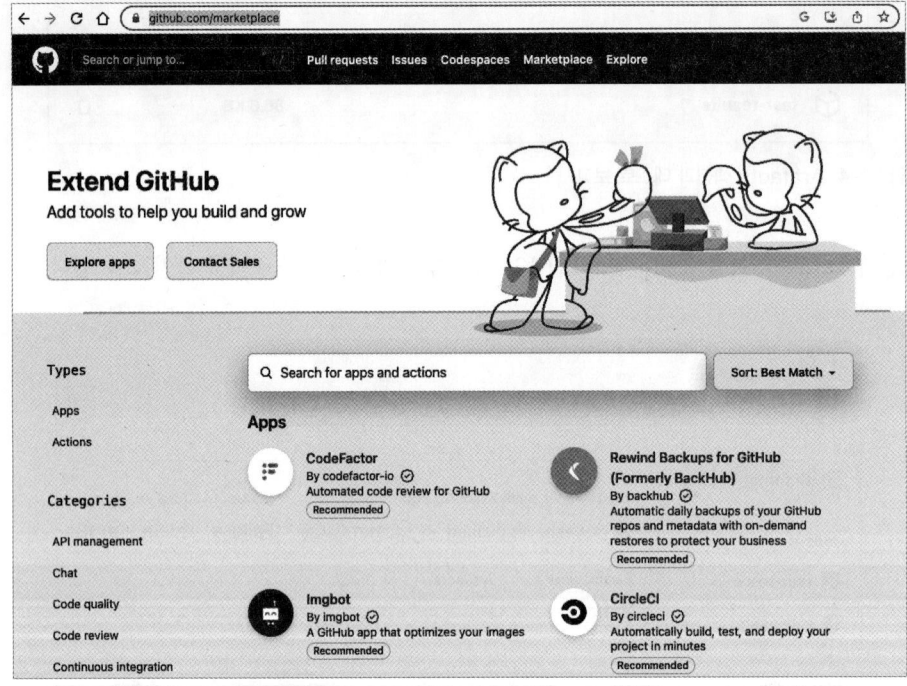

그림 12-6 GitHub Actions 마켓플레이스

이 책의 워크플로 예시를 바탕으로 필요에 따라 워크플로를 추가하거나 배포 등의 단계를 더할 수 있다. 다음 절에서는 Netlify로 지속적 배포를 구현해볼 것이다.

---

2 https://oreil.ly/ch9V2

12.3 Netlify를 이용한 지속적 배포

Netlify는 최신 웹 애플리케이션에 필요한 호스팅, 서버리스 함수 API, CI/CD 통합 등의 광범위한 서비스를 제공하는 클라우드 플랫폼이다. 개인은 무료로 사용할 수 있으며 상업용 프로젝트도 일정 사용량까지는 요금이 부과되지 않는다.[3]

Vue 프로젝트를 Netlify에 배포하려면 먼저 Netlify 계정을 생성하고 로그인해야 한다. 이후 대시보드 화면(그림 12-7)에서 [Sites] 탭으로 이동하고 [Add new site] 버튼을 클릭하면 GitHub 프로젝트를 가져와 자동으로 배포할 수 있다. 물론 수동으로 배포하는 것도 가능하다.

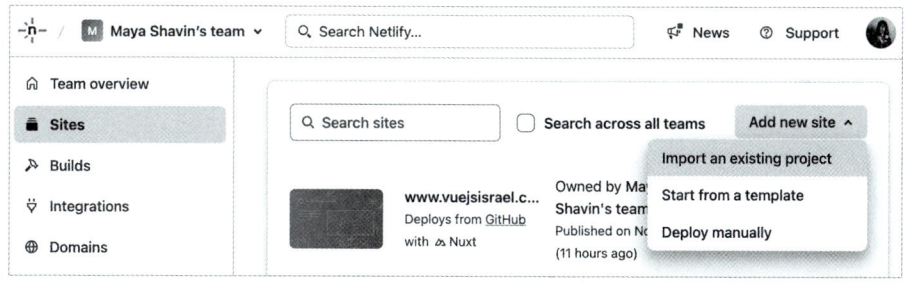

그림 12-7 Netlify 대시보드

이어서 GitHub 프로바이더를 선택한 다음 계정 정보를 입력하면 Netlify가 프로젝트에 접근할 수 있다. 계정 확인 후 프로젝트 리포지터리를 선택하고 [Deploy site] 버튼을 클릭하면 배포가 시작된다. 배포가 완료되면 대시보드의 [Site overview] 탭(그림 12-8)에서 사이트 배포 상태, 풀 리퀘스트 프리뷰 등의 상세 정보를 확인할 수 있다.

---

3 비슷한 서비스로는 Azure Static Web Apps, Vercel 등이 있다.

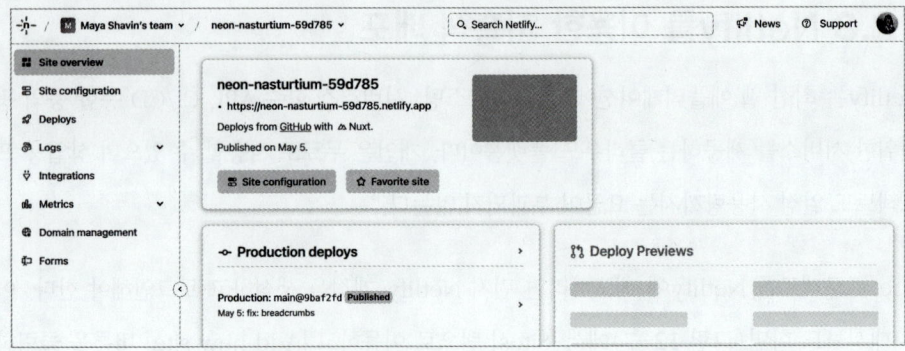

그림 12-8 Netlify Site overview 화면

배포가 성공적으로 끝나면 Netlify는 애플리케이션에 접근할 수 있는 임시 URL을 알려준다. 사실, 사이트의 커스텀 도메인은 **Domain Management** 섹션(그림 12-9)에서 설정할 수 있다.

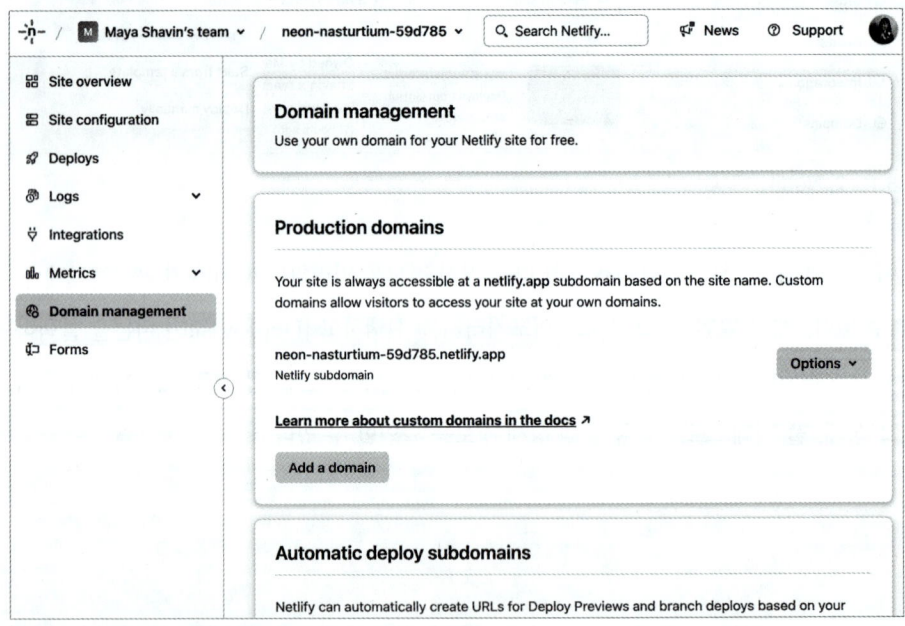

그림 12-9 Netlify 도메인 설정

Netlify에 프로젝트를 통합하면 `main` 브랜치에 새로운 커밋을 머지할 때마다 Netlify가 애

플리케이션을 자동으로 배포한다. 또한 풀 리퀘스트용 프리뷰 빌드도 생성한다. 이 단계에서
빌드 명령어, 지속적 배포 콘텍스트, 애플리케이션 환경 변수 등을 추가로 설정할 수 있다.
또한 Netlify는 고유한 URL 형태로 빌드 훅(그림 12-10)을 제공한다. HTTP로 훅을 호출
하면 GitHub Actions 워크플로처럼 서드파티 서비스를 통해 빌드나 배포를 실행할 수 있다.

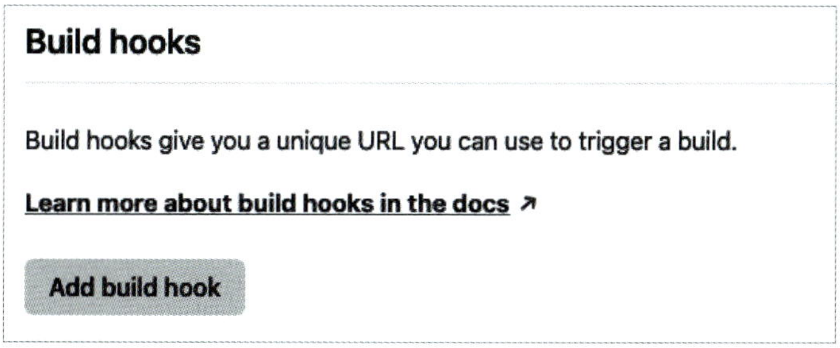

그림 12-10 Site settings의 빌드 훅 섹션

> **NOTE** 로컬에서 yarn build 명령으로 애플리케이션을 직접 빌드하고, dist 폴더를 Netlify 앱[4]으로 드
> 래그앤드롭할 수 있다. 있다. Netlify는 이렇게 받은 빌드 파일을 이용해 임시 URL에 애플리케이션을 배포
> 한다.

12.4 Netlify CLI 배포

npm install -g netlify-cli 명령을 실행하면 Netlify CLI가 로컬 시스템에 전역 도구
로 설치된다. 그런 다음 netlify init 명령으로 Netlify용 프로젝트를 초기화한다. 이 명
령을 실행하면 배포에 필요한 GitHub 로그인 정보 등을 입력할 수 있다. 모든 준비가 끝나
고 netlify install 명령을 실행하면 프로젝트를 임시 URL에 배포하고 확인할 수 있다.
또한 netlify install --prod 명령으로 프로덕션에 애플리케이션을 직접 배포할 수도
있다.

---

4 https://oreil.ly/LInwT

이제 Vue 애플리케이션을 Netlify에 배포하는 과정이 성공적으로 끝났다. 배포 외에도 Netlify는 서버리스 함수, 폼 처리, 분할 테스트 등의 고급 기능을 제공한다. Netlify 공식 문서[5]에서 다양한 기능을 확인하고 자신의 프로젝트 요구 사항과 비교해보기 바란다.

정리

이번 장에서는 CI/CD의 개념을 설명하고 GitHub Actions로 Vue 애플리케이션의 CI/CD 프로세스를 간단히 설정해보았다. 또한 애플리케이션을 Netlify 호스팅에 자동으로 배포하는 방법도 배웠다. 다음 장에서는 Vue 생태계의 최종 발전 단계인 서버 사이드 렌더링server-side rendering(SSR)과 정적 사이트 생성static site generation(SSG)을 배우고 Nuxt.js를 사용해볼 것이다.

---

5   https://oreil.ly/6X9F6

Vue와 서버 사이드 렌더링

이전 장에서는 Vue 애플리케이션의 CI/CD 파이프라인을 전체적으로 설정해봤다. 또한 Netlify를 통해 애플리케이션을 프로덕션 환경에 배포하는 방법도 배웠다. 이제 애플리케이션은 웹에 올라가 사용자를 맞이할 준비가 되었다. Vue와 함께했던 이 책의 여정도 끝나가고 있다. 이번 장은 Vue 활용 방식의 또 다른 한 축인 서버 사이드 렌더링server-side rendering (SSR) 과 정적 사이트 생성static site generation (SSG) 및 Nuxt.js를 살펴볼 것이다.

13.1 Vue의 클라이언트 사이드 렌더링

기본적으로 Vue 애플리케이션은 클라이언트 사이드 렌더링client-side rendering에 적합하도록 설계되었다. 애플리케이션 내부는 크게 `index.html`과 자바스크립트 파일로 구성되며, 후자는 통상적으로 성능을 최적화하기 위해 Vite가 청크chunk 형태로 컴파일한다. 또한 UI를 꾸미기 위한 CSS, 아이콘, 이미지 등의 파일도 포함하고 있다. 최초 로드 단계에서 브라우저는 `index.html` 파일을 서버로 요청하고 서버는 플레이스홀더가 담긴 원본 파일을 그대로 전달한다. `index.html` 파일은 일반적으로 `app`이라는 고유한 id가 지정된 하나의 엘리먼트가 있으며 Vue 엔진은 이곳에 앱 인스턴스를 마운팅한다. 또한 이 파일은 메인 코드가 담긴 자바스크립트 파일을 가리키는 `script` 태그를 포함하고 있다. 브라우저가 HTML 파일을 수신하면 파싱을 시작하고, `main.js` 파일 등의 추가 리소스를 필요에 따라 요청한 다음, 이를 실행하며 나머지 콘텐츠를 렌더링한다. [그림 13-1]은 이 과정을 나타낸 흐름도다.

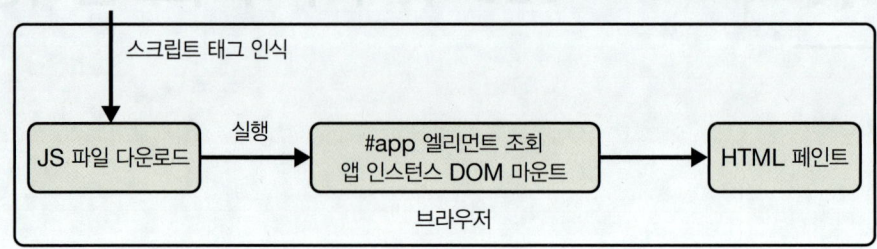

그림 13-1 클라이언트사이드 Vue 애플리케이션 렌더링 흐름

이 시점부터 애플리케이션 초기화가 완료되고 사용자는 상호작용을 시작할 수 있다. Vue는 내장 라우팅 시스템을 통해 사용자의 뷰 변경 요청을 동적으로 처리한다. 그러나 페이지에서 마우스 오른쪽 버튼을 클릭하고 '**페이지 소스 보기**'를 선택하면 현재 UI 뷰가 아닌 원본 루트 파일인 `index.html`의 코드만 보인다. 이러한 작동 방식은 검색 엔진 최적화search engine optimization(SEO)[1]가 필요한 웹사이트나 앱을 구축할 때 장애 요인으로 작용한다.

또한, 사용자에게 콘텐츠를 표시하기에 앞서 자바스크립트 코드를 로딩 및 실행하는 작동 방식도 문제다. 대용량 JS 파일, 저속 네트워크, 다운로드 지연, 브라우저의 최초 페인팅 시간 증가 등의 다양한 부작용이 사용자의 대기 시간을 늘린다. 그 결과 전체 프로세스에서 상호작용 가능 시간time to interactive(TTI)[2]이 지연되고 최초 콘텐츠풀 페인팅first contentful paint(FCP)[3] 속도가 저하된다. 이러한 모든 요인이 전체 애플리케이션 성능과 사용자 경험에 영향을 미치고 해결하기 어려운 난제들을 유발한다.

이러한 상황에 처하면 클라이언트 사이드 렌더링이 아닌 다른 선택지가 필요하다. 서버 사이드 렌더링이 바로 그 대안이다. 이에 대한 더 자세한 내용은 다음 절에서 살펴본다.

---

1 SEO는 검색 엔진이 검색 결과에 노출할 정보를 수집하고 색인할 수 있도록 앱을 개선하는 과정이다.
2 사용자가 페이지와 상호작용하기까지 걸리는 시간
3 사용자가 콘텐츠를 처음 보게 되기까지 걸리는 시간

13.2 서버 사이드 렌더링

이름이 말해주듯, 서버 사이드 렌더링server-side rendering(SSR)은 브라우저 대신 서버측에서 모든 요소를 컴파일하고 온전히 작동하는 HTML 페이지를 만들어 요청에 따라 클라이언트(브라우저)로 전달하는 작동 방식이다.

로컬에서 SSR 애플리케이션을 개발하려면 브라우저와 통신하며 모든 데이터 요청을 처리할 로컬 서버가 필요하다. 다음 명령은 이러한 로컬 서버 역할을 할 Express.js[4]를 프로젝트 의존성으로 설치한다.

```
yarn add express
```

익스프레스가 설치되면 프로젝트 루트에서 server.js라는 설정 파일을 생성한다. [예제 13-1]은 server.js 파일의 코드다.

예제 13-1 로컬 서버용 server.js 파일

```
import express from 'express'

const server = express()   ❶

server.get('/', (req, res) => {   ❷
    res.send(`   ❸
        <!DOCTYPE html>
        <html>
        <head>
            <title>Vue SSR Example</title>
        </head>
        <body>
            <main id="app">Vue SSR Demo</main>
        </body>
```

---

4 Express.js는 Node.js 웹 애플리케이션 프레임워크다.

```
            </html>
    `)
})


server.listen(3000, () => { console.log('We are ready to go') })   ❹
```

❶ server 인스턴스 생성

❷ '/' URL의 요청 핸들러를 정의한다.

❸ 핸들러는 HTML 페이지 본문을 반환한다. 이 페이지는 브라우저에 **Vue SSR Demo**라는 문구를 표시한다.

❹ 로컬 서버가 3000번 포트를 수신하도록 설정한다.

프로젝트 루트 디렉터리에서 **node server.js** 명령어를 실행하면 로컬 서버가 시작된다. 서버가 준비되면 vue 패키지의 **createSSRApp** 메서드로 서버 사이드 애플리케이션을 생성할 수 있다. 연습 삼아, 현재 날짜와 시간을 표시하는 디지털 시계를 Vue 애플리케이션으로 구현해보자. [예제 13-2]은 **app.js** 파일의 코드다.

예제 13-2 디지털 시계 애플리케이션용 app.js 파일

```
import { createSSRApp, ref } from 'vue'


const App = {   ❶
    template: `
        <h1>Digital Clock</h1>
        <p class="date">{{ date }}</p>
        <p class="time">{{ time }}</p>
    `,
    setup() {
        const date = ref('');
        const time = ref('');


        setInterval(() => {
            const WEEKDAYS = ['SUN', 'MON', 'TUE', 'WED', 'THU', 'FRI', 'SAT'];
```

```
            const MONTHS = [
                'Jan', 'Feb', 'Mar',
                'Apr', 'May', 'Jun',
                'Jul', 'Aug', 'Sep',
                'Oct', 'Nov', 'Dev'
            ];

            const currDate = new Date();
            const minutes = currDate.getMinutes();
            const seconds = currDate.getSeconds();
            const day = WEEKDAYS[currDate.getDay()];
            const month = MONTHS[currDate.getMonth()].toUpperCase();

            const formatTime = (time) => {
                return time < 10 ? `0${time}` : time;
            }

            date.value =
                `${day}, ${currDate.getDate()} ${month} ${currDate.
getFullYear()}`
            time.value =
                `${currDate.getHours()}:${formatTime(minutes)}:${formatTime(sec
onds)}`
        }, 1000)

        return {
            date,
            time
        }
    }
}

export function createApp() {
  return createSSRApp(App)  ❷
}
```

❶ 메인 애플리케이션 컴포넌트인 App 옵션을 정의한다.

❷ App 옵션을 createSSRApp()에 전달하고 실행하면 서버측에서 애플리케이션을 빌드한다.

이 파일은 createApp()라는 하나의 메서드를 노출한다. 여기서 반환한 Vue 인스턴스는 서버와 클라이언트 양쪽에서 쓰인다.

server.js 파일에서는 app.js의 createApp()을 통해 서버 사이드 애플리케이션 인스턴스를 생성하고, vue/server-renderer 패키지의 renderToString() 메서드에 이를 전달해 HTML 문자열로 렌더링한다. renderToString()이 렌더링을 마치면 그 내용을 응답 콘텐츠에 교체해 넣는다. 이 과정이 [예제 13-3]에 나와 있다.

예제 13-3 server.js에서 앱 인스턴스를 HTML 문자열로 렌더링하는 코드

```
import { createApp } from './app.js'
import express from 'express'
import { renderToString } from 'vue/server-renderer';

const server = express()

server.get('/', (req, res) => {
  const app = createApp();    ❶

  renderToString(app).then((html) => {
    res.send(`
    <!DOCTYPE html>
    <html>
      <head>
        <title>Vue SSR Demo - Digital Clock</title>
      </head>
      <body>
        <div id="app">${html}</div>    ❷
      </body>
    </html>
    `);
```

```
    });
  });

  server.listen(3000, () => { console.log('We are ready to go') })
```

❶ createApp()으로 앱 인스턴스를 생성한다.

❷ renderToString()에서 생성된 HTML 문자열을 id가 #app인 div 안에 배치한다.

이제 브라우저에서 http://locahost:3000/을 열면 [그림 13-2]처럼 **'Digital Clock'**이
라는 제목이 나오지만 date와 time 필드는 보이지 않을 것이다.

그림 13-2 Digital Clock 제목만 출력된 화면

이런 현상이 생긴 원인은 정적 HTML 코드를 생성하고 클라이언트에 반환했지만 정작 브라
우저 쪽에는 Vue가 없기 때문이다. 따라서 onClick 이벤트 핸들러 등의 모든 상호작용도 마
찬가지로 작동하지 않는다. 이 문제를 해결하려면 브라우저가 HTML을 받은 다음 애플리케
이션을 하이드레이션^{hydration} 모드로 마운팅하고, Vue가 정적 HTML을 넘겨 받아 상호작용과
동적 기능을 처리하게끔 해야 한다. 이를 위해 entry-client.js라는 파일을 정의하고 그
안에서 app.js의 createApp()로 앱 인스턴스를 가져올 것이다. 브라우저가 이 파일을 실
행하면 Vue 인스턴스가 DOM 엘리먼트에 올바르게 마운팅된다. entry-client.js 파일
은 [예제 13-4]과 같다.

예제 13-4 하이드레이션 모드로 앱 인스턴스를 마운팅하는 entry-client.js 파일

```
import { createApp } from './app.js';


createApp().mount('#app');
```

브라우저가 **entry-client.js** 파일을 로드하려면 **server.js** 파일에서 **<script>** 태그를 추가해야 한다. 또한 클라이언트 파일 제공^{serving} 기능을 활성화해야 한다. [예제 13-5]는 이러한 수정 사항이 반영된 **server.js** 파일이다.

예제 13-5 브라우저에서 entry-client.js를 로드하도록 개선한 server.js

```
//...

server.get('/', (req, res) => {
  const app = createApp();

  renderToString(app).then((html) => {
    res.send(`
    <!DOCTYPE html>
      <html>
        <head>
        <title>Vue SSR Demo - Digital Clock</title>
        <script type="importmap">    ❶
          {
            "imports": {
              "vue": "https://unpkg.com/vue@3/dist/vue.esm-browser.js"
            }
          }
        </script>
        <script type="module" src="/entry-client.js"></script>    ❷
      </head>
      <body>
        <div id="app">${html}</div>
      </body>
```

```
      </html>
      `);
   });
});

server.use(express.static('.'));  ❸
```

---

❶ importmap 기능으로 vue 패키지 소스를 로드한다.

❷ <script> 태그로 브라우저에 entry-client.js 파일을 로드한다.

❸ 클라이언트 파일 서빙 기능을 활성화한다.

이제 서버를 재시작하고 브라우저를 새로 고치면 다음과 같이 날짜와 시간이 화면에 정상적으로 표시될 것이다.

Digital Clock

MON, 24 APR 2023

19:58:41

그림 13-3 날짜와 시간이 정상적으로 출력된 화면

> **CAUTION** **SSR에서 DOM API와 Node API 사용**
>
> DOM API와 웹 API는 브라우저 전용 API이므로 SSR에서 사용할 수 없다. 또한 파일을 다룰 때 쓰는 fs등의 Node API는 클라이언트사이드 컴포넌트에서 사용할 수 없다.

지금까지 간단한 SSR Vue 애플리케이션을 만드는 방법을 배웠다. 그러나 복잡한 애플리케이션은 상황이 다르다. Vue SFC, 코드 분리, Vue 라우터 등의 기술을 동원하고 번들링 및 렌더링, Vue 라우터 래핑 등을 처리해야 한다. 이들을 모두 구현하려면 일종의 엔진이 필요하지만 이를 직접 만들기는 쉽지 않다.

다음 절에서는 이러한 엔진의 역할을 하는 프레임워크인 Nuxt.js를 논의한다.

13.3 Nuxt.js와 서버 사이드 렌더링

Nuxt.js(또는 Nuxt)는 Vue 기반으로 제작된 모듈형 오픈 소스 SSR 프레임워크다. Nuxt는 개발자 경험에 중점을 두며 파일 기반 라우팅 시스템, 성능 최적화, 다양한 빌드 모드 등의 기능을 기본적으로 제공한다. [그림 13-4]는 Nuxt.js의 공식 웹사이트다.

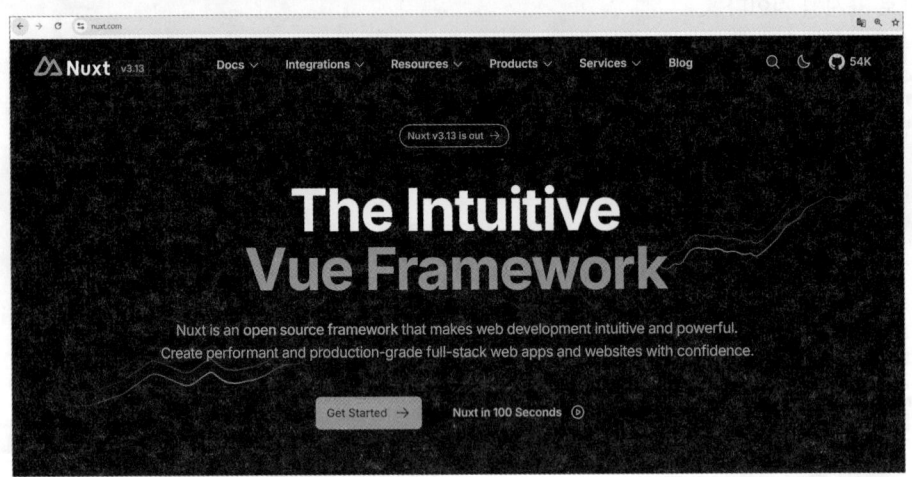

그림 13-4 Nuxt.js 공식 웹사이트

Nuxt 패키지는 모듈 기반 프레임워크의 구심점 역할을 하며, 각종 지원 모듈을 애플리케이션에 결합하는 방식으로 핵심 기능을 확장할 수 있다. SEO, PWA, i18n 등의 다양한 모듈이 있으며 전체 목록은 Nuxt 공식 문서[5]에서 확인할 수 있다.

---

5 https://oreil.ly/hkdnj

Nuxt 공식 문서[6]에서 API 문서, 설치, 기본 사용법 등을 자세히 확인하기 바란다. 이 책을 쓰는 현재 Nuxt 최신 버전은 3.11.2다.

이번 절에서는 8장에서 실습했던 Pizza House 애플리케이션을 Nuxt로 다시 만들어 볼 것이다. 다음 명령을 실행하면 새로운 Nuxt 애플리케이션이 생성된다.

```
npx nuxi init pizza-house
```

pizza-house는 프로젝트의 이름이며 nuxi는 Nuxt 애플리케이션 스캐폴딩 명령이다. 이 명령을 실행하면 다음과 같은 기본 파일들이 생성된다.

app.vue

애플리케이션의 루트 컴포넌트

nuxt.config.ts

플러그인, CSS 경로, 애플리케이션 메타데이터 등의 정보가 담긴 Nuxt 설정 파일

NOTE 이렇게 생성한 Nuxt 애플리케이션은 기본적으로 타입스크립트를 지원한다.

Nuxt는 로컬에서 애플리케이션을 빌드하고 실행하는 다양한 스크립트 명령을 package.json에 추가한다. [예제 13-6]을 살펴보자.

예제 13-6 Nuxt 애플리케이션의 package.json 파일

```
"scripts": {
    "build": "nuxt build",
```

6 https://oreil.ly/1B2vg

```
    "dev": "nuxt dev",
    "generate": "nuxt generate",
    "preview": "nuxt preview",
    "postinstall": "nuxt prepare"
},
```

다음으로 **yarn** 명령을 실행하면 의존성이 설치되고, 이어서 **yarn dev**를 실행하면 로컬에서 애플리케이션이 시작된다. 그런 다음 **http://localhost:3000**에 접속하면 Nuxt의 기본 랜딩 페이지가 열린다.

Nuxt는 파일 기반 라우팅을 지원하므로 **pages** 폴더에 다음과 같은 파일을 만들어 라우팅 시스템을 정의한다.

index.vue

애플리케이션 홈페이지. Nuxt는 이 페이지를 루트 경로(/)에 자동으로 매핑한다.

pizzas/index.vue

/pizzas 경로에서 피자 목록을 표시하는 페이지

pizzas/[id].vue

특정 피자의 상세 정보를 표시할 동적 중첩 페이지. **[id]**는 피자의 id가 들어갈 자리 표시자를 의미한다. Nuxt는 이 페이지를 **/pizza/1**, **/pizza/2**처럼 **/pizzas/:id**로 표현되는 경로에 자동으로 매핑한다.

이제 라우팅 시스템이 작동하도록 **app.vue**를 [예제 13-7]처럼 고친다.

예제 13-7 Nuxt의 레이아웃 및 페이지 컴포넌트가 담긴 app.vue

```
<template>
  <div>
    <NuxtLayout>
      <NuxtPage/>
    </NuxtLayout>
  </div>
</template>
```

NuxtLayout은 애플리케이션의 레이아웃 컴포넌트이며 NuxtPage는 페이지 컴포넌트다. 레이아웃과 페이지를 정의하면 Nuxt는 해당 컴포넌트를 이곳에 자동으로 교체해 넣는다.

pages/index.vue에 [예제 13-8]의 코드를 추가하고 홈페이지를 확인해보자.

예제 13-8 피자하우스 애플리케이션 홈페이지

```
<template>
    <h1>This is the home view of the Pizza stores</h1>
</template>
```

그리고 피자 목록을 표시할 코드를 [예제 13-9]처럼 pages/pizzas/index.vue에 추가한다.

예제 13-9 Pizza House 애플리케이션의 피자 목록 페이지

```
<template>
  <div class="pizzas-view--container">
    <h1>Pizzas</h1>
    <ul>
      <li v-for="pizza in pizzas" :key="pizza.id">
        <PizzaCard :pizza="pizza" />
      </li>
    </ul>
```

```
    </div>
  </template>
  <script lang="ts" setup>
  import { usePizzas } from "@/composables/usePizzas";
  import PizzaCard from "@/components/PizzaCard.vue";

  const { pizzas } = usePizzas();
  </script>
```

이 페이지는 composables/usePizzas.ts의 usePizzas 컴포저블로 피자 목록을 가져와 [예제 11-1]의 PizzaCard 컴포넌트로 피자 목록을 출력한다. [예제 13-10]은 usePizzas 컴포저블 코드다.

예제 13-10 Pizza House 애플리케이션의 usePizzas 컴포저블

```
import type { Pizza } from "@/types/Pizza";
import { ref, type Ref } from "vue";

export function usePizzas(): { pizzas: Ref<Pizza[]> } {
  return {
    pizzas: ref([
      {
        id: "1",
        title: "Pina Colada Pizza",
        price: "10.00",
        description:
          "A delicious combination of pineapple, coconut, and coconut milk.",
        image:
        "https://res.cloudinary.com/mayashavin/image/upload/Demo/pina_colada_
pizza.jpg",
        quantity: 1,
      },
      {
        id: "2",
```

```
          title: "Pepperoni Pizza",
          price: "12.00",
          description:
            "A delicious combination of pepperoni, cheese, and pineapple.",
          image:
        "https://res.cloudinary.com/mayashavin/image/upload/Demo/pepperoni_pizza.
  jpg",
          quantity: 2,
        },
        {
          id: "3",
          title: "Veggie Pizza",
          price: "9.00",
          description:
            "A delicious combination of mushrooms, onions, and peppers.",
          image:
        "https://res.cloudinary.com/mayashavin/image/upload/Demo/veggie_pizza.jpg",
          quantity: 1,
        },
      ]),
    };
  }
```

yarn dev로 애플리케이션을 실행하면 홈페이지와 피자 페이지를 [그림 13-5]와 [그림 13-6]처럼 브라우저에서 확인할 수 있다.

그림 13-5 Pizza House 애플리케이션 홈페이지

그림 13-6 Pizza House 애플리케이션의 피자 페이지

이제 pages/pizzas/[id].vue 파일에 피자 상제 정보 페이지를 구현해보자. 코드는 [예제 13-11]과 같다.

예제 13-11 피자 상세 정보 컴포넌트

```
<template>
  <section v-if="pizza" class="pizza--container">
    <img :src="pizza.image" :alt="pizza.title" width="500" />
    <div class="pizza--details">
      <h1>{{ pizza.title }}</h1>
      <div>
        <p>{{ pizza.description }}</p>
        <div class="pizza-stock--section">
          <span>Stock: {{ pizza.quantity || 0 }}</span>
          <span>Price: ${{ pizza.price }}</span>
        </div>
```

```
      </div>
    </div>
  </section>
  <p v-else>No pizza found</p>
</template>
<script setup lang="ts">
import { usePizzas } from "@/composables/usePizzas";

const route = useRoute();   ❶

const { pizzas } = usePizzas();

const pizza = pizzas.value.find(
    (pizza) => pizza.id === route.params.id   ❷
);
</script>
```

❶ Vue 라우터의 전역 컴포저블인 useRoute로 현재 라우트 정보를 가져온다.

❷ URL에 포함된 피자 id를 route.params.id로 가져온다.

브라우저에서 **/pizzas/1**로 이동하면 [그림 13-7]처럼 해당 피자의 상세 정보 페이지가 나타난다.

그림 13-7 id가 1인 피자의 상세 정보 페이지

일반적인 Vue 애플리케이션과 달리 이 경우는 라우팅 파라미터 id를 PizzaDetails 컴포넌트의 id props에 매핑할 수 없다. 파라미터가 포함된 현재 라우트 정보를 가져오려면 useRoute 컴포저블을 통해야 한다.

다음은 내비게이션 바가 담긴 애플리케이션 default 레이아웃을 구현할 차례다. layouts/ default.vue 파일을 만들고 [예제 13-12]의 코드를 추가해보자.

예제 13-12 Pizza House 애플리케이션의 기본 레이아웃

```
<template>
    <nav>
        <NuxtLink to="/">Home</NuxtLink> ❶
        <NuxtLink to="/pizzas">Pizzas</NuxtLink>
    </nav>
    <main>
        <slot /> ❷
    </main>
</template>
<style scoped>
nav {
    display: flex;
    gap: 20px;
    justify-content: center;
}
</style>
```

❶ NuxtLink는 링크 엘리먼트를 렌더링하는 Nuxt 컴포넌트로, Vue 라우터의 RouterLink와 비슷한 역할을 한다.

❷ <slot />은 페이지 콘텐츠를 렌더링하는 슬롯 엘리먼트다.

Nuxt는 NuxtLayout을 default 레이아웃으로 대체한다. 브라우저에서 확인하면 [그림 13-8]처럼 내비게이션 바를 볼 수 있다.

This is the home view of the Pizza stores

그림 13-8 Pizza House 애플리케이션의 기본 레이아웃

layouts 디렉터리에 다양한 레이아웃 파일을 두고 그 중 하나를 사용하려면, 레이아웃 파일
명을 NuxtLayout의 props로 전달하면 된다. Nuxt는 이 값을 기준으로 레이아웃 컴포넌트
를 선택하고 렌더링한다. 가령 [예제 13-13]은 layouts/pizzas.vue라는 새로운 레이아웃
파일이다.

예제 13-13 Pizza House 애플리케이션의 pizzas 레이아웃

```
<template>
    <h1>Pizzas Layout</h1>
    <main>
        <slot />
    </main>
</template>
```

app.vue 파일에서는 [예제 13-14]처럼 조건에 따라 레이아웃명을 결정하고 NuxtLayout의
name props로 전달한다.

예제 13-14 PizzaDetails 컴포넌트에 피자 레이아웃 사용하기

```
<template>
    <NuxtLayout :name="customLayout">
        <NuxtPage />
    </NuxtLayout>
</template>
```

```
<script setup lang="ts">
import { computed } from "vue";

const customLayout = computed(
    () => {
        const isPizzaLayout = useRoute().path.startsWith("/pizzas/");
        return isPizzaLayout ? 'pizzas' : 'default';
    }
);
</script>
```

이제 **/pizzas/1**로 이동하면 [그림 13-9]처럼 **layouts/pizzas** 레이아웃으로 렌더링된 피자 상세 정보 페이지가 나타난다.

> **NOTE** pages 구조를 제외하면 나머지는 일반 Vue 애플리케이션과 구조가 같다. 그만큼 Vue 애플리케이션은 간단하게 Nuxt 애플리케이션으로 변환할 수 있다.

SSR 방식은 완전히 가공된 HTML 파일을 브라우저에 전달하므로 최초 페이지 로드 속도를 높이고 SEO를 개선할 수 있다. 그러나 SSR은 브라우저를 새로 고칠 때마다 페이지 전체를 다시 로드해야 한다는 단점도 있다. 클라이언트에서 렌더링하는 싱글 페이지 애플리케이션(SPA)과 비교하면 이러한 단점이 더욱 부각된다.[7]

---

[7] 싱글 페이지 애플리케이션은 전체 페이지를 새로 고칠 필요 없이 현재 뷰의 데이터를 동적으로 갱신한다.

그림 13-9 커스텀 레이아웃으로 렌더링된 피자 상세 정보 페이지

더욱이 SSR은 페이지 콘텐츠를 브라우저에 보내기 전에 서버에서 동적으로 가공해야 하므로 페이지 렌더링이 지연될 수밖에 없다. 또한 상호작용이 발생할 때마다 변경되는 콘텐츠를 서버에 매번 요청하므로 애플리케이션의 전반적인 성능이 저하될 우려가 있다. 이러한 문제에 대처하려면 정적 사이트 생성기static site generator(SSG)를 고려해야 한다.

13.4 정적 사이트 생성기

정적 사이트 생성기static site generator(SSG)는 서버 사이드 렌더링의 일종이다. 일반적인 서버 사이드 렌더링과 달리 SSG는 빌드 단계에서 애플리케이션의 모든 페이지를 생성 및 색인화하고 브라우저가 요청할 때마다 해당 페이지를 제공한다. 이를 통해 클라이언트 측면에서 로딩 속도와 성능을 보장한다.

> **NOTE** 이 방식은 블로그, 문서처럼 동적 콘텐츠가 필요치 않은 애플리케이션에 적합하다. 사용자 생성 콘텐츠user-generated content(인증 등)처럼 동적인 내용이 포함되어 있을 경우에는 SSR 또는 하이브리드[8] 방식을 고려하는 것이 좋다.

---

8 https://oreil.ly/zqTn1

Nuxt에서는 간편하게 SSG를 사용할 수 있다. 기존 코드베이스에서 `yarn generate` 명령만 실행하면 [그림 13-10]처럼 `.output/public` 디렉터리(nuxt2는 `dist`)에 애플리케이션의 정적 파일이 생성되고 배포 준비가 완료된다.

`generate` 명령으로 생성된 정적 파일은 `.output/public` 디렉터리에 저장된다.

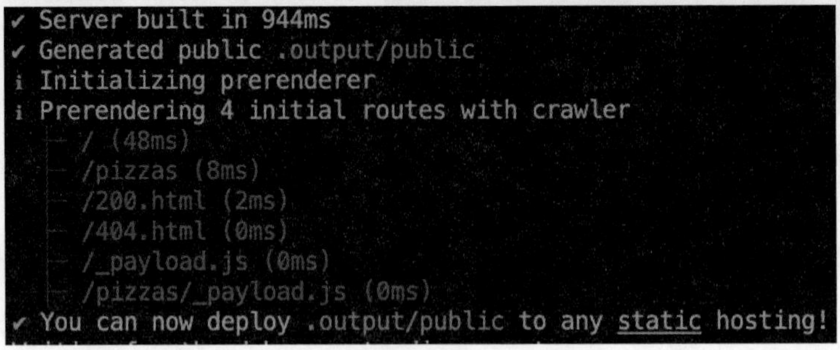

그림 13-10 yarn generate로 생성한 .output 디렉터리

이것으로 끝이다. 마지막 단계는 `.output/public` 디렉터리를 Netlify, Vercel 등의 정적 호스팅 서비스에 배포하는 것이다. 이러한 호스팅 플랫폼은 콘텐츠 전송 네트워크^{content delivery network}(CDN)에 캐시를 저장해두고 필요할 때마다 브라우저에 정적 파일을 제공할 것이다.

정리

이번 장에서는 Nuxt로 SSR 및 SSG 애플리케이션을 구축하는 방법에 대해 배웠다. 이것으로 이 책과 함께했던 모든 여정이 끝났다.

이 책에서 우리는 Vue의 기본 개념을 시작으로 옵션 API와 Vue 컴포넌트 라이프사이클을 배우고 컴포지션 API의 효과적인 활용법을 비롯해 견고하고 재사용성 높은 컴포넌트에 대해 배웠다. 이어서 애플리케이션에 Vue 라우터와 피니아를 통합하고 라우팅과 데이터 상태를 관리하며 온전히 작동하는 Vue 애플리케이션을 구축했다. 또한 Vitest로 유닛 테스트를,

Playwright로 E2E 테스트 시스템을 구축하고 GitHub 워크플로와 배포 파이프라인을 수립했으며 최종적으로 애플리케이션을 Netlify에서 호스팅하는 단계까지 나아갔다. 이 모든 과정을 통해 우리는 Vue 애플리케이션 개발의 전반적인 흐름과 다양한 측면을 탐색할 수 있었다.

이제 더 높은 차원에서 Vue를 탐구할 준비가 끝났다. 여러분은 모두 자신만의 Vue 프로젝트를 구축할 수 있는 기술을 갖추게 되었다. 이제 다음 목표는 무엇일까? 여러분에게는 무궁무진한 가능성이 열려 있다. 직접 Vue 애플리케이션을 구축하며 Vue 생태계를 심층적으로 탐험해보자. 콘텐츠 기반 사이트를 개발하고 싶다면 Nuxt를 더 깊이 파고들어라. Vue UI 라이브러리를 만들고 싶다면 Vite와 아토믹 디자인^{atomic design} 등의 개념 속으로 뛰어들어보자.

어떤 선택을 하든 지금까지 배운 Vue에 대한 지식은 여러분이 뛰어난 프론트엔드 엔지니어 및 개발자로 성장하는 밑거름이 되어줄 것이다. 참고서로써, 또한 기본서로써 이 책이 여러분의 여정에 항상 든든한 동반자가 되기를 바란다.

Vue와 함께하는 웹 애플리케이션 개발은 더할 나위 없이 즐겁고 흥미진진하다. 바야흐로, 창조를 시작하고 성취를 공유할 때다.

INDEX

국문

가상 노드 **38**

가상 문서 객체 모델(가상 DOM) **33, 36**

가시성 **187**

객체 구조 분해 **132**

검색 엔진 최적화 (SEO) **426**

기능성 컴포넌트 **169**

내비게이션 가드 **292**

노드 패키지 관리자 (NPM) **21**

다중 슬롯 **135**

단방향 데이터 바인딩 **58**

데이터 객체 **46**

동기식 **236**

동적 라우트 **301**

동적 리스트 렌더링 **65**

라우터 수준 내비게이션 가드 **294**

라우트 트랜지션 **350**

라우팅 **269**

라이프사이클 **101**

라이프사이클 훅 **42, 103, 211**

라이프사이클 훅 컴포저블 테스트 **375**

렌더링 **42**

롤업 **26**

루트 컴포넌트 **39**

리스너 **73**

리페인팅 **38**

명명된 라우트 **277**

모델–뷰–뷰모델 (MVVM) **18**

모델–뷰–컨트롤러 (MVC) **18**

뮤테이션 **338**

버블링 **75**

바–라이프사이클 컴포저블 테스트 **371**

비반응형 객체 **104**

사용자 생성 콘텐츠 **445**

사이트 간 요청 위조 (CSRF) **230**

사전 컴파일 **97**

상태 처리 **41**

상호작용 가능 시간 (TTI) **426**

서버 사이드 렌더링 (SSR) **425**

선택자 **146**

수정자 연쇄 **78**

스캐폴딩 **26**

스탠드얼론 속성 **60**

시스템 키 **80**

심층 비교 **366**

싱글 파일 컴포넌트 (SFC) **44**

싱글 페이지 애플리케이션 (SPA) **270, 444**

앵커 **270**

양방향 바인딩 **52**

엔드투엔드 테스트 **358**

옵션 API **40**

와처 **119**

워크플로 **415**

원시 타입 **205**

웹팩 **26**

유닛 테스트 **358**

의사 클래스 **150**

의존성 **21**

이스탄불 **392**

인메모리 가상 복사본 버전 **36**

인플레이스 패치 **68**

전역 내비게이션 가드 **292**

전역 컴포넌트 **92**

전파 **75**

정규식(regex) **306**

정상성 **359**

정적 사이트 생성 (SSG) **425**

정적 사이트 제너레이터 (SSG) **445**

제공/주입 패턴 **157, 179**

제스트 **336**

조각화 **98**

조건부 렌더링 **81**

중첩 **157**

중첩 라우트 **298**

지속적 배포 **415**

지속적 전달 (CD) **413**

지속적 통합(CI) 413
최초 콘텐츠풀 페인팅 (FCP) 426
추상 패턴 37
카멜케이스 62
캡처 75
캡처 페이즈 75
커버리지 보고서 393
커버리지 임계값 397
커스텀 이벤트 171
커스텀 클래스 347
커스텀 타입 167
컴포넌트 수준 라우터 가드 296
컴포저블 221
컴포지션 API 199
케밥 케이스 98
코드 커버리지 391
콘텐츠 전송 네트워크 (CDN) 446
콜백 211
쿼리 파라미터 270
클라이언트 사이드 렌더링 425
키 수정자 78
타입 유효성 163
타입 추론 99
테스트 주도 개발 (TDD) 358
텔레포트 API 183
통합 테스트 358
트랜스컴파일러 18
트랜스파일러 18
특수 키 80
파스칼케이스 98
페인팅 34
표현 색인 68
플레이스홀더 87
피니아 313
픽셀투스크린 34
홈브루 23

영문

abstract pattern 37
anchor 270
appearance index 68
Axios 230
bubbling 75
CamelCase 62
capture 75
capture phase 75
client−side rendering 425
composable 221
Composition API 199
conditional rendering 81
content delivery network (CDN) 446
continuous delivery (CD) 413
continuous deployment 415
continuous integration (CI) 413
cross−site request forgery(CSRF) 230
CSS 모듈 154
data object 46
deep comparison 366
dependancy 21
destructuring 132
dynamic list rendering 65
end−to−end testing 358
first contentful paint (FCP) 426
fragmentation 98
functional component 169
GitHub Actions 415
GitHub Actions 마켓플레이스 420
Homebrew 23
in−memory virtual copy version 36
in−place patch 68
inference 99
integrating testing 358
Istanbul 392
Jest 336
kebab−case 98

INDEX

key modifier   78

Lifecycle Hooks   42, 103, 211

linstener   73

Model–View–Controller (MVC)   18

Model–View–ViewModel (MVVM)   18

mutation   338

named routes   277

nested   157

Netlify   421

Netlify CLI   423

Node Package Manager (NPM)   21

Node.js   19

non–reactive object   104

NPM 버전   21

option API   40

painting   34

PascalCase   98

Pinia   313

pixel–to–screen   34

placeholder   87

PlaywrightJS   398

pre–compile   97

primitive type   205

propagation   75

provide/inject pattern   157, 179

pseudo–class   150

query parameter   270

regular expression(regex)   306

rendering   42

repainting   38

Rollup   26

sanity   359

scaffolding   26

search engine optimization(SEO)   426

selector   146

server–side rendering (SSR)   425

Single File Component (SFC)   44

single page application (SPA)   270, 444

state handling   41

static site generation (SSG)   425

static site generator (SSG)   445

synchronously   236

test–driven development (TDD)   358

time to interactive (TTI)   426

trans–compiler   18

transpiler   18

Two–way binding   52

unit testing   358

user–generated content   445

V8 자바스크립트 런타임 엔진   19

Virtual Document Object Model (가상 DOM)   33, 36

virtual node   38

visibility   187

Vite.js   26

Vitest   359

VSCode   408

Vue Developer Tools   24

Vue Devtools   24, 48, 112

Vue.js   17

Vuex   313

Vue 개발자 도구   24

Vue 데브툴   24, 48, 112

Vue 라우터   271

Vue 싱글 파일 컴포넌트   95

Vue 인스턴스   40

Vue 컴포넌트 인스턴스   39

Watchers   119

Webpack   26

Yarn   22

코드

$el   102

$truncate   259

animation   341

animation   347

app.mount( )   41

attributes( )   386

backdrop   192

BASE_URL   279

beforeCreate   107

beforeEnter   294

beforeMount   107

beforeUnmount   108

beforeUpdate   108

class   61

component   262

component( )   93

computed   117

computed( )   218

context   104

create-vue   28

createApp( )   40

created   107

createElement   250

createPinia   335

createRouter   277

createSSRApp   428

createTestingPinia( )   389

data( )   46

deep   122

defineComponent( )   99

defineEmits( )   177

defineProps( )   169

defineProps( )   303

describe( )   370

direct   338

display   84

document.getElementById   35

document.getElementsByClassName   35

easy-in-out   343

emits( )   388

enter   344

environment   361

expect( )   366

f rom   181

fadein   350

find( )   385

flushPromises   380

getElementsByClassName( )   36

globals   362

h( )   106

history   277

import.meta.env   279

inject   181

innerHTML   87

install( )   258

keep-alive   264

latest   21

leave   344

linkActiveClass   278

linkExactActiveClass   278

main.ts   272, 279

mixins   140

mockClear( )   378

mockRejectedValueOnce   381

module   154

mounted   107

mustache   46

new Vue( )   40

newValue   119

newValue   338

node_modules   22

nuxi   435

NuxtLayout   437

NuxtPage   437

oldValue   119

INDEX

oldValue 338

on 211

onBeforeRouteLeave 296

package-lock.json 22

package.json 22

package.json 360

preventDefault 76

props 104, 158, 290

PropType 168

provide 179

provider 392

pulse 342

reactive() 207

redirect 308

ref 137

ref() 200

ref⟨type⟩() 202

render() 250

renderToString() 430

rotate 347

router-link-active 282

router-linkexact-active 282

RouteRecordRaw 274

RouterLink 282

RouterView 280

routes 277

scoped 148

server.js 427

setActivePinia() 335

setTimeout() 51

setup() 104, 200

shallowMount 382

shallowRef() 205

slidein 343

slot 128

sources 216

stopPropagation 76

storeToRefs() 320

strict 275

style 61

template 44

text() 385

then() 232

toBe 366

toEqual 366

toHaveBeenCalledWith 379

toMatchSnapshot 385

trace 401

transform 345

transition 343

transition-group 350

trigger() 387

tsconfig.json 363

unmounted 108

updated 108

useRoute() 285

useRouter() 305

v-bind 58

v-bind() 152

v-else 82

v-else-if 83

v-for 65

v-html 86

v-if 81

v-memo 89

v-model 52

v-model.lazy 57

v-once 88

v-show 84

v-text 87

vite.config.js 362

watch 119

watch() 214

watchEffect() 218

withDefaults() 170

yarn.lock 23